Einfach mal raus!

Unvergessliche Inseltrips

Strand, Meer und Palme –
so wie am Strand von Mae
Nam auf Ko Samui sehen
Inselträume aus

NORD- UND WESTEUROPA

Auf Island **12**
Unter der Mitternachtssonne

Auf den Britischen Inseln **24**
Auf der Suche nach der schottischen Seele

Auf Bornholm **34**
Sonnenscheininsel in der Ostsee

Auf den Kanalinseln **44**
Feenparadiese voller Wunder

Auf den Îles Chausey **56**
Zahlenspiele im Gezeitenwirbel

SÜDEUROPA

In der Ägäis **68**
Auf zum Inselhopping

Die Inseln der Kvarner-Bucht **82**
Mondlandschaft mit ganz viel Charme

Auf Korsika **94**
Das Gebirge im Meer

Auf Elba **104**
Eines Kaisers würdig

Auf Ischia **114**
Meerblick mit Pinienduft

Auf Menorca **126**
Der Charme der kleinen Schwester

Auf Lanzarote **138**
Feuerberge und Traumstrände

Auf Madeira **150**
Auf der Sonnenseite

Auf den Azoren **160**
Hochgefühle im Ozean

IN ALLER WELT

In Sri Lankas Hochland **174**
Tee mit Buddha

Auf Ko Samui und Ko Phangan **186**
Im Hängematten-Party-Paradies

Auf den Visayas-Inseln **198**
Auszeit im Filipino Style

Auf Bali und Lombok **210**
Überirdische Anmut

Auf den Seychellen **222**
Kunstwerke aus Sand und Fels

Auf Sansibar **232**
Im Reich der Gewürze

Sail the British Virgin Islands **242**
Schatzinseln für Freizeitpiraten

Korsika kann nicht
nur Berge, sondern
auch Küste: Plage
de Tamaricciu

Reif für die Insel

ÎLES CHAUSEY
1 Tag auf den Îles Chausey
Zu Fuß rund um die Grande Île

ISLAND
3 Tage auf dem Goldenen Zirkel
Natur, Kultur und viel Geschichte

BRITISCHE INSELN
3 Tage durch die Highlands
Mit dem Zug von Glasgow ans Meer

KANALINSELN
6 Tage auf Jersey, Guernsey und Sark
Rundreise über die Kanalinseln

AZOREN
2 Tage auf São Miguel
Vulkane, Fernsicht & ein Ananaslikörchen

MADEIRA
1 Tag in Madeiras Südwesten
Auf den Straßen zur Sonne

KORSIKA
1 Tag in Korsikas Bergwelt
Vom Meer ins Hochgebirge und zurück

LANZAROTE
3 Tage Lanzarote erkunden
Eine dunkel schillernde Mondlandschaft

KARIBIK
5 Tage in den British Virgin Islands
Karibiktraum unter Segeln

MENORCA
2 Tage auf Menorca
Hafenflair, Leuchttürme und Buchten mit kristallklarem Wasser

BORNHOLM
4 Tage auf Bornholm
Inselrunde im Fahrradsattel

KVARNER INSELN
3 Tage auf den Kvarner Inseln
Reise in die glagolitische Vergangenheit

ELBA
3 Tage auf Elba
Die ganze Insel in einem Aufwasch

ÄGÄIS
3 Wochen für 8 griechische Inseln
Inselhopping mit Schiff und Flieger

ISCHIA
4 Tage auf Ischia
Alle Inselhighlights intensiv erleben

ALLE TRIPS IM ÜBERBLICK

Inselglück nah und fern

PHILIPPINEN
11 Tage Inselhopping im Herzen der Visayas
Goldgelbe Sandstrände und laue Tropennächte

KO SAMUI
2 Tage auf Ko Samui und Ko Phangan
Einmal Insel-Duo komplett, bitte

SANSIBAR
2 Tage auf Sansibar
Die Gewürzinsel pur

SRI LANKA
5 Tage durch Sri Lankas grüne Hügel
Mit dem Zug in die Berge

SEYCHELLEN
2 Tage Inselhopping
Seychellen im Schnelldurchlauf

BALI
12 Tage Bali, Lombok und die Gilis
Ein bisschen was von allem

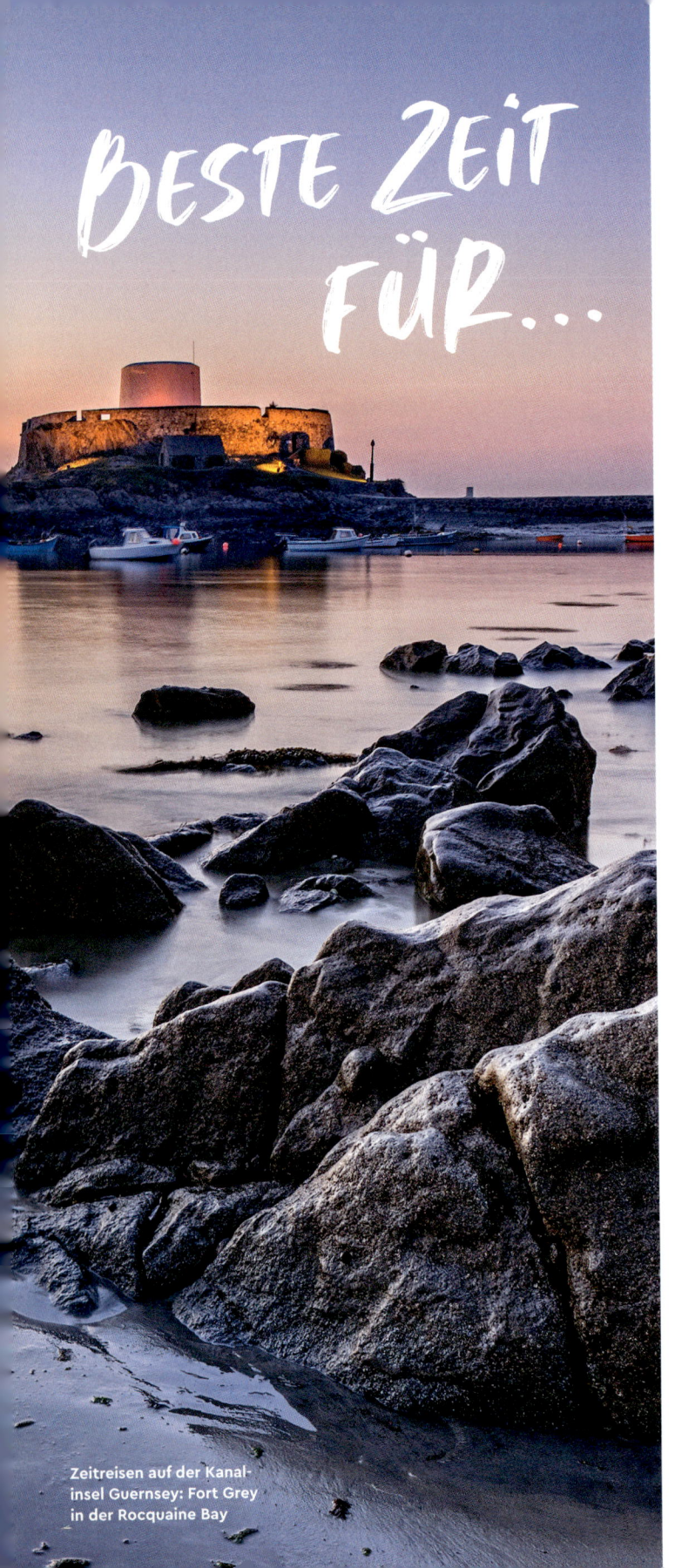

BESTE ZEIT FÜR...

Zeitreisen auf der Kanal-
insel Guernsey: Fort Grey
in der Rocquaine Bay

- ○ Island
- ○ Britische Inseln
- ○ Bornholm
- ○ Kanalinseln
- ○ Îles Chausey
- ○ Ägäis
- ○ Kvarner Inseln
- ○ Korsika
- ○ Elba
- ○ Ischia
- ○ Menorca
- ○ Lanzarote
- ○ Madeira
- ○ Azoren
- ○ Sri Lanka
- ○ Ko Samui
- ○ Philippinen
- ○ Bali und Lombok
- ○ Seychellen
- ○ Sansibar
- ○ Karibik

JAN FEB MÄR APR MAI JUN JUL AUG SEP OKT NOV DEZ

Die belebteste Zeit ist
von Juni bis August

Im Mai und Juni scheint am
häufigsten die Sonne

Im Sommer sind Tempe-
raturen von über 30 Grad
keine Seltenheit

In Küstennähe bleibt die sommerliche Hitze meist erträglich

Im Meer baden kannst
du zwischen Mai und
November

Von Mitte Mai bis Ende Juni
blüht alles, im September
ist das Meer noch warm

Das sind die besten
Zeiten für Touren

Teuer und rich-
tig voll wird
es von Juni bis
August

Im Winter sind kaum
Touristen auf der Insel

Am wärmsten ist es
von Juli bis Oktober

Trotz der grundsätzlich milden
Temperaturen kann das Wetter
sehr wechselhaft sein

Der Sommer ist
wetterstabiler als
der Winter

Für Reisen an die West- und Südküste

Für die Ostküste

Von Mai bis Ende November ist
schwülwarme Taifunzeit

In den Monaten April/Mai und
Oktober/November gibt es verhältnismäßig wenig Regen

Urlaub gänzlich ohne Regen hast du in
den Wintermonaten

Was möchtest du tun? Mystische Landschaften erkunden? Wilde Einsamkeit oder erstaunliche Gezeitenwunder erleben? Auf herrlichen Badeständen entspannen? Ob Island, die Britischen Inseln, die Îles Chausey, das dänische Bornholm – die Inselwelten im Norden und Westen des Kontinents verführen mit unglaublicher Vielfalt.

Nord- und Westeuropa

Brodelndes High-
light am Goldenen
Zirkel: der Gullfoss-
Wasserfall

UNTER DER MITTERNACHTS-SONNE

Auf Island

HALLÓ
AUF DER INSEL AUS
FEUER UND EIS

Island ist ein Land voller Gegensätze, Überraschungen und Geheimnisse. In dieser archaischen Vulkanlandschaft fühlst du dich in die Urzeit der Erdentstehung versetzt. Hier ruhen große Gletscher, an den Küsten liegen die schönsten Lavastränden, zahllose Wasserfälle donnern in die Tiefe und warme Hot Pots laden zum Baden ein.

Natur im Überfluss

Die Vielfalt der Landschaften ist die größte Attraktion der Insel im Nordatlantik. Im Süden findest du ausgedehnte Weiden und wenige Kilometer entfernt breite, schwarze Strände, an denen sich die weiße Gischt der Wellen bricht. Die Zungen der riesigen Gletscher reichen fast bis ans Meer. Im Osten ragen die steilen Basaltplateaus empor, in die sich tiefe Fjorde und enge Gebirgstäler gegraben haben. Im Norden liegen breite Täler und der längste Fjord des Landes, der Eyjafjörður. Den Nordwesten kennzeichnet eine fjorddurchzogene Küstenlandschaft, die im äußersten Norden menschenleer ist. Das Hochland ist eine weite Lava- und Geröllwüste, eine lebensabweisende Mondlandschaft mit einsam auf-

ragenden Bergen. Dazu kommen Hunderte von Wasserfällen – all das vereint auf einer Insel, deren nächste Nachbarn Grönland (300 km nordwestlich) und die Färöer-Inseln (500 km südöstlich) sind. Island ist ein Land der Stille, oft hörst du nur das Klickern des Meeres, wenn es über die Strandkiesel läuft, das Rauschen der Wasserfälle oder den vielstimmigen Gesang der Vögel.

Die brodelnde Insel

Gefährlich dünn ist an manchen Stellen die Erdkruste in Island, und die brodelnden, dampfenden Löcher gewähren den Blick ins glühende Innere unseres Planeten. Die Isländer des 21. Jhs. wissen es trefflich zu nutzen: Die Lava dient als Baumaterial, die Erdenergie wird in Strom umgewandelt und das heiße Wasser wärmt Häuser und Schwimmbäder. Der Reichtum des Landes ist seine vulkanische Natur, Lebensgrundlage für die rund 370 000 Menschen, die hier leben.

Ein Blick zurück

Noch immer fühlen sich die Isländer als echte Nachfahren der Nordmänner, die von Norwegen kamen. Der verwegene Flóki landete 865 im Nordwesten an, aber er fand die Insel zu unwirtlich und eisig und gab ihr deshalb den Namen Island (Eisland). Doch schon zehn Jahre später begann die dauerhafte Besiedlung. Über 300 Jahre währte diese „goldene Zeit",

Mystisches Kino am Winterhimmel: Aurora Borealis, die nordischen Polarlichter

Ja, Island kann farblich auch anders als schwarz: fröhliche Sommerfarben beim Pony-Ausritt

in der das Land eine kulturelle Blüte erlebte. Nach 1262 begannen finsterere Zeiten. Unter dänischer Herrschaft wurde der freie Handel eingeschränkt, die Selbstbestimmung verschwand und etliche Naturkatastrophen verwüsteten das Land. Hungersnöte, Epidemien und tiefste Armut waren die Folgen. Erst seit 1944 ist Island eine unabhängige Republik.

Reisen im Gold der Mitternachtssonne

Der Schritt in die Neuzeit erfolgte mit der amerikanischen Besatzung während des Zweiten Weltkriegs. Reykjavík wuchs geradezu sprunghaft. Auch heute herrscht in der Hauptstadt überbordende Bautätigkeit. Die Wirtschaft Islands fußt auf ihrer Energie, den Fischgründen und einem stetig wachsenden Tourismus. Im Sommer locken die drei hellen Monate, in denen kaum jemand zu schlafen scheint und viele bis Mitternacht draußen arbeiten. In dieser Zeit explodiert die Flora geradezu, und die

tief stehende Mitternachtssonne verwandelt die Landschaften in vergoldete Zauberwelten und lässt die vergletscherten Bergspitzen in tiefroten und violetten Tönen leuchten. Im September und frühen Oktober dominieren die Herbstfarben und die Hänge und Ebenen wirken wie bunte Flickenteppiche. Während der langen Winternächte kannst du das faszinierende Schauspiel der tanzenden, schwingenden Nordlichter erleben – immer wieder magisch, mythisch und verzaubernd.

Eine Insel voller Abenteuer

Wer Abenteuer sucht, der findet sie in Island. Es geht hinauf auf die Gletscher und hinein in die Eis- oder Lavahöhlen. Jeep-Fahrten im Hochland, Rafting auf den Gletscherflüssen oder tagelange Wanderungen in der Einsamkeit. Einmal auf einem Islandpferd sitzen oder Papageitaucher beobachten – du findest sicher das Richtige. Und auch ohne den nächsten Vulkanausbruch ist Island eines wirklich nicht: langweilig.

3 TAGE AUF DEM GOLDENEN ZIRKEL

Natur, Kultur und viel Geschichte

Strecke & Dauer

- ab Reykjavík und zurück
- 280 km mit dem Auto
- reine Fahrtzeit ca. 7 Stunden

Beste Zeit

- Die beliebteste und belebteste Reisezeit ist von Juni bis August, mit den höchsten Durchschnittstemperaturen (13 °C), wenig Regenwahrscheinlichkeit und den längsten Tagen.
- Wunderschön sind auch der September mit bunter Vegetation und goldenen Tönen sowie der Mai mit den ersten Blumen und Knospen.

Gut zu wissen

- Grundsätzlich gehören ins Reisegepäck: Regenzeug, Pullover und Sonnenbrille.
- Die zulässige Höchstgeschwindigkeit beträgt innerorts 50 km/h, auf Landstraßen mit Schotterbelag 80 km/h und 90 km/h bei Asphaltbelag.
- Frei laufende Schafe haben immer Vorrang.
- Für Hochlandstrecken brauchst du einen Geländewagen. Über road.is erhältst du Informationen, welche Hochlandstrecken geöffnet sind, und auch alle wichtigen Regeln zum Fahren in Island.
- Wenn du Island mit deinem eigenen Fahrzeug erkunden möchtest, dann kommst du mit der Fähre „Norröna" der Smyril Line in Seyðisfjörður an (smyril-line.com).

Tag 1

❶ Reykjavík

21 km

❷ Gljúfrasteinn

Wenn ein Haus spannende (Literatur-) Geschichten erzählt

Wasserfälle und Geysire, Höhlen, ein spannender Blick in die Vergangenheit Islands und die Chance, zwischen Kontinenten abzutauchen – das alles erlebst du auf dem Goldenen Zirkel, der klassischen Rundtour mit ganz viel Island-Flair. Vierspurig geht es auf der Straße Nr. 1 von Reykjavík in Richtung Norden bis Mosfellsbær. Nichts als Häuser und große Geschäfte, der Übergang zum nächsten Ort ist fließend. Nach soviel bebautem Land kannst du endlich am Ortsausgang auf die Nr. 36, den Þingvallavegur, abbiegen: landwirtschaftliche Flächen mit Wiesen, Bauernhöfen und Pferden. Nach wenigen

Kilometern erreichst du Gljúfrasteinn (gljufrasteinn.is), das ehemalige Wohnhaus des Literaturnobelpreisträgers Halldór Laxness. Hier lebte er mit seiner Familie ab 1945 und manchmal steht auch heute noch sein weißer Jaguar vor der Tür. Das Haus steckt voller Geschichten, von ihm und über ihn.

2 Gljúfrasteinn

20 km

3 Þingvallavatn

11 km

4 Þingvellir

Vulkane am Horizont, Kontinentalplatten in der Tiefe

Es geht weiter, und wenn du auf der Hochebene Mosfellsheiði bist, kannst du den größten See Islands, Þingvallavatn, schon sehen. Hier liegt der Nationalpark Þingvellir (thingvellir.is): Vom Aussichtspunkt Hakið am Informationszentrum blickst du weit ins Hochland mit seinen markanten Vulkanen und Gletschern. Zahlreiche markierte Wege führen von hier zum Lögberg, durch die Almannagjá und weiter zum Öxarár-Wasserfall. Hier wurde von 930 bis 1798 das Althing abgehalten: Einmal im Jahr trafen sich für 14 Tage alle Stammesoberhäupter (Goden) und ihre freien Bauern, um Gesetze zu hören, Urteile zu fällen und politische Entscheidungen zu treffen. Auf dem Gang über die Ebene siehst du auch die alten Hinrichtungsstätten. Ein ganz besonderes Erlebnis ist ein Ausflug in die Tiefe: Schnorcheln oder Tauchen in der Felsspalte Sílfra zwischen den Kontinentalplatten (vorab buchen unter divesilfra.is).

Schweben zwischen Amerika und Europa: im kristallklaren Wasser der Sílfra-Spalte

4 Þingvellir

32,5 km

5 Laugarvatnshellir

9,5 km

6 Laugarvatn

Triff die Menschen, die in Höhlen lebten

Weiter führt dich der Trip zunächst durch Buschwald in Seenähe. Da, wo Bäume stehen, gibt es auch Sommerhäuser, Þingvallavatn ist ein äußerst beliebter Platz. Die Straße Nr. 365 führt nach Laugarvatn. Sie verläuft durch eine wunderschöne Lavalandschaft, es sind die Ausläufer eines alten Schildvulkans. Auf halber Strecke geht es zu den beiden Höhlen Laugarvatnshellir, die noch Anfang des 20. Jhs. bewohnt wurden! Spannende Geschichten erfährst du bei einer Höhlenführung (thecavepeople.is). Der Ort Laugarvatn ist heute dein Tagesziel. Während der Sommermonate ist er mit seinen Waldgebieten und zahlreichen Ferienhäusern ein beliebtes Wochenendziel der Reykjavíker. Die heißen Quellen werden vor allem für die Versorgung von Gewächshäusern genutzt – und natürlich als Hot Pots, in denen du herrlich entspannen kannst.

Speis & Trank: Am Informationszentrum des Nationalparks Þingvellir gibt es eine kleine Cafeteria, die Snacks anbietet (thingvellir.is/en/service/service-center). In Laugarvatn findest du mehrere Restaurants, das Lindin (laugarvatn.is) liegt direkt am See und serviert Fisch und Burger.

Übernachten: Die Golden Circle Apartments (goldencircleapartments.is) liegen nahe am See. Der ideale Platz, um zu relaxen, sind die herrlichen Hot Pots der Spa-Anlage Fontana (fontana.is). Hier erhälst du 10% Rabatt, wenn du deinen Apartmentschlüssel zeigst.

Drama-Queen Þingvallavatn: Gleich vier aktive Vulkansysteme umgeben den See

Hatschi! Wenn der Geysir Strokkur niest, kann's ganz schön feucht werden

Entkomm dem Sprühwasser!

Nach dem Start am Morgen dreht sich bei den nächsten Zielen alles ums Wasser, besonders um das sprudelnde, heiße. Über die Nr. 37 und die Nr. 35 erreichst du das Geysir-Thermalgebiet Haukadalur. Schon von Weitem erkennst du die Fontäne des Geysirs Strokkur. Der Besuch ist ein großes Vergnügen. Je nach Windrichtung musst du aufpassen, wo du stehst, ansonsten wirst du vom Sprühwasser des Geysirs eingehüllt. Dann hilft nur, schnell wegzuspringen.

Wo Erdwärmeerdbeeren den Tag versüßen

Der nächste Stopp ist am beeindruckenden Wasserfall Gullfoss. Mehrere Wege führen in die Nähe der Kaskaden. Oben läufst du auf Holz, und für die Wasserfreunde gibt es im unteren Bereich rutschige Wege zum Sprühnebel. Danach geht es weiter Richtung Süden. In dem kleinen Ort Reykholt siehst du zahlreiche Gewächshäuser, beheizt von heißem Wasser, dessen Dampf immer wieder aus dem Boden aufsteigt. Achte auf die Hinweise an der Straße, wo man Tomaten und Erdbeeren aus eigener Ernte kaufen kann!

Tag 2

6 Laugarvatn

30 km

7 Strokkur

10,5 km

8 Gullfoss

28 km

9 Reykholt

9 Reykholt

8,5 km

10 Skálholt

23,5 km

11 Kerið

8 km

12 Cottages Minniborgir

Kultur mit selbst gebackenem Kuchen

Nach soviel Naturgewalt gibt es zur Abwechslung einen Abstecher in die Geschichte. Der Abzweig zur Nr. 31 bringt dich zum Bischofssitz Skálholt, dem kulturellen Zentrum Islands vom Mittelalter bis ins 19. Jh. Gönn dir im Schulgebäude eine süße Stärkung mit selbst gebackenem Kuchen. Zurück auf der Nr. 35 geht es gen Süden. Nach 18 km liegt links der 3000 Jahre alte, 55 m tiefe und nun wassergefüllte Explosionskrater Kerið. Danach fährst du auf der Nr. 35 wenige Kilometer zurück zu deiner gemütlichen Unterkunft namens Cottages Minniborgir.

Speis & Trank: Tomaten musst du schon mögen, wenn du zum Essen im riesigen Gewächshaus Friðheimar (unbedingt reservieren: Tel. 4 96 88 94, fridheimar.is) vorbeischaust. Hier gibt es (unter anderem!) die beste Tomatensuppe Islands – Erdwärme macht's möglich.

Übernachten: Eine moderne Unterkunft sind die Cottages Minniborgir (minniborgir.is), die komfortablen Holzhütten sind mit eigener Küche ausgestattet. Hier lässt du den Tag ausklingen – mit einem Bad im Hot Pot und einem Abendessen mit lokalen Zutaten.

Tag 3

12 Cottages Minniborgir

10 km

13 Fjallstún

14 km

14 Hveragerði

19,5 km

15 Hellisheiði

Es wird heiß auf dem Rückweg

Kurz bevor du am nächsten Tag auf die Ringstraße nach Reykjavík stößt, machst du einen kurzen Stopp in Fjallstún am Fuß des Ingólfsfjall, hier soll der erste Siedler auf Island, Ingólfur Arnarson, einen seiner ersten Winter verbracht haben. Einen weiteren Halt in Hveragerði nutzt du für den Besuch des geothermischen Feldes, eine Wellness-Behandlung oder eine Wanderung zu heißen Quellen. Die Ausstellung

Tiefer Blick in die isländische (Religions-) Geschichte: die Kirche von Skálholt

Hotspot für Wellness-
Jünger: Unter dem
geothermischen Feld
von Hveragerði brodelt's

Verwandlungsfassade:
Das Konzerthaus Harpa
in Reykjavík spiegelt die
Lichtstimmungen

im Einkaufszentrum zeigt die
Folgen des Erdbebens 2008. Im
geothermischen Kraftwerk Hellisheiði (geothermalexhibition.com)
erfährst du nicht nur gebündelt,
wie die Erdwärme genutzt wird,
sondern auch alles über die
Region mit ihrer Geschichte und
ihren Geschichten. Dann geht es
zurück nach Reykjavík.

*Speis & Trank: Das Restaurant
Varmá (Hverhamar, Tel. 4 83 49
59) in Hveragerði bietet Slow
Food mit schönem Flussblick
und exzellenten Gerichten aus isländischen Produkten.*

*Übernachten: Noch immer ist das Hótel Borg (Pósthússtræti 11,
Tel. 51 14 40, hotelborg.is), zentral direkt am Austurvöllur in Reykjavík gelegen, etwas Besonderes: Jóhann frá Borg ließ es mit seinen
Ringer-Preisgeldern aus Amerika bauen. Es gibt einige Erinnerungs-
stücke im Hotel, die sowohl Jóhann als auch die wilde Zeit in den
1950er-Jahren zeigen, als hier der Tanzsaal war.*

15 Hellisheiði

32 km

1 Reykjavík

AM WEGESRAND: HAUPTSTADT, GESCHICHTE UND VIEL NATUR

Reykjavík

Den besten Blick auf die Stadt (135 700 Ew.) und ihre Umgebung hast du vom Turm der Hallgrímskirkja oder von Perlan: bunte Häuser in der Innenstadt, Villenviertel mit ihren Gärten im Zentrum und im Westen, der Inlandsflughafen und die neuen Wohnblocks – Urbanität am Meeresufer. Die Stadt ist nicht nur das wirtschaftliche und politische Zentrum des Landes, sondern auch das kulturelle. Die von der UNESCO ernannte „City of Literature" hat zahlreiche Galerien mit Werken oft junger Künstler in kleinen Seitenstraßen des Laugavegur.

Aðalstræti, die älteste Straße Reykjavíks, ist eine Zeitreise. In dem Museum The Settlement Exhibition (reykjavikcitymuseum.is) sind die Grundmauern eines nordischen Langhauses aus dem 10. Jh. zu sehen. Das Hafenhaus (Hafnarhús), das ehemalige Lagerhaus am Hafen, überrascht mit den Werken des isländischen Malers Erró: großformatige Arbeiten im Stil der Pop-Art mit integrierten Comic-Elementen, witzig und politisch zugleich (artmuseum.is).

Harpa heißt der große, in verschiedenen Farben schimmernde Glasbau am Hafen. Der Künstler Olafur Elíasson gestaltete die faszinierende Fassade des Kongress- und Konzertzentrums, dessen Clou die Fensterbeleuchtung ist, die mit der Musik abgestimmt werden kann.

Wer bummeln und shoppen möchte, ist im Alten Hafen richtig. Der neue hippe Stadtteil mit seinen Designerläden, Restaurants, Cafés, Galerien und Museen erstreckt sich von der Halbinsel Örfirisey im Westen bis zu den Anlegeplätzen der kleinen Kreuzfahrtschiffe in der Nähe von Harpa. Das beste Café der Stadt, Haiti, befindet sich in den ehemaligen, grünen Werkstätten. Das leckerste Eis in Reykjavík gibt es bei Valdís – Lakritzeis, typisch isländisch. Das Marshall House war früher eine Heringsfabrik und ein Lagerhaus, heute beherbergt es das spannende Museum für moderne Kunst Nýlista-safn (Mi–So 12–18 Uhr | Eintritt frei | nylo.is). Die weiteren Einkaufsstraßen Reykjavíks heißen Laugavegur, Aðalstræti und Skólavörðurstigur.

Þingvellir

Þingvellir heißt übersetzt „Versammlungsebenen". Hier, am Althing-Platz, wurde Geschichte geschrieben, und hier kommen die Isländer seit der Ausrufung des Freistaats 930 hin, wenn besondere Ereignisse wie die Gründung der Republik Island 1944 gefeiert werden. Im Selbstverständnis der Isländer ist es der bedeutendste Ort des Landes, der schon 1928 Nationalpark wurde und seit 2004 zum UNESCO-Welterbe gehört. Vom Aussichtspunkt, an dem sich das Besucherzentrum (thingvellir.is) befindet, hat man einen guten Überblick über die Landschaft mit Islands größtem See, dem Þingvallavatn, den ihn umgebenden Bergen und der Almannagjá („Schlucht aller Männer"), durch die ein Weg führt. Vom Lögberg („Gesetzesfelsen") aus trug der Sprecher die Gesetze vor; in der Nähe liegen alte Hinrichtungsplätze. Nördlich der Almannagjá befindet sich der Wasserfall Öxarárfoss, der – vermutlich im 10. Jh. – künstlich geschaffen wurde, damit das Wasser des Öxará in die Ebene zu den Pferden abfließen konnte.

Geysir Strokkur

Ja, wo spritzt er denn? Manchmal kann man vor lauter Leuten den Geysir Strokkur gar nicht sehen. Doch dann schießt seine Wasserfontäne empor. Er ist verlässlich aktiv, während der Große Geysir schweigt. Dennoch beeindruckt sein 14 m großes Becken mit den faszinierenden Sinterablagerungen. Außer diesen beiden Springquellen sind noch viele kleine Quellen zu bewundern, deren Farben aufgrund der mineralischen Zusammensetzung von Türkisblau bis zu Rot variieren. Besuche das Thermalgebiet im Winter oder an einem späten Sommerabend.

Einfach mal blaumachen: Im Thermalwasser der Blauen Lagune entspannt es sich ganz prima

Gullfoss

Nur 7 km entfernt vom Geysir findest du einen weiteren beeindruckenden Wasserfall Islands, den „Goldenen Wasserfall". Der Gletscherfluss Hvítá stürzt in zwei Kaskaden, die im 90-Grad-Winkel zueinander stehen, 31 m tief in die Schlucht Hvítárgljúfur. Wasserfall und Schlucht stehen unter Naturschutz. Am oberen Parkplatz gibt es eine Ausstellung über den Gullfoss sowie einen Laden mit Cafeteria.

Hveragerði

Die geschützte Tallage und ihre Thermalquellen haben Hveragerði zur „Gartenstadt" Islands gemacht. Zahlreiche Gewächshäuser bieten kleinen Gemüsepflanzen Wärme und Schutz. Auch befindet sich hier die staatliche Gartenbauschule mit ihren vielfältig gestalteten Gärten und Forschungseinrichtungen. Neben dem Gemüseanbau ist der Tourismus ein wichtiger Wirtschaftszweig. Außerdem gibt es ein Rehazentrum für Rheumakranke und ein Sanatorium des Verbands für Naturheilkunde. In den letzten Jahren haben sich immer mehr Künstler hier niedergelassen, einige Isländer sprechen schon vom „Hippie-Dorf".

Im Einkaufszentrum Sunnumörk veranschaulicht die Ausstellung The Quake die Folgen des Erdbebens im Mai 2008. Zu sehen sind u. a. Einrichtungsgegenstände, die bei dem Beben, das die Stärke 6,3 auf der Richterskala erreichte, demoliert wurden, und im Erdbebensimulator kann man erleben, wie es sich anfühlt, wenn sich die Erde schüttelt. Im Zentrum liegt eines der zahlreichen Thermalgebiete des Orts. Hier findest du auch Informationen über die unterschiedlichen Quellen, ihre Wirkungsweise und Beschaffenheit.

Hellisheiði

Das geothermische Kraftwerk Hellisheiðarvirkjun liegt in einem Hochtemperaturgebiet im Hengill-Gebirge. Wasserdampf und heißes Wasser werden aus über 2000 m Tiefe hochgepumpt. Der Wasserdampf wird zur Stromerzeugung genutzt; das heiße Wasser zur Erwärmung von Frischwasser. Dieses warme Wasser wird anschließend in das Heizungsnetz von Reykjavík eingespeist. Über die Technologie, über die Projekte und über die Region kannst du dich im Besucherzentrum des Kraftwerks informieren. Eine Cafeteria befindet sich ebenfalls im Haus (on.is/en/geothermal-exhibition).

Zauberhaft nicht nur
für Harry-Potter-Fans:
unter Dampf übers
Glenfinnan-Viadukt

Auf der Suche nach der schottischen Seele

Auf den Britischen Inseln

HALÒ
ZWISCHEN EINSAMEN MOOREN UND SPIEGELNDEN SEEN

Schottland ist Kult! Nessie und Whisky, Dudelsack, Kilt, Burgen und Mythen locken in das wildromantische Nordland, über dem der ständige Wetterwechsel für famose Lichtspiele und Fotomotive sorgt. Das Naturell der Schotten ist von der subarktischen Kargheit genauso beeinflusst wie vom ebenso hitzigen wie melancholischen Wesen ihrer Ahnen.

Schottisches Wetter? Macht den zotteligen Highlandrindern erstmal gar nichts aus

Landschaftliche Dramatik pur

Die Windschutzscheibe deines Autos oder das Zugfenster werden zur Panoramaleinwand für Berge, Moorseen und Steilküsten. Reisende kommen vor allem wegen der rauen Natur, in der etliche Mythen blühen – Erzählungen, die allerdings den Lowlands entsprangen. In die sanften Hügel bei Dryburgh und Jedburgh schmiegen sich romantische Abteiruinen. Unter gotischen Bögen hallen Grenzkriege mit Eng-

land greifbar wider. Am intensivsten erlebst du das liebliche Land am River Tweed auf einer Radtour – wobei du auch gleich dem Erfinder des Schottland-Tourismus auf die Spur kommst: Der Romancier Sir Walter Scott machte die Highlands zur Weltmarke. Es gäbe keine Hollywood-Highlander ohne den Lowlander Scott. Nur Nessie, Dudelsack, Whisky und Sean Connery sind nicht auf Scott zurückzuführen.

Mit oder ohne England?

Schotten sind herzlicher und impulsiver als die Engländer, dennoch ist man seit gut 300 Jahren politisch als Briten zusammengerückt. In Edinburgh regiert die Scottish National Party (SNP), deren Unabhängigkeitsreferendum 2014 scheiterte. Den EU-Austritt Großbritanniens verstanden viele Schotten aber als Betrug an ihrem Vertrauensvotum zum Verbleib im United Kingdom. Nach dem Rücktritt von Regierungschefin Nicola Sturgeon ist fraglich, ob es mit dem schottischen Exit weitergeht. Das ungeliebte Westminster muss jedoch in jedem Fall zustimmen.

Edinburgh gegen Glasgow

Zwischen Lowlands und Highlands bildet die Gegend um Glasgow und Edinburgh einen urbanen Riegel. Unterschiedlicher können zwei Städte nicht sein. Edinburgh inszeniert sich mit zwei Altstädten großartig. Auf der Royal Mile und in der georgianischen New Town erreicht

Die Black Rock Cottages am Loch Leven im Glen-Coe-Massiv gehören dem Ladies Scottish Climbing Club

das Flanierbarometer südländische Hochs. Schotten feiern hemdsärmelig den Büroschluss in Straßencafés, Touristen stecken ihre Nasen in Gassen, in denen mittelalterlicher Spuk wieder auf die Bühne kommt. Ganz anders Glasgow. Statt einer Fassade wie aus einem Guss konkurrieren Klassizismus, Neogotik und Jugendstilansichten. Und schottisches Lebensgefühl ist nirgends authentischer. Auch wenn der Dialekt schwer verständlich ist, wirst du von Streetlife, Musikclubs, Kunstszene und Glasgows Gastfreundschaft hingerissen sein.

Das Licht der Highlands

Nördlich der Städte beginnen bald die Highlands: eine grünsamtige Region, zwischen deren Bergen fischreiche Seen wie Spiegel blinken. Hier ziehen Nebelfetzen über Torfmoore, dort leuchtet das rötliche Fell eines Highlandbullen in der Heide. Lichtfinger tasten vom Himmel herab, beleuchten eine einsame Kieferngruppe inmitten eines Sees, huschen über die Flanken gezackter Gipfel oder die Mauern geheimnisvoller Burgen. An der rauen Westküste, zwischen Oban und Mallaig, ver-

färbt sich der Himmel über den Hebriden-Inseln abends pink. Im Osten, über den pittoresken Häfen der Halbinsel Fife, klärt sich der typische Morgennebel oft zu einem mediterranen Licht.

Durch brodelnde Gezeiten über Inseln hüpfen

Wer noch weiter gen Norden reist, begegnet mit Orkney und Shetland fast eigenständigen grünen Inselreichen, deren Steinzeitfunde und geografische Namen an 5000 Jahre Besiedlung und das Wikinger-Erbe erinnern. Ein Tagestörn im Westen zwischen den Inneren Hebrideninseln verschafft dir einen wilden Ritt durch die brodelnden Gezeiten der Westküste. Oder du springst auf die Fähre zu den Äußeren Hebriden. Auf Lewis fasziniert der entrückteste Steinkreis Britanniens, auf Harris entzücken einsame weiße Strände. Die Reise zu den Inseln ist Schottland für Fortgeschrittene, auf denen allein die süchtig machende Ausstrahlung der schottischen Lichtspiele fast jedes andere Reiseziel in den Schatten stellt.

3 TAGE DURCH DIE HIGHLANDS

Mit dem Zug von Glasgow ans Meer

Strecke & Dauer

- von der Queen Street Station in Glasgow nach Mallaig
- gut 300 km mit Zug, Füßen, Mountainbike
- reine Fahrtzeit 12 Stunden

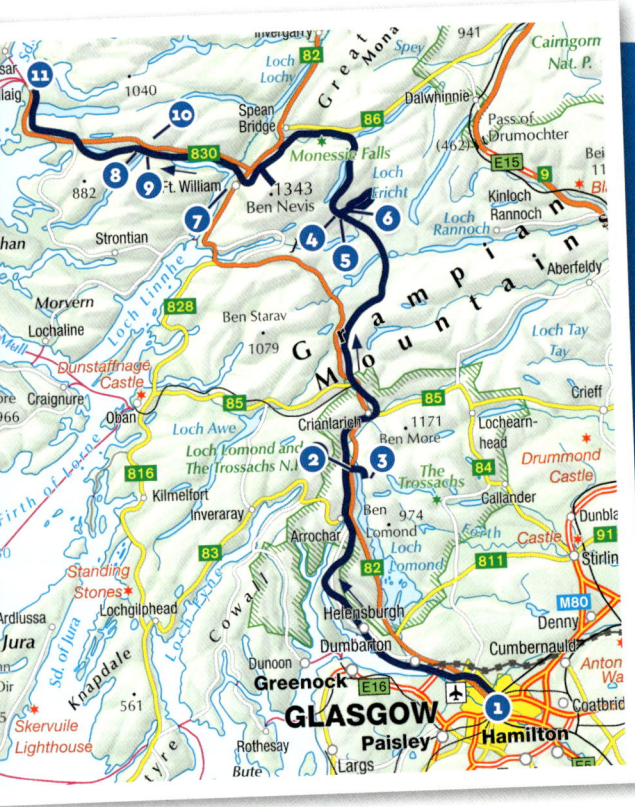

Beste Zeit

- Am wärmsten ist es von Mai bis September.
- Leider sind die wärmsten Monate auch die regenreichsten. Im Mai und Juni scheint am häufigsten die Sonne.

Gut zu wissen

- Die schottischen Bahnstrecken sind eine tolle Reisealternative. Den Spirit of Scotland Travel Pass für 4 oder 8 Reisetage innerhalb 7 oder 14 Tagen kannst du online unter scotrail.co.uk buchen. Auch etliche Fähren und Überlandbusse sind damit abgedeckt.
- Fahrpläne und Strecken finden sich unter scotrail.com. Zwar sind die Züge nicht luxuriös, dafür aber die Ausblicke in die Natur.
- Wenn du Lust hast, wie Zauberlehrling Harry Potter mit einer alten Dampflok durch die Highlands zu stampfen und zu rattern, dann buch einen Trip auf dem Jacobite Steam Train (westcoastrailways.co.uk) von Fort William nach Mallaig und zurück.

Tag 1

❶ Queen Street Station Glasgow

82 km

❷ Ardlui

Auf Schienen durch Berg- und Seenlandschaften

Auch wenn du es vielleicht sonst nicht so mit Eisenbahnen hast – die West Highland Line solltest du auf keinen Fall verpassen. Die eingleisige Strecke zählt zu den schönsten Bahnlinien der Welt. Von der Queen Street Station in Glasgow fahren die Züge mehrmals täglich über Fort William nach Mallaig an der Westküste. Zunächst folgt dein Zug dem Fluss Clyde rechtsseitig. Nach 20 Minuten gleitet er für 10 km an Bildern industrieller Geschäftigkeit vorbei. Ab Helensburgh rollt er Richtung Norden am Gare Loch und nahe dem

Wer den West Highland Way unter die Sohlen der Wander- stiefel nimmt, darf sich auf einsame Landschaften freuen

Loch Long linker Hand vorbei. Kurz bevor er nach Arrochar zum Loch Lomond hinüberwechselt, umrahmt das Zugfenster erstmals Berge: Arrochar-Alpen nennt das der Schotte. Minuten später zieht rechts das Panorama des vielbesungenen Sees auf.

Kurz nach 10 Uhr erreichst du Ardlui und steigst aus. Nördlich des Bahnhofs lockt das gemütliche Ardlui Hotel mit tollem Blick aufs nördliche Seeende. Reiß mal aus, kauf dir dort einen verpackten Lunch und nimm die kleine Fähre zur anderen Seeseite, wo du auf dem West Highland Way eine Weile zwischen See, Wald und Berg- welt nach Süden läufst.

Am einsamsten Bahnhof Britanniens

Nimm den nächsten Zug von Ardlui. Hinter der Bridge of Orchy zuckeln die Waggons mit max. 48 km/h durch das karge, düstere Rannoch Moor. Mitten in der Stille liegt Britanniens einsamster und höchster Bahnhof (411 m): Corrour Station, ein Bedarfsstopp für Wanderer. Am Bahnhof in grandioser Moorlandschaft lockt das gemütliche Corrour Station House Restaurant mit feiner Wildküche, Kaminfeuer und drei Zimmern. Ein Spaziergang nach dem Dinner bringt dich zum energiebewusst umgerüsteten Loch Ossian Youth Hostel, idyllisch gelegen am gleichnamigen See. Nimm die Loch Ossian Challenge an, einen einsamen 12-km-Lauf um den See: Der Hostel-Warden stoppt deine Zeit und führt die Rekordliste (seit 1977).

❷ **Ardlui**

2 km

❸ **West Highland Way**

73 km

❹ **Corrour Station**

100 m

❺ **Corrour Station House Restaurant**

2 km

❻ **Loch Ossian Youth Hostel**

Tag 2

6 Loch Ossian Youth Hostel

58 km

7 Fort William

Speis & Trank: *Im Restaurant des Ardlui Hotels (ardlui.com/bar-restaurant-on-loch-lomond) bekommst du typisches Pubfood, Fisch und gute Steaks serviert.*

Übernachten: *20 Minuten gehst du vom Bahnhof Corrour bis zum Loch Ossian Youth Hostel (hostellingscotland.org.uk/hostels/loch-ossian). In der preisgekrönten Herberge mit Gemeinschaftsschlaf-sälen spürst du die Einsamkeit im Rannoch Moor.*

Rauf aufs Bike, rein in die Gondel, im Tiefflug ins Tal

Der Morgenzug braucht eine knappe Stunde bis nach Fort William, Topziel für Mountainbiker. Nimm ein Taxi zum Outdoorzentrum Nevis Range (neviscycles.com), leih dir ein Mountainbike und fahr damit in der Gondel bergauf. Dann geht es über Stock und Stein bergab, je nach Gusto und Können.

Speis & Trank: Hecht, Lachs, Muscheln, Austern: Am Pier des coolen Crannog Restaurants (crannog.net) in Fort William gibt's fast „nur" frisches Seafood.

Übernachten: Zentral übernachtest und lecker dinierst du in Fort William in The Lime Tree (limetreefortwilliam.co.uk).

Tag 3

7 Fort William

57 km

8 Glenfinnan

2 km

9 Glenfinnan Monument

1 km

10 Glenfinnan-Viadukt

Triff den Zauberexpress im Hollywood-Style

Eine gut halbstündige Zugfahrt bringt dich zum Dörfchen Glenfin-nan am Loch Shiel. Der vierstündige Stopover reicht für einen 4 km langen Rundweg, um das grotesk einsame Glenfinnan Monument östlich des Bahnhofs zu besteigen. Lauf dann gut 1 km weiter nach

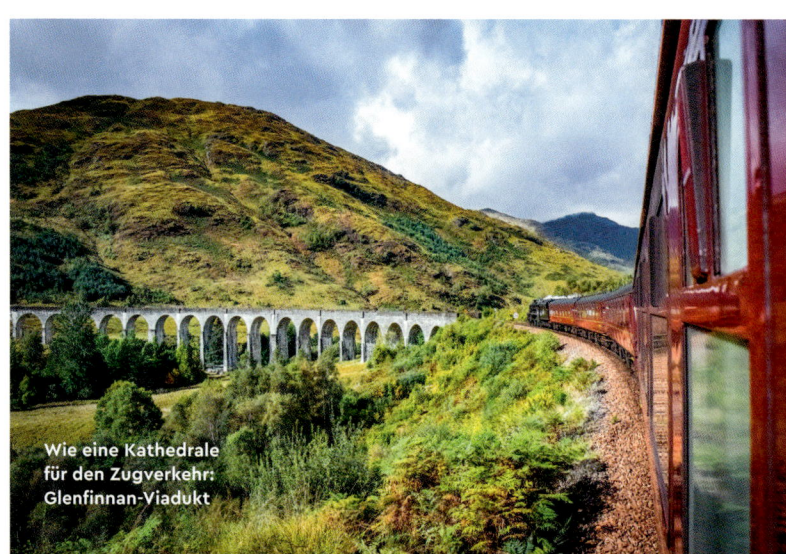

Wie eine Kathedrale für den Zugverkehr: Glenfinnan-Viadukt

Farben wie in der Karibik: Traumstrand Silversands Beach bei Mallaig

Norden zum nächsten Höhepunkt oberhalb des 380 m langen und 30 m hohen Glenfinnan-Viadukt – der Hogwarts Express in den Harry-Potter-Filmen nutzt diesen gekurvten Schienenweg. Foto-tipp: Der Jacobite Steam Train dampft kurz vor 15 Uhr darüber.

Schlussetappe mit Highland-Panorama und Meer vor der Tür

10 Glenfinnan-Viadukt

42 km

11 Mallaig

Zurück im Zug setzt du den knapp einstündigen Rest der Bahnreise durch tolles Panorama fort. Im Fischerörtchen Mallaig ist um 17:43 Uhr Endstation. Vom West Highland Hotel blickst du beim Abend-essen hinaus aufs Meer und spazierst danach zum geschäftigen Fischereihafen.

Speis & Trank: Das The Prince's House (glenfinnan.co.uk/bistro) ist nur drei Minuten vom Bahnhof Glenfinnan entfernt. Achte im Bistro auf die große Tafel mit den Specials des Tages.

Übernachten: Die Inseln Skye, Rum und Eigg siehst du vom West Highland Hotel (westhighlandhotel.co.uk) aus – in den Hot Tub Studios sogar, während du im Whirlpool sitzt.

Am Wegesrand: Städte und Wanderwege

West Highland Way

Man muss nicht unbedingt mit dem Zug von Glasgow bis Fort William reisen – du kannst auch die Wanderstiefel schnüren, den Rucksack schultern und die Strecke laufen: Der 152 km lange West Highland Way (west-highland-way.co.uk) von Milngavie (Glasgow) zum Ben Nevis bei Fort William ist ideal, da gut beschildert und ohne Zelt machbar. Wunderschön ist der Trip von acht (oder, je nach Lust und Kondition, mehr) Tagen natürlich obendrein.

Glasgow

Das Leben pulsiert in Glasgow (600 000 Ew.) traditionell laut. Die Stadt wird dir rau und herzlich zugleich begegnen, dazu ist sie echt multikulturell. Spannende Architekturgegensätze zwischen dem säulenschwangeren Klassizismus eines Alexander Thompson und dem Jugendstildesign von Charles Rennie Mackintosh entdeckst du hier neben dem Charme des Kaputten im East End. Die Stadt ist ein Nährboden für zeitgenössisches Kunstschaffen bis hin zu einer neuerdings florierenden Fassadenmalerei. Und sie besitzt, neben der Verrücktheit des religiös verankerten Fußball-

dramas der Vereine Celtic (katholische Iren) und Rangers (protestantische Unionisten), eine elektrisierende Musikszene. Die Nachfahren von malochenden Iren und Highlandern wohnen heute in einer sich als Kultur-, Studenten- und Szene-Stadt vermarktenden City – frei nach dem Motto: Früher hat Glasgow der Welt Sachen verkauft, heute versucht es, sich selbst als Magnet zu verkaufen. Die Style Mile in der City ist die größte britische Shoppingmeile außerhalb Londons. „People make Glasgow" ist der sympathische Slogan der Stadt.

Fort William

Wer vermutet, dass es sich bei Fort William (10 000 Ew.) um ein romantisches Highlandörtchen handelt, der wird vom pragmatischen Gewusel überrascht sein.

Das Städtchen im Schatten des Ben Nevis mit seiner kleinen Fußgängerzone ist vor allem Verkehrsknotenpunkt und Durchgangsstation für Touren in die Highlands. Es wurde 1655 als Festung errichtet.

Ben Nevis

Die bei gutem Wetter problemlose Wanderung auf den höchsten Berg (1344 m) Großbritanniens lockt im Sommer viele Besucher (Wetterinfo: bennevisweather.co.uk). Am Fuß des Bergs schlängelt sich das Flüsschen Nevis durch das Glen Nevis (glen-nevis.co.uk). Mit seinen Felsen und Wasserfällen ist das wildromantische Tal beliebt bei Mountainbikern, Wanderern und Kletterern. Die Panoramen sind filmreif: Am Nevis wurden u. a. die Heldenepen „Braveheart" und „Rob Roy" gedreht. Geübte Wanderer gelangen in einer ein- bis zweitägigen Tour zur winzigen Bahnstation Corrour (ab Fort William 32 km, corrour.co.uk) im Rannoch Moor – mit herzlicher, guter Küche im Stationshaus.

Höher hinaus geht's in den Highlands nicht: Gipfelsturm am Ben Nevis

Fliegende Taxis sind in Glasgow Teil des Straßenbilds – wenn auch nur als Street-Art-Luftballontraum

Glen Coe

Bedrohlich erheben sich die Felswände zur Rechten und Linken der Schlucht von Glencoe. Der Beiname „Tal der Tränen" spielt auf ein Massaker an, das sich am 13. Februar 1692 ereignete: Da der Clanchef der MacDonalds seinen Treueeid auf König Wilhelm von Oranien verspätet geleistet hatte, wollte der König ein Exempel statuieren und stiftete den Clanchef der Campbells dazu an, die unbotmäßige Sippschaft niederzumetzeln. Weil die Campbells zu der Zeit Gäste der MacDonalds waren, ist das bis heute sprichwörtlich mies. Dieses grausame Ereignis und viel über die gewaltige Bergnatur erzählt das Glencoe Visitor Centre (nts.org.uk).

Small Isles

Bist du mit dem Zug in Mallaig angekommen, kannst du noch weiter, hinaus zu den vier charakterstarken Trauminseln südlich von Skye: Muck, Eigg, Rum und Canna sind ideale Ziele zum Inselhüpfen per Fähre (visitsmallisles.com). Der Fahrplan erlaubt täglich auf einer oder zwei der Inseln zwei bis fünf Stunden Aufenthalt. Wenn du mit dem Scotrail-Pass Bahn fährst, ist die kleine Kreuzfahrt inklusive. Du kannst den Tagesausflug aber auch mit der Calmac-Fähre von Mallaig machen. Rum erwartet dich mit dramatischer Bergnatur und dem etwas lädierten Kinloch Castle (isleofrum. com), das Einblick in das Leben eines reichen Industriellen vor gut 100 Jahren gibt. Die Berginsel ist toll zum Wandern und Biken. Die etwa 110 Leute auf der von einer Vulkanklippe dominierten Insel Eigg (isleofeigg.org) haben ihr Eiland einfach gekauft, nachdem sie von Playboys und komischen Künstlern als Insellords genug hatten. An guten Tagen ist es hier fast karibisch. Die der Bauernfamilie McEwan gehörende Insel Muck (isleofmuck.com) hat ca. 30 Einwohner. Von Mallaig aus erreichst du per Fähre (30 Min.) den abgelegensten Festlands-Pub: The Old Forge (theoldforgecbs.org) in Inverie. Es gibt Seafood und Wild, dazu Folk.

Schlafen mit Flair:
Im Svaneke Fyr
kannst du auch
übernachten

SONNENSCHEININSEL IN DER OSTSEE

Auf Bornholm

HEJ! AUF DEM SOMMER-SONNE-INSELTAUSENDSASSA

Man nehme die Sandstrände von Langeoog, die Felsküsten von Santorin, die blühenden Landschaften von Madeira, die Gourmetrestaurants von Sylt, die unberührte Natur der Lofoten, den touristischen Trubel von Mallorca und die Radwege von Texel, vermenge das Ganze: Heraus kommt mit Bornholm eine Insel, die all das auf einer Fläche von nur 30 x 40 km zu bieten hat.

Sonniges Ferienparadies mitten in der Ostsee

Ein Sommertag wie Samt und Seide. Der Wind verweht die Hitze und streichelt die Haut. Die Wolken hängen wie Wattetupfen am prallblauen Himmel. Die ersten Urlauber sind schon morgens mit den Fahrrädern von Dueodde aus gestartet, dort wo sich die Ferienhäuser hinter die Dünen und unter die Kiefern ducken. Ziel der Tour soll diesmal die Ostküste sein. Die Farben der Felder und des Meers leuchten dort wie im mediterranen Süden. Nach jeder Kurve eröffnet sich ein neues Panorama: Segel scheinen plötzlich über den Wiesen zu schwe-

ben, „das Meer wird zur zweiten Landschaft, es liegt tief unter den Hügeln". Das hat Hans Henny Jahnn gesagt, der Hamburger Dichter, der lange Zeit auf dieser dänischen Ostseeinsel gelebt hat.

Tradition trifft auf genussfreudige Urlauber

Soll man sich jetzt schon ein Softeis gönnen, so cremig, wie es nur die Dänen hinkriegen? Die Kinder haben vermutlich bald Lust auf einen Hotdog, auch typisch dänisch. Und natürlich muss es von Zeit zu Zeit, also etwa jeden Tag, auch noch ein Eis sein. Das alles gehört hier zur Tradition. Und diese Insel lebt von der Tradition und mit der Tradition: Alles Wesentliche, das ist wohl ein Erfolgsgeheimnis von Bornholm, ist geblieben, wie es immer war.

Eine Insel für Kunst- und Kulturliebhaber

Nach wie vor zieht Bornholm ein ganz besonderes Publikum an, interessierte, aktive, kultivierte, erlebnisorientierte Urlauber. Sie entdecken die unglaublich abwechslungsreiche Landschaft gern mit dem Fahrrad – auf einem Radwegenetz von fast 250 km, das gepflegt und bestens beschildert durch verwunschene Spaltentäler, tiefe Wälder, vorbei an Teichen, Seen und Mooren führt. Bornholmurlauber mögen die bodenständige Art der Hafen-,

Hyggeliger geht's kaum: Die Altstadt von Rønne ist dänische Gemütlichkeit pur

Früher Steinbruch, heute Naturschönheit mit Burg, Badeplätzen und Blick über die Ostsee: der Opalsee an der nördlichen Spitze Bornholms

Blumen- und sonstigen Feste, sie klügeln sich Touren aus zu einigen der an die 100 Kunsthandwerker aller Branchen. Und sie genießen das anspruchsvolle Kulturangebot, zum Beispiel bei den Musikfestivals im Sommer und Herbst. Dazu die vielen Museen, allen voran das Kunstmuseum, traumhaft schön auf einer Klippe über der Ostsee gelegen.

Damals und heute

Vier Rundkirchen, romanische Dorfkirchen, gotische Stadtkirchen und die gewaltige Burgruine Hammershus erzählen von der bewegten Vergangenheit. Die Hanseaten rissen sich Bornholm 1525 unter den Nagel und blieben fast 50 Jahre. 1657 eroberten die Schweden die Insel, doch die Bornholmer stellten sich ihnen entgegen und machten ihre Insel der dänischen Krone zum Geschenk. Heute ist sie ein Zentrum der Begegnung vieler Ostseeländer. Ganz besonders die baltischen Staaten pflegen einen regen Kultur- und Bildungsaustausch mit Rønne. Die Deutschen kommen indes seit über 100 Jahren. Schon 1913 erschien die erste deutsche „Beschreibung der interessanten dänischen Felseninsel", herausgegeben von der Badedirektion Allinge.

Schlemmen auf dänisch

Die meisten Bornholmurlauber kommen heute aus Dänemark, Polen, Norwegen und Deutschland. Neben Familien sieht man seit einigen Jahren immer häufiger auch Urlauber neuen Typs: Sie pilgern der Gaumengenüsse wegen nach Bornholm, denn viele Bauern produzieren ökologisch, und eine ganze Reihe von Restaurants und kleinen Lebensmittelunternehmen besinnt sich darauf, wie wichtig die Qualität der Erzeugnisse aus Feld, Wald und Meer ist.

Facetten einer kleinen, großen Abenteuerinsel

Daneben sieht man immer mehr Aktivtouristen. Sie fahren Rad, paddeln mit dem Kajak um die Insel, klettern in stillgelegten Granitbrüchen, surfen und tauchen vor der Felsenküste. Bornholm ist auf dem besten Weg, sich zum Outdoorzentrum Dänemarks zu entwickeln: In keiner anderen Region des Landes gibt es auf so kleinem Raum so viele Möglichkeiten, die Natur aktiv zu genießen. Nun liegt es ganz an dir, welche dieser vielen Facetten der Insel du für dich entdecken willst, welches „dein" Bornholm wird.

4 TAGE AUF BORNHOLM

Strecke & Dauer

- mit dem Fahrrad ab Rønne und zurück
- gut 110 km
- reine Fahrtzeit ca. 7–9 Stunden

Inselrunde im Fahrradsattel

Beste Zeit

- Mitte Juni bis August. Im Sommer sind Temperaturen von über 30 Grad keine Seltenheit.
- Das Klima ist viel beständiger als im restlichen Skandinavien.

Gut zu wissen

- In nahezu allen Orten findest du Fahrradvermietungen. Auch zahlreiche Hotels, Ferienzentren und Campingplätze verleihen Räder.
- Faustregel für die Kosten: pro Tag ab etwa 10 Euro, pro Woche ab 25 Euro.
- Bei wochenweiser Miete sind oft kostenlose Extras enthalten.
- Sømarkens Cykeludlejning (soemarkenscykeludlejning.dk) hat neben einer großen Auswahl an Kinderrädern auch Kinderanhänger und Kindersitze im Programm.

Tag 1

1 Rønne

3 km

2 Blykobbe Plantage

8 km

3 Hasle

Erst Brombeeren naschen, dann im Hafen baden

Du startest für deine Inselumrundung am Hafen in Rønne und biegst am Hafenausgang links ab auf die Cykelrute 10. Hinter dem Ortsausgang macht der Weg einen Schlenker in den Wald Blykobbe Plantage. Hinter dem verästelten Buschwerk erheben sich Fruchtsträucher. Wenn du die stachligen Äste zur Seite schiebst, kannst du gesunde Brombeeren direkt vom Strauch naschen und bekommst einen extra Vitaminschub für deine Radtour. Du fährst weiter und erreichst Hasle. Mach hier eine erfrischende Badepause im Havnebad vor der historischen Ortskulisse mit der gotischen Kirche.

Auch die friedliche Ostsee kann mal schäumen: Wohnen mit Wellensound bei Hasle

Es wird wild, schroff und ursprünglich

Dann setzt du die Fahrt in nördlicher Richtung fort, passierst den Hafen und radelst danach entlang eines schroffen Küstenabschnitts. Erkunde Helligpeder – es ist das kleinste Dorf der Insel! Der Radweg führt weiter durch den ehemaligen Steinbruch Ringebakker, der zu den ursprünglichsten Küstenabschnitten der Insel gehört. Die ganze Gegend liegt voll mit Granitsteinen – ideale Sitzmöglichkeiten, um eine Pause einzulegen. Jetzt sind es nur noch wenige Kilometer bis ins ursprüngliche Fischerdorf Vang mit idyllischem Hafen. Nördlich querst du Slotslyngen. Das große Heidegebiet, das sich südlich von Hammershus bis kurz vor Vang hinzieht, ist das reinste Naturparadies. Eine Vielzahl an Wanderwegen (367ture.dk) führt hindurch. Halte hier an für einen kleinen Spaziergang durch die Heide. Dein Etappenziel ist Allinge.

Speis & Trank: Geh in Allinge zum Abendessen in Nordbornholms Røgeri (Kæmpestranden 2, nbr.dk): Genieß „Bornholmer Gold" (geräucherten Hering) und dazu ein Inselbier.

Übernachten: Das Allinge Badehotel (Løsebækgade 3, allingebadehotel.dk) liegt direkt am Meer und ist ein alter, liebevoll restaurierter Fachwerkhof, in dem früher der Stadtschreiber wohnte.

❸ Hasle

4 km

❹ Helligpeder

5 km

❺ Ringebakker

1 km

❻ Vang

3 km

❼ Slotslyngen

4 km

❽ Allinge

Tag 2

8 **Allinge**

4 km

9 **Tejn**

6 km

10 **Bornholms Kunst-museum**

500 m

11 **Helligdommen**

6 km

12 **Gudhjem**

Wo die Kunst die Steilküste verschönert

Heute ist der Weg das Ziel: 15 km schroffe Küste mit Panorama-blick. Ab Allinge folgst du der Hauptstraße immer in südöstlicher Richtung bis Tejn. Am Kreisverkehr führt der Radweg für etwa 1 km nach links (Havnevej, Vestkajen, Havnen) und durch das Hafenge-lände. Maritimes Feeling: Fischer bringen den Fang nach Hause und trocknen ihre Netze. Am Ende des Hafengeländes (Østvej) biegst du rechts ab zurück auf die Cykelrute 10. Nach 4 km liegen linker Hand Bornholms Kunstmuseum (bornholms-kunstmuseum.dk) und Helligdommen. Wander nach dem Museumsbesuch ein Stück ent-lang der Steilküste. Am Himmel drehen Adler ihre Runden – ein schöner Ort zum Picknicken. Am Nachmittag erreichst du Gudhjem und hast noch ausreichend Zeit, den Ort zu erkunden.

Speis & Trank: Das Café im Bornholms Kunstmuseum (bornholms-kunstmuseum.dk/en/visit/visitor-info) serviert zu Snacks und leich-ten Mahlzeiten einen fantastischen Panoramablick auf die Ostsee.

Übernachten: Das Hotel Klippen (Grevens Dal 50, hotelklippen. dk) in Gudhjem liegt sehr ruhig und bietet einen schönen Blick auf Hafen und Meer. Am schönsten sind die Zimmer 2, 3 und 4 – früh reservieren!

Tag 3

12 **Gudhjem**

2 km

13 **Melsted**

14 km

14 **Svaneke**

13 km

15 **Balka**

2 km

16 **Snogebæk**

5 km

17 **Dueodde**

Baden, baden, baden: Strandhopping ist angesagt

Du verlässt Gudhjem entlang der Hauptstraße südostwärts. Erster Stopp ist der Badestrand von Melsted. Weiter geht es südwärts nach Svaneke. In den bunten Fachwerkhäusern locken viele Kunst-handwerksgeschäfte. Es geht weiter auf der Cykelrute 10 bis zur Südspitze der Insel. Mach unbedingt einen Stopp am breiten Strand von Balka. Vom kleinen Hafen erstreckt sich der schönste Strand der Insel, breit und kinderfreundlich. Die Wasserqualität ist ausgezeichnet und du kannst dich zwischen belebten Abschnitten

Lass dir Bornholm auf der Zunge zergehen: geräucherter Hering

Allein mit Wind, Sand und Wolken: Pause am Strand von Dueodde

und ruhigen Ecken entscheiden. Von hier sind es nur wenige Fahrminuten bis Snogebæk mit seinen kleinen Souvenirgeschäften. Du übernachtest in Dueodde mit zahlreichen Restaurants und Kneipen.

Speis & Trank: *Kioskatmosphäre wie im Ruhrgebiet! Auf einer Anhöhe südlich vom Hafen von Svaneke steht unscheinbar diese gelbe Holzhütte: Im Kiosk Flæskestegen (Østergade 2) werden die besten Hamburger der Insel kreiert, auch in vegetarischer Form.*

Übernachten: *Møllers Dueodde Camping (dueodde-camp.dk/de) liegt direkt am Meer. Wenn du kein Zelt dabei hast, kannst du eins der netten Häuschen mieten.*

Entspannte Pause in atmosphärischer Hafenidylle

Hinter Dueodde verläuft der Radweg weiter in nördlicher Richtung und macht in Höhe Ringborgen eine Linksbiegung. Nun radelst du an der Hauptstraße entlang bis zur Bucht Sose Odde mit schönen Stränden. Am frühen Nachmittag erreichst du Arnager mit seinem idyllischen Hafen. Letzte Station ist die Inselhauptstadt Rønne, wo du zum Abschluss einen Cappuccino im Straßencafé genießen und vorbei an urigen Läden durch die Gassen bummeln kannst.

Speis & Trank: *Lass dir den Hering in der Arnager Røgeri (Arnagervej 4, arnager-rogeri.dk) schmecken.*

Übernachten: *Im familiengeführten Det Lille Hotel (Ellekongstræde 2, detlillehotel.dk) in Rønne erwarten dich helle und gemütliche Zimmer mit Flatscreen-Fernseher und kostenlosem Highspeed-Internetzugang.*

Tag 4

17 **Dueodde**

18 km

18 **Sose Odde**

5 km

19 **Arnager**

10 km

1 **Rønne**

AM WEGESRAND: STÄDTE, KUNST UND NATUR

Rønne

Der Verwaltungssitz, und damit „Hauptstadt" der Insel, ist das bevölkerungsreiche Rønne mit Bornholms größtem Fährhafen – und doch ist es nur ein Marktflecken, malerisch, freundlich, überschaubar im alten Zentrum. Noch immer beherrscht Fachwerk das Stadtbild. Bis heute blieb das alte Rønne weitgehend intakt, Treff- und Ausgangspunkt in der Altstadt ist der lebhafte Marktplatz Store Torv. Weil Rønne so klein ist, ist es perfekt zum Bummeln, zum Flanieren, Zeit lassen und genauen Hinschauen. Die Sammlungen des Bornholms Museums (Sankt Mortensgade 29, bornholmsmuseum.dk) zeigen Funde aus der Frühgeschichte, geologische, zoologische und völkerkundliche Exponate. Hjorths Fabrik ist eine Dependance von Bornholms Museum: eine gelungene Mischung aus arbeitender Werkstatt, Museum, Galerie und Verkaufsraum. Die Sankt Nicolai Kirke, die Stadtkirche von Rønne, ist dir garantiert schon bei der Ankunft im Hafen ins Auge gefallen. Sie thront gleich neben dem alten Leuchtturm auf einer Anhöhe.

Allinge

Das freundliche, von hübschen Fachwerkhäusern geprägte Allinge eignet sich hervorragend zum Schlendern. In der Havnegade am Hafen treffen sich alle zum Café- und Boutiquenbummel. Besonders feine Exemplare der „Bornholmer" genießt du in Nordbornholms Røgeri (nbr.dk). Gemeint sind die goldfarbenen Heringe, die jeden Tag frisch und nach traditioneller Art über Erlenholz geräuchert werden. Es gibt sie in zahlreichen Räuchereien rund um die Insel, aber hier kriegst du definitiv die besten.

Superlativ gefällig? In Arnager ragt die längste Holzbrücke Dänemarks hinaus ins Meer

Bornholms Kunstmuseum

Das Museum (bornholmskunstmuseum.dk) ist eine architektonisch gelungene Verbindung von Natur, Kunst und Bornholmer Kreativität. Im Mittelpunkt stehen Malerei, Keramik und Glas. Natürlich ist die sogenannte Bornholmer Malerschule (z. B. Karl Isakson, Kræsten Iversen und Oluf Høst) herausragend vertreten. Achte auf das Rinnsal, das sich durch den Bau zieht: Es ist der Bach, der aus der benachbarten „heiligen" Quelle (Helligdommenen) entspringt.

Gudhjem

Wer als Erstes auf den Hausberg steigt, den Felsen Bokul, und von dort 50 m auf Gudhjem hinabsieht, wird den geradezu mediterranen Reiz des Städtchens (720 Ew.) schnell wahrnehmen. Besonders malerisch ist der Hafen, in dessen Mitte Bornholms betriebsamste Jugendherberge in einem alten Kaufmannshof untergebracht ist. Mitten auf dem Marktplatz genießt du bei Bech Chokolade (bechchokolade.dk) leckere Schokoladenkreationen oder Bornholmer Honigkuchen. Du liebst Gestricktes und Gewebtes? Dann schau mal bei Hoddan (hoddan.dk) am Hafen vorbei. Mehrmals täglich bricht die Thor (ms-thor.dk), ein 10 m langes Motorschiff, zu Fahrten von Gudhjem zu den Helligdomsklipperne auf. Besonders eindrucksvoll sind die Sonnenuntergangstouren.

Svaneke

Svaneke, das östlichste Städtchen der Insel, wurde 2013 zur schönsten Kleinstadt Dänemarks gewählt. Der Marktplatz ist ein beschaulicher Ort mit bunten Fachwerkhäusern, der sich jeden Samstag in eine Flaniermeile verwandelt. Dann tanzen Folkloregruppen, es gibt Livemusik und der ganze Platz ist mit Buden geschmückt. Im Hafen von Svaneke riecht es noch richtig nach Fisch. Hier trocknen die Netze in der Sonne und hier werkeln die Fischer noch selber an den Booten. Balancier einfach übers steinige Ufer, such dir ein schönes Plätzchen, halte die Füße in die Ostsee und genieß den traumhaften Ausblick aufs Meer – das ist Inselurlaub!

Arnager

Wer traut sich bei stürmischer See über die längste Holzbrücke Nordeuropas zum Hafen hinaus? Und der Räucherlachs mit Spargel in der Arnager Røgeri (arnager-rogeri.dk) ist ein Gaumenschmaus der Extraklasse. Wer die Insel auch mal aus der Vogelperspektive erkunden will, bucht einen Flug im kleinen Hubschrauber von Skyfox Helikopteroplevelser (skyfox.dk).

Überirdisch schön:
Die Piemont Bay
auf Jersey verliert
sich im Licht

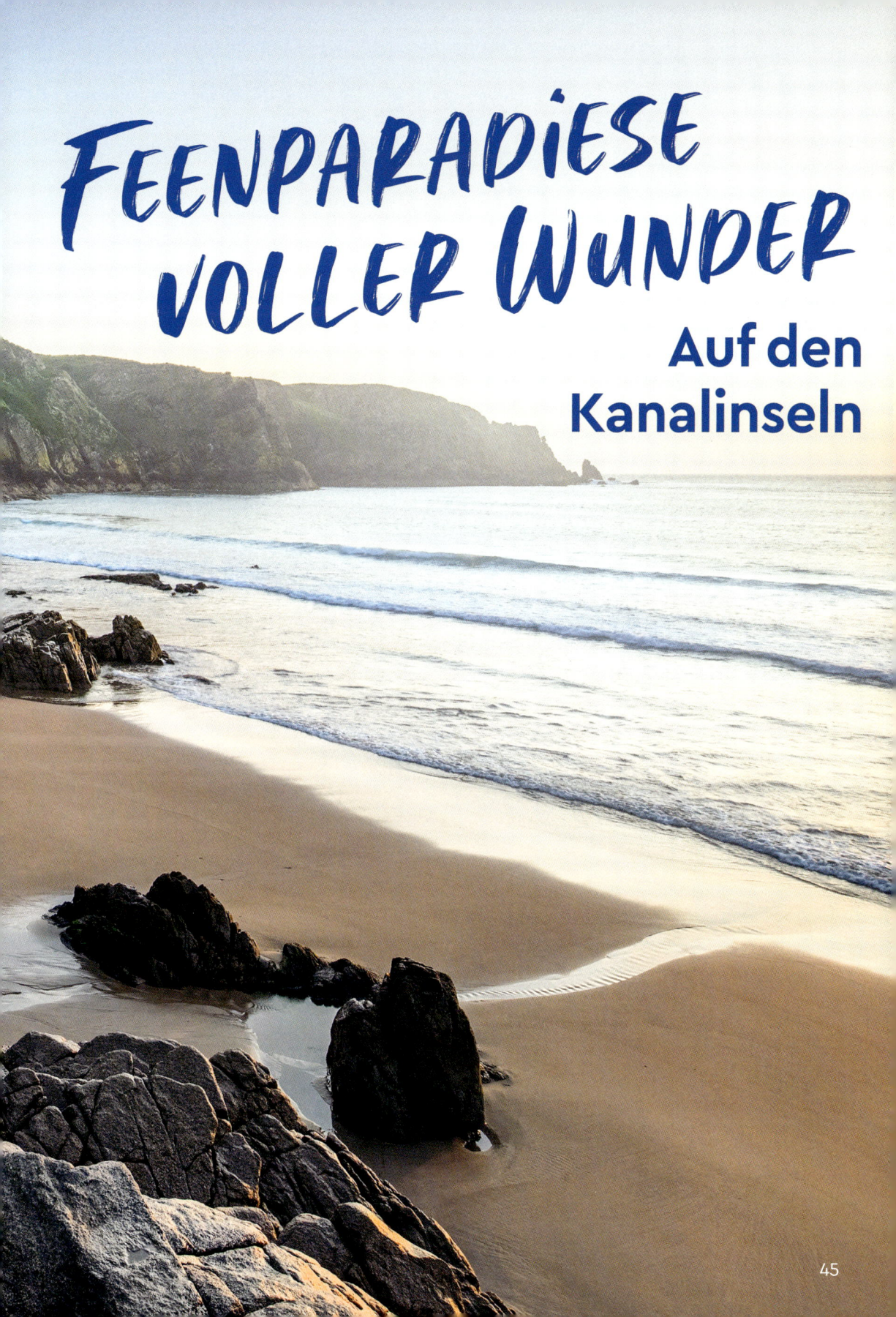

FEENPARADIESE VOLLER WUNDER

Auf den Kanalinseln

HELLO iM AUS DER ZEIT GEFALLENEN FABELREICH

Fünf Inseln – fünf Temperamente: schüchtern bis verwegen, putzig bis trutzig. Jersey, Guernsey, Sark, Herm und Alderney sind Oasen im Gezeitensog des Ärmelkanals. In Gärten sprießt es überbordend subtropisch, man spricht Englisch, speist Französisch. Hier erwanderst du Steilküsten und radelst durch märchenhafte Labyrinthe.

Eine Extraportion Land aus dem Meer

Das Meer ist plötzlich weg – als hätte jemand im Ärmelkanal einen Stöpsel gezogen. Die Inselschönheit Jersey ist vom Gezeitenspiel trockengelegt und hat mehr als ein Drittel zugelegt. Die Extraportion Land nennt ein Wattführer poetisch Jerseys bessere Hälfte. „Zweimal täglich macht uns die Natur ein Geschenk auf Zeit, was wir dem flachen Inselsaum und einem Tidenhub von zwölf Metern verdanken." Die zweitgrößte Kanalinsel Guernsey kommt in ähnlichen Genuss. „Ein Stück Frankreich, das ins Meer fiel und von England aufgesammelt wurde", so beschrieb der französische Schriftsteller Victor Hugo Guernsey, wohin er im 19. Jh. ins Exil musste. Heute ver-binden die Kanalinseln Savoir-vivre und britischen Spleen, französische Meeresfrüchte-Cuisine und viktorianische Gartenlust.

Fabelinsel-Quintett im Besitz der Queen

Die fünf Inseln kuscheln sich in den Golf von Saint-Malo – vor rund 8000 Jahren wurden sie von der Halbinsel Cotentin in der Normandie abgetrennt. Geografisch liegen sie näher an Frankreich, französische Namen auf Straßenschildern und an Gehöften werden mit englischem Zungenschlag ausgesprochen. Mit St. Peter Port rühmt sich Guernsey der apartesten Hauptstadt, Jerseys St. Helier hat fast mondäne Züge. Gärten mit Rhabarber und weißem Baldrian reichen bis ans Meer, gedrungene Steincottages könnten Kulisse für Miss-Marple-Filme sein. Die unbändige Flora kommt aus aller Welt, weshalb man sich manchmal am Mittelmeer, auf den Kanaren oder in Neuseeland wähnt – dem Golfstrom sei's gedankt. Selbst politisch sind die Inseln ein Fabelreich. Denn die Channel Islands – zusammen nur wenig größer als Fehmarn – gehören der englischen Krone.

Betonbunker, Blütendickichte und scheues Geld

In Kriegszeiten war der Archipel strategischer Brückenkopf – die Spuren deutscher Besatzung während des Zweiten Weltkriegs sind noch

Der Leuchtturm von St. Peter Port auf Guernsey weist den Weg in den Hafen

Strandläufer und Surfer lieben die weiten Strände der St. Ouens Bay im Westen von Jersey

erkennbar, heute ideal als Strandpromenade, Vogelausguck oder Unterkunft. Tunnelsystemen, Bunkern und Wachtürmen steht eine zauberhafte Naturkulisse entgegen: türkisfarbenes Meer, steile Klippen, feinsandige Strände und schier endlose Blütenteppiche – Hortensien, Mimosen, Kamelien, Rosen, oft kaum gebändigt. Hinter Hecken verbergen sich imposante alte Herrenhäuser. Straßen sind so schmal, dass Radfahrer Vorfahrt haben. Nicht ganz nebenbei sind die Inseln außerdem ein wichtiger Hafen für scheues Geld, Steuerparadiese in jeder Hinsicht. Finanzdienstleistungen haben Tourismus und Landwirtschaft als wichtigste Einnahmequelle abgelöst.

Robinsonaden auf dem autofreien Hideaway

Bist du über die Klippenpfade von Jersey gewandert oder hast dich an der Westküste in die gewaltige Surfatmosphäre gestürzt, bist danach durch Guernseys malerische Buchten mäandert, dann ist es Zeit für eine Robinso-

nade. Herm, die mit 2 km² kleinste bewohnte Kanalinsel, ist ein Strandparadies. Das bedeutet Relaxen am karibikgleichen Strand, im einzigen Inselhotel beim Tee oder in Cottages: ein autofreies Hideaway. Alderney tanzt völlig aus der Reihe, denn kapitale Festungsanlagen aus Jahrhunderten bestimmen den Charakter des knapp 8 km² kleinen Außenseiters.

Dunkler wird's nimmer: Sterne statt Straßenlampen

Erneut anders ist Sark. Das 5 km² kleine Hochplateau mit Steilküste wird erst seit dem 16. Jh. bewohnt und in Eigenregie unter der Führung eines Seigneurs – des Vogts der Queen – geführt. Das in sich selbst ruhende Sark wurde gerichtlich zu demokratischen Gepflogenheiten gezwungen. Noch dürfen aber nur Pferdekutschen, Traktoren und Fahrräder auf der Insel verkehren und nachts lenkt keine Straßenbeleuchtung vom Sternenhimmel ab. Sark trägt den Titel Dark Sky Island. Nirgendwo in Europa kannst du so famos aus der Zeit fallen.

6 TAGE AUF JERSEY, GUERNSEY UND SARK

Rundreise über die Kanalinseln

Strecke & Dauer

- von St. Aubin (Jersey) bis St. Peter Port (Guernsey)
- gut 280 km mit Boot, Bus, Pferdekutsche und zu Fuß
- reine Busfahrtzeit ca. 4 Stunden

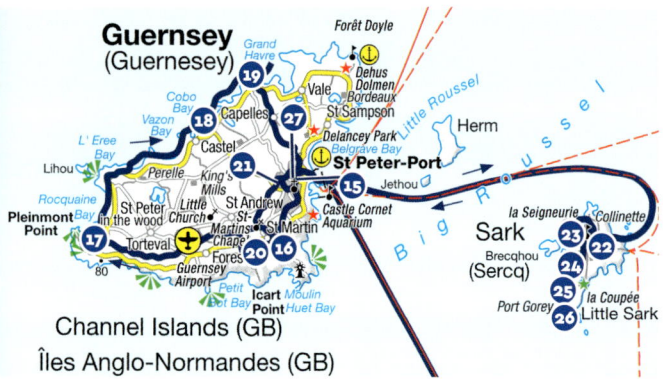

Beste Zeit

- April/Mai und Mitte September bis Mitte November sind gute Reisemonate mit vielen schönen Tagen und wenig Tourismus.
- Hoch- und Badesaison ist von Juni bis August mit vielen britischen Gästen.
- Im Winter sind viele Attraktionen geschlossen.

Gut zu wissen

- Auf Jersey und Guernsey sind die öffentlichen Linienbusse ein ausgezeichnetes und preiswertes Verkehrsmittel. Auf Jersey (libertybus.je) bekommst du ein Hop-on-Hop-off-Ticket namens Discover Jersey Pass, auf Guernsey (buses.gg) kaufen Busbenutzer am besten den sogenannten Puffinpass.
- Komm möglichst nicht mit dem Auto auf die Inseln, weil es auf Jersey und Guernsey viel zu viele Autos auf zu kleinem Raum gibt.
- Das Fahrrad ist das den oft labyrinthischen Straßenverhältnissen angemessenste Fortbewegungsmittel.

Küstenforts, Leuchttürme und diese ganz besondere Atmosphäre

Dein Roundtrip über drei der Kanalinseln – Jersey, Guernsey und Sark – startet auf Jersey. Das Somerville Hotel in St. Aubin ist für drei Nächte deine Basis auf der Insel. Nachdem du dich einquartiert hast, ist – bei Ebbe! – der 500 m lange, befestigte Wattweg zum St. Aubin's Fort ein idealer erster Spaziergang, denn Küsten-

Wenn die Flut kommt, ist das Corbière Lighthouse auf den Felsen im Meer vor Jersey eine unerreichbare Schönheit

forts im Watt sind ein Highlight Jerseys! Über das Sträßchen am Hafen entlang gelangst du danach zum Einstieg in den Railway Walk, der in anderthalb Stunden fern vom Verkehr bis zum Corbière Lighthouse führt, das du ebenfalls nur um Niedrigwasser herum zu Fuß erreichen kannst. Danach ist Kaffeezeit im Restaurant Corbière Phare mit überragendem Blick auf Leucht- und deutschen Wehrmachtsturm.

Ozean-Feeling mit Surferbegleitung an der Westküste

Von der Haltestelle beim Restaurant nimmst du nun den Bus 22 (stündlich) und steigst beim Barrestaurant Watersplash mitten an St. Ouen's Bay aus, Jerseys großer, sandiger Westflanke für Surfer und Strandsegler. Leih dir hier an der Surfschule ein Bodyboard oder lauf einfach am Strand entlang. Entspannung pur ist das Motto in einem der coolen Beach Cafés wie dem Sands Jersey (sandscafe.co.uk). Genug gechillt? Dann nimm jetzt dieselbe Buslinie nach L'Étacq, um ein paar frische Austern am skurrilen Fischbunker von Faulkner Fisheries zu naschen. Den Abend verbringst du in einem der Strandrestaurants entlang der Grande Route des Mielles und beobachtest, wie die Surfer in den Sonnenuntergang tanzen. Entspannt geht es z. B. im El Tico (elticojersey.co) zu. Mit dem Bus (Linien 22 und 12a) kommst du zurück ins Somerville Hotel.

Speis & Trank: In einem Bunker am Meer in L'Étacq hält Sean Faulkner Meeresfrüchte und Speisefische. Die großen Taschenkrebse im Faulkner Fisheries (faulknerfisheries.com) sind Hingucker, die Sau-

Tag 1

1 **Somerville Hotel**

1 km

2 **St. Aubin's Fort**

8 km

3 **Corbière Lighthouse**

7 km

4 **St. Ouen's Bay**

4 km

5 **Faulkner Fisheries**

5 km

6 **El Tico**

8 km

7 **Somerville Hotel**

Trutzig von unten, Traum-
aussicht von oben: Das
Mont Orgueil Castle ist ein
Must-see auf Jersey

cen schöne Mitbringsel, die Fische was für Selbstversorger. Tipp:
Preiswert Austern schlürfen für den kleinen Hunger zwischendurch!

Übernachten: *Vom Pool und von der Terrasse des gediegen-luxu-
riösen Somerville Hotel (somervillejersey.com) überblickst du die
Yachten im Hafen von St. Aubin. Anfang 2022 wurden die Zimmer
des 4-Sterne-Hauses komplett renoviert. Quartier dich hier für drei
Nächte ein.*

Tag 2

7 Somerville Hotel

18 km

8 Plémont Bay

4 km

9 Le Moulin de Lecq

5 km

10 Devil's Hole

17 km

11 Somerville Hotel

Ein Tag am Meer: Buchtenwanderung im Norden

Schlüpf in festes Schuhwerk für einen Genusswandertag! Mit dem
Bus 22 geht es erneut nach L'Étacq. Geh über die Küstenstraße
bis zur Haarnadelkurve zum ausgeschilderten Küstenpfad, der hier
beginnt und dem du den Tag über folgst. In anderthalb Stunden
führt er dich um das nordwestliche Küstenplateau in die enge
Bucht von Plémont Bay: ein Juwel mit – bei Ebbe – Badestrand,
Höhle und einem Café zum ersten Stopp. Die nächsten ein, zwei
Stunden wanderst du weiter mit tollen Ausblicken und Pausenplätz-
chen zur nächsten Bucht, Grève de Lecq. Kehr hier zum Lunch in
den 200 m landeinwärts gelegenen, sehr urigen Pub Le Moulin de
Lecq ein! Später spazierst du zurück in die Bucht und dort zum cliff
path, über den es in den nächsten anderthalb Stunden ostwärts
geht. Am Nachmittag erreichst du Devil's Hole und den nahen
Priory Inn. In diesem Pubrestaurant verweilst du, bis ab 18 Uhr Dinner serviert wird, und kehrst danach mit Buslinie 7 über St. Helier
wieder zurück nach St. Aubin ins Somerville Hotel.

Speis & Trank: *Das Le Moulin de Lecq (moulindelecq.co.uk) ist eine wunderschön restaurierte ehemalige Mühle, deren Wasserrad man an der Außenwand noch bewundern kann. Du schwelgst in Seafood, Burger und typischem englischem Pubfood.*

Mit dem Rad die Südküste entlang zur Burgentraumaussicht

Tag 3

⑪ Somerville Hotel

6 km

⑫ St. Helier

13 km

⑬ Mont Orgueil Castle

18 km

⑭ Somerville Hotel

Heute mietest du im Old War Tunnel am Start des Railway Walks in St. Aubin Räder (jerseybikehire.co.uk) und erforschst die flachere, von den Gezeiten am stärksten betroffene Süd- und Ostküste. Auf der Uferpromenade entgehst du dem Straßenverkehr und bist in einer knappen halben Stunde in der Inselhauptstadt St. Helier. Radle entlang der Hafenbecken bis zum großen Meerespool von Havre des Pas – dort tauchst du sicher ein. Am nächsten Slipway ostwärts stärkst du dich im Freien beim kultigen Thai Dicq Shack. Dann umrundest du die Südostspitze Jerseys. In Gorey triffst du auf die mächtige Burg Mont Orgueil Castle. Der Burgbesuch lohnt unbedingt – die Aussicht ist Jerseys atemberaubendste! Zurück ins Somerville Hotel sind es dann 18 km.

Speis & Trank: *Köstliche Thai-Gerichte am Ärmelkanal: Im Thai Dicq Shack (thaidicqshack.je) in St. Helier stärkst du dich mit köstlichen Frühlingsrollen und cremigen Currys, während du den Wellen beim Heranschwappen zuschaust.*

Jetzt wird's steil: Inselwechsel nach Guernsey

Tag 4

⑭ Somerville Hotel

57 km

⑮ St. Peter Port

Inselwechsel mit Fähre (condorferries.co.uk) und Gepäck: Von St. Helier schipperst du in Guernseys bezauberndes Metropölchen St. Peter Port. Victor Hugos faszinierendes Dichterdomizil Hauteville House solltest du unbedingt besuchen, wenn die Fährankunft es noch erlaubt. Nach einem Streifzug durch das steile Städtchen isst du auf der Terrasse des Terrace Garden und genießt den Blick über den Mastenwald im Hafen. Das Hotel Les Rocquettes ist dein Domizil für die nächsten Nächte.

Speis & Trank: *Selbst wenn das Wetter nur so lala ist, lohnt es sich, das Tagesende mit einem sehr leckeren Teller Thaifood auf der großen Terrasse des The Terrace Garden Cafe (Cornet Street, terracegardencafe.com) zu verbringen.*

Übernachten: *Das Hotel Les Rocquettes (Les Gravees, lesrocquettesguernsey.com) in einem Haus von 1765 liegt nahe des Zentrums von St. Peter Port, hat einen großen Indoorpool und einen wunderschön angelegten Garten. Hier bleibst du die nächsten drei Nächte.*

Tag 5

15 St. Peter Port

6 km

16 Sausmarez Manor

10 km

17 Fort Grey

9 km

18 Cobo Bay

3 km

19 Grand Havre

32 km

20 The Captain's

6 km

21 St. Peter Port

Weißer Strand, rosa Felsen: ein Bad an Guernseys Westküste

Die Inselumrundung per Bus ab St. Peter Port dauert nur gut anderthalb Stunden. Überall entlang der Küste fährt die Linie 91 stündlich ab. Bis zum Herrenhaus des alten Inselvogts, Sausmarez Manor, ist es nur ein Katzensprung. Spazier hier durch den von einem pittoresken Skulpturenwald durchsetzten, subtropischen Irrgarten! Nächster Halt ist Pleinmont im Südwesten. Genieß einen kleinen Spaziergang entlang der Westküste bis zum geweißelten Rundturm des Schiffswrackmuseums Fort Grey. Direkt gegenüber ist ein komplettes Schiffswrack ausgestellt. Fahr dann weiter zur Cobo Bay. Weiß leuchtet der Sand bei Ebbe, rosa Felsen steigen aus dem Wasser. Ein toller, sehr beliebter Familienstrand mit Pub, Kiosk, fish 'n' chips, Supermarkt und Parkplatz. Hier kannst du herrlich baden, das Wasser schwappt bei Hochwasser bis zur Ufermauer. Nach dem Schwimmen stärkst du dich im Cobo Bay Hotel und schaust den bisweilen vorbeidefilierenden Ferraris oder Porsches zu.

Was die Locals zu erzählen haben

Erlaub dir noch ein Stündchen, um das grüne Land um die Bucht Grand Havre mit dem markanten Rousse Tower zu erforschen. Mit dem nächsten Bus fährst du dann zurück nach St. Peter Port und steigst dort in die Linie 81: Die bringt dich erneut in den verwunschen wirkenden Südosten, wo du am Landhotel Bella Luce aussteigst. Nur zwei Minuten über die Straße La Fosse de Haut liegt dein Abendlokal, The Captain's (thecaptainshotel.co.uk). Bei Bier und hervorragenden Fischgerichten kommst du mit den zahlreichen Locals bestens ins Gespräch. Letzte Rückfahrt nach St. Peter Port zum Hotel um 20.49 Uhr!

Speis & Trank: Frischer als im Restaurant des Cobo Bay Hotels (Cobo Coast Road, cobobayhotel.com) kannst du kein Seafood bekommen: Vieles davon wird in der Bucht vor dem Hotel gefangen, die Terrasse liegt direkt am Meer.

Klassenzimmer mit Aussicht: Blick auf das Elizabeth College aus dem 16. Jh. in St. Peter Port

80 m über dem Meer führt die Landbrücke La Coupée von Great nach Little Sark.

Und zum Schluss: ein Schlemmermenü auf Sark

Vom Pier der Sark Shipping Company (sarkshipping.gg) in St. Peter Port legst du ab zum autofreien Sark. Spazier vom Hafen hoch aufs Inselplateau. Oben orientierst du dich nach rechts zum alten Inselvogtsitz La Seigneurie. Flanier eine Weile durch die ummauerten Gärten und sieh dir den schönen Taubenturm an. Zurück auf der staubigen Straße gehst du nach links und gleich wieder links, um nach wenigen Minuten am Window in the Rock aufs Meer und zur Insel Brecqhou zu schauen. Um nach Little Sark zu gelangen, mietest du eine Pferdekutsche, die dich über die schwindelerregende Landbrücke La Coupée bringt. Am fabelhaften Gartenrestaurant La Sablonnerie ist Zeit für einen ausgedehnten Lunch – der Hummer ist berühmt. Der Verdauungsspaziergang zur Südspitze dauert eine Viertelstunde. Wer eine Abkühlung benötigt, wird ein Bad im famosen Felsenbecken Venus Pool nehmen – allerdings nur in den Stunden um Niedrigwasser herum. Der Rückweg zum Hafen ist von hier gut 4 km lang, von dort geht's dann zurück nach Guernsey ins Hotel in St. Peter Port.

Speis & Trank: Frischer Hummer mit Orangen- oder einer leichten Champagnersauce gefällig? Dazu feldfrische Sarkkartoffeln und bissfestes Gemüse – im La Sablonnerie (Little Sark, sablonnerie-sark.com) dinierst du hervorragend. Das wohl magischste Restaurant der Kanalinseln!

Tag 6

21 St. Peter Port

19 km

22 La Seigneurie

1 km

23 Window in the Rock

3 km

24 La Coupée

1 km

25 La Sablonnerie

1 km

26 Venus Pool

21 km

27 St. Peter Port

AM WEGESRAND: VIKTORIANISCHER SCHICK UND HERRLICHE NATUR

JERSEY
St. Helier

Die Hauptstadt mit ihren gut 30 000 Ew. zeigt an der modernisierten, gläsernen Hafenfront fast einen Touch mediterranen Protz, während in der Innenstadt typisch britisch-gesetzter Charme dominiert. St. Heliers aus der Geschichte erwachsene Potenz demonstriert das wehrhafte Elizabeth Castle vor der Hafeneinfahrt. Dazu liegt St. Helier herrlich in eine großzügige Sandbucht eingebettet. Homogener wirkt St. Helier am Hafen mit der großzügig neu bebauten Waterfront. Gut genutzten viktorianischen Schick präsentiert der Central Market, eine schöne Markthalle mit Glasdach, griechischen Säulen und eisernen Streben. Wie reich Jerseys Geschichte ist, zeigen die drei Etagen der ausgezeichneten, modernen Jersey Museum & Art Gallery. Im Maritime Museum wird mal spielerisch-klamaukig, mal wissenschaftlich der Blick für alles rund um Ozean, Boote, Seeleute und Fischer geschärft – ein besonderer Spaß mit Kindern.

Corbière Lighthouse

Vom südwestlichsten Inselpunkt fällt der Blick auf den weltweit ersten Betonleuchtturm, der 1874 fertiggestellt wurde. Der weiße Turm thront malerisch auf rotem Granit, der hier abgebaut wurde und per Bahn gut 5 km zum Verschiffen in St. Aubin's Harbour gelangte. Bei Ebbe ist der Leuchtturm zu Fuß zu erreichen.

St. Ouen's Bay

Lang und breit wirft sich Jerseys Westküste dem anrollenden Ozean entgegen. Wellenreiter und Windsurfer können ganztägig in den als sicher gekennzeichneten Bereichen toben; Schwimmer sollten sich immer innerhalb der ausgeflaggten Bereiche bewegen. Alle paar Kilometer findet man Burger und Kaffee sowie Parkplätze.

Mont Orgueil Castle

Die Burg (jerseyheritage.org) aus dem 13. Jh. ist der majestätischste Anblick auf der Insel. Die Steinstufen vom Hafen sind der beschwerlichere von zwei Zugängen zum gepflegten Kastell. Ganz oben findet man den vielleicht besten Aussichtspunkt der Insel, ganz unten liegen Ort und Hafen.

GUERNSEY
St. Peter Port

Dieses Hauptstädtchen empfängt dich mit mehr Oldschool-Flair als St. Helier. Kompakt und steil aufgetürmt überm Yachthafen, erobert das deutlich frankophilere Metropölchen die Herzen auf Anhieb. In den kleinen Hauptstraßen mit Granithäusern aus viktorianischer Zeit haben sich Boutiquen, Juwelierläden und ein paar Dutzend internationale Banken und Versicherungen eingenistet – aber alles ohne Protz, eher mit Understatement. Rund 19 000 Menschen leben heute in St. Peter Port. Täglich kommen in den Sommermonaten etliche Tausend Kreuzfahrer hinzu. Über Candie Gardens thront das Guernsey Museum mit dem Teehaus Viktoria. Das Museum präsentiert die archäologischen und historischen Wurzeln Guernseys. Im Royal Court kannst du an jedem letzten Mittwoch im Monat das 47-köpfige Inselparlament tagen sehen. Im Hauteville House (Victor's House) fand der französische Poet, Dramatiker und Lebemann, Verfasser vom „Glöckner von Notre-Dame" und „Les Misérables", 1856 ein Exil mit Stil. Der Exzentriker thronte 14 Jahre in der weißen Villa mit Garten, richtete einen samtroten Salon ein, malte, schrieb, sammelte.

So ein Exil mag man sich gefallen lassen: das Hauteville House in St. Peter Port, Victor Hugos Kreativwerkstatt voller Flair

Sausmarez Manor

Herr des granitenen Landguts mit Parkanlage in St. Martin ist Peter de Sausmarez. Seit dem Jahr 1220 lebt seine Familie auf der Insel. Das Herrenhaus beherbergt verschiedene Ausstellungen, darunter eine viktorianische Puppenhaussammlung. Draußen warten eine Eisenbahn für Kinder und als absolutes Highlight ein subtropischer Park mit über 100 Skulpturen aus Glas, Bronze, Metall und Granit.

Klippenpfade

Guernsey bietet ein knapp 30 Meilen langes Netz von Klippenpfaden. Seit 1927 unter Schutz gestellt, sorgt ein acht Mann starker Trupp für ihre Instandhaltung. Am schönsten wandert es sich im Süden und zur Blütezeit im Frühjahr: Wildblumen flankieren die Klippen, die klare Sonne erlaubt weite Blicke auf Buchten und Meer.

SARK
La Seigneurie

Das schöne Herrenhaus war seit 1730 Amtssitz des Seigneurs. Ein echtes Juwel sind die weitläufigen ummauerten Gartenanlagen und der kunstvolle, kanalinseltypische Taubenturm (die Taubenhaltung war bis 2007 Privileg des Seigneurs).

Little Sark

Steil fallen die Klippen bei La Coupée ins Meer. Der schmale Naturdamm trennt Little Sark von der Hauptinsel. Weite Blicke auf Buchten und das Tor in eine verzauberte Welt: alte Cottages, Brombeerhecken recken sich, im Frühjahr leuchten Wildnarzissen. Bei Wind ist Standvermögen gefragt. Radfahrer und Kutschenpassagiere müssen vor dem Damm absteigen. Im Südwesten wurde ab 1835 von Port Gorey aus Silber verladen. Zehn Jahre lang war Sark im Silberrausch, 1847 wurde der Abbau eingestellt. Verblieben sind die von Gras überwucherten Kamine und Turmruinen. Am Südzipfel füllt die Flut eine Felsbadewanne, den Venus Pool: Baden mit 5 m Tiefgang. Etwas weiter nordwestlich liegt der Adonis Pool.

GOODBYE!

Dramatisches Felsen-
schwarz vor Himmels-
und Meeresblau: die
Plage de Port Homard
auf Grande Île

ZAHLENSPIELE IM GEZEITENWIRBEL

Auf den Îles Chausey

SALUT ZWISCHEN MONDÄNEN SEEBÄDERN UND WILDEN STEILKÜSTEN

Wie eine Festung erhebt sich der Klosterberg Mont-Saint-Michel, das „Wunder des Abendlands", aus der Marschlandschaft. Doch die Normandie hat noch viel mehr zu bieten: Bilderbuch-Fachwerkdörfer, kilometerlange Strände, Steilküsten aus Kreidefelsen. Und die drei großen C – Camembert, Cidre und Calvados – stehen für das Savoir-vivre à la normandie.

Mondäner Schick und ländliche Idylle

15 Uhr. Frühsommerluft liegt über dem Vieux Bassin, dem alten Hafenbecken von Honfleur. Die Mittagsgedecke sind abgeräumt, vereinzelt sitzen Nachzügler noch an Platten mit frischen Meeresfrüchten. Wenige Kilometer westlich liegen Sonnenhungrige im feinen Sand des mondänen Strands von Deauville. Die Strandcafés bevölkert schickes Publikum aus Paris. Im Hinterland spaziert derweil der Kellermeister durch Apfelgärten in voller Blüte, prüft die Knospen, die einen guten Calvadosjahrgang versprechen. Zwischen den Bäumen grasen gefleckte Kühe auf saftigen Wiesen.

Sommerfrische

Seit 200 Jahren ist die Normandie Inbegriff der Sommerfrische, Garten und Badewanne für die Bürger nicht nur der nahen Hauptstadt. In Seebädern wie Cabourg, Deauville, Dieppe und Granville begann für Kontinentaleuropa der Badetourismus. Die Region besitzt außerdem einen üppigen Schatz an Baudenkmälern, allen voran das Wahrzeichen der Normandie: der Klosterberg Mont-Saint-Michel. Prächtige Kathedralen wie in Rouen, Bayeux, Sées oder Coutances, Abteien oder deren beeindruckende Ruinen, Schlösser aller Stilrichtungen sowie Hunderte Herrensitze (manoirs) und Gutshöfe.

Hier entschied sich das Schicksal Europas

Trotz der Vorteile der günstigen Lage am Meer weiß man hier aber auch: Nicht nur Gutes kommt von fernen Gestaden. Kamen doch die Wikinger, die die Region erst ausplünderten, danach besiedelten und ihr als nortmanni schließlich zum Namen verhalfen, über die See. Ebenso die Engländer im 100-jährigen Krieg, die spanische Armada, die deutsche Kriegsmarine. Und am 6. Juni 1944 die alliierte Landungsflotte auf dem Weg, Europa vom Naziterror zu befreien. Wochenlang war die Normandie ein flammendes Inferno, Le Havre, Cherbourg, Saint-Lô, Caen und vor allem Rouen lagen in Schutt und Asche. Diese Zeit ist vor allem an den Landungsstränden noch gegenwärtig.

Erinnerung an den D-Day: die Skulptur Les Braves bei Saint-Laurent-sur-Mer

Das Land, in dem Milch und Cidre fließen

Politisch gliedert sich die Normandie in fünf Departements: Manche, Calvados und Orne im Westen sowie Seine-Maritime und Eure im Osten. Seit 2016 bilden sie die Großregion Normandie, die Hauptstadt ist Rouen. Klimatisch profitiert die Region von Ausläufern des Golfstroms.

Die gut 600 km Küste könnten vielseitiger kaum sein: Im Nordosten stehen mächtige Kreideklippen an den Kiesstränden der Côte d'Albâtre, der Alabasterküste, darunter die 70 m hohe, fast nadelspitze Aiguille bei Étretat. Westlich folgen die mondäne Côte Fleurie (Blumenküste), die Côte de Nacre (Perlmuttküste) und die Plages de Débarquement, die Landungsstrände im Calvados mit Namen wie Utah Beach oder Omaha Beach.

Auf der Halbinsel Cotentin findest du 100 km goldgelbe Sandstrände, hübsche Häfen und dramatische Steilküsten. Im grünen Hinterland erlebst du eine Landschaft voller Ruhe und Farbenpracht. Die Normandie hat ihren rustikalen Charme bewahrt und kommt ohne Bettenbur-

gen aus. Aktivitäten beschränken sich nicht auf Wasser- und Strandsport. Ein dichtes Wanderwegenetz lockt Spaziergänger, verkehrsarme Straßen und Sträßchen sind ideal für Radfahrer. Auf größeren Flüssen finden sich Kanu- und Kajakreviere. Sogar Felskletterer können sich hier austoben. Die Normandie lässt eben keinen Wunsch offen.

Europas größter Archipel

Und dann gibt es noch die Îles Chausey vor der Küste der Normandie. 52 Inseln sollen es bei Hochwasser sein, 365 bei Niedrigwasser. Nun ja, auf ihre Zahl kann man sich nicht so recht einigen. Aber dass der größte Archipel Europas einen Ritt mit dem Boot über das (manchmal) raue Wasser des Ärmelkanals wert ist, das meinen alle. Zum einen lockt das Vogelparadies mit einigen wunderbaren Badestränden. Zum anderen ist ein Spaziergang rund um die einzige bewohnte Insel des Archipels, Grande Île, mit dem Schloss der Familie Renault schlicht unvergesslich. Und spannend ist der dramatische Gezeitenunterschied – der bei Ebbe immer mehr Inseln freigibt. Kommst du auf die richtige Zahl?

1 TAG AUF DEN ÎLES CHAUSEY

Zu Fuß rund um die Grande Île

Strecke & Dauer

- von Granville auf die Grande Île
- ca. 40 km Bootsfahrt plus 5 km Fußwege
- reine Fahrzeit ca. 1 ¾ Stunden

Beste Zeit

- Die offizielle Badesaison geht von Mitte Juni bis Mitte September. In Küstennähe bleibt die sommerliche Hitze meist erträglich.
- Die Nachsaison hält oft bis in den Spätherbst noch Tage mit 20 Grad bereit und das Meer erreicht zum Teil noch im Oktober bis zu 17 Grad.
- Die Hochsaison mit entsprechenden Preisen für Hotels, Ferienwohnungen etc. ist meist auf Juli/August begrenzt. Wer nicht reserviert hat, läuft Gefahr, keine Bleibe zu finden. Wer kann, kommt direkt vorher oder nachher.
- Viele Hotels und Restaurants haben im Winter ein paar Wochen Betriebsferien.

Gut zu wissen

- Etwa alle zwölf Stunden und 25 Minuten zieht sich das Meer bei Ebbe teils sehr weit zurück und läuft dann gefährlich schnell wieder auf. Informier dich über die genauen Zeiten von Hoch- und Niedrigwasser, über Strömungen und andere Gefahrenquellen.
- Vorsicht gilt beim Baden im Meer, vor allem an unbewachten Strandabschnitten.
- Vor allem an der Küste trocknet der Wind bodennahe Vegetation wie Farne, Ginster und Heidekraut schnell aus – es herrscht Brandgefahr!

❶ Granville

20 km

❷ Port Homard

Schiff ahoi! Auf zu den Inseln vor Granville

Das Departement Manche, wie die Franzosen den Ärmelkanal nennen, ist das westlichste der fünf Departements der Normandie. Geprägt wird es vom Meer, die Region pulst im Rhythmus der Gezeiten. Bei Granville erreichen sie mit bis zu 14 m den höchsten Tidenhub Europas. Von hier aus kannst du zu den Îles Chausey starten: 17 km vor der Küste liegt Grande Île, die größte und einzige bewohnte Insel von Europas größtem Archipel. In etwa 50 Minuten bringt dich das Schiff vom Hafen in Granville in die Heimat einer Handvoll Fischerfamilien. Früher wurde auf Chausey Granit

Wegweiser in schwierigen
Gewässern: der Phare de
Chausey auf der Grand Île

❷ Port Homard

250 m

❸ Château

650 m

❹ Kapelle

650 m

❺ Signalturm

geschlagen, der auch beim Bau des Mont-Saint-Michel Verwendung fand. Heute leben die 30 Insulaner von Fischfang, Austernzucht und Tourismus.

Zu Fuß rund um den Zwerg im Meer: Ein Schlösschen auf dem Inselchen

Vom Anleger folgst du dem (einzigen) Weg nach rechts. Er führt an einem Dutzend Häusern entlang, von denen viele nur im Sommer bewohnt sind, und geleitet dich gegen den Uhrzeigersinn zur Westküste, die du beim Strand Port Homard erreichst. Wer mag, hüpft hier schon ein erstes Mal ins Wasser. Für ein gerade mal 1,5 km langes und 500 m breites Eiland besitzt Grande Île recht vielseitige Attraktionen. Dazu zählt vor allem das Château aus dem 19. Jh., Nachfolgebau einer älteren Festung, das der Automobilmagnat Louis Renault in den 1920er-Jahren restaurierte. Da hier einige Fischerfamilien leben, ist es nur von außen zu besichtigen. Im Ort passierst du eine hübsche, 1850 erbaute Kapelle. An der Südspitze schließlich steht der nur von außen zu besichtigende Signalturm. 1867 erbaut, wurde er 1939 stillgelegt.

Naturstein-Idylle im Ärmelkanal: Nur wenige Menschen leben ständig auf der Grand Île

⑤ Signalturm

150 m

⑥ Hôtel du Fort et des Îles

1,3 km

⑦ Grande Grève

21 km

① Granville

Wandern macht hungrig – ein Snack aus dem Meer

Nun ist es aber Zeit für eine Stärkung, z. B. im Hôtel du Fort et des Îles. Danach breitest du, wenn es das Wetter erlaubt, dein Badelaken an einem der vier Strände aus und beobachtest, wie aus 52 Inseln langsam 365 werden – oder umgekehrt. Lausch den Stimmen der Vögel – die Inseln sind u. a. die Heimat einer Kolonie von Kormoranen – und dem Glucksen und Plätschern der Wellen. Der nächstgelegene Strand vom Restaurant aus wäre Port Marie im Süden, der größte ist jedoch Grande Grève im Nordwesten der Insel.

Speis & Trank: Gönn dir im Hôtel du Fort et des Îles (hotel-chausey.com) ein Dutzend Austern, einen Teller Meeresschnecken mit hausgemachter Mayonnaise oder vielleicht sogar einen ganzen Taschenkrebs!

Hier zeigt die Tide, was sie draufhat

Wo du morgens an Land gegangen bist, ist unterdessen eine bizarre Landschaft aus Inseln, Bergen und Gesteinsbrocken aus dem Meer getaucht. Die Fähre liegt nun je nach Tidenstand mehr als 10 m unter dem Kai. Nach einer knappen Stunde bist du zurück in Granville. Gleich am Hafen erwartet dich das schöne Restaurant La Citadelle. Der Hummer, der dir hier aufgetischt wird, stammt – jawohl! – von den Chauseyinseln.

Speis & Trank: Hummer ist nur eins der Seafoodgerichte auf der Speisekarte des Restaurants La Citadelle (34, Rue du Port, restaurant-la-citadelle.fr) in Granville. Wählst du das Menu Homard, bekommst du neben Chausey-Hummer noch Austern, Muscheln und ein typisches französisches Dessert serviert.

Übernachten: Die Zimmer des etwas außerhalb von Granville am Meer gelegenen Hotelrestaurants Le Relais des Îles (Coudeville-Plage 3, Av. de la Mer, lerelaisdesiles.com) sind nicht riesig, haben aber entweder Blick ins Grüne oder aufs Meer (Jersey, Chausey und Kap von Granville). Nimm keins der Zimmer direkt unterhalb des Panoramarestaurants (Parkettboden)!

Quirliges Sprungbrett auf die Îles Chausey: Granville

Wer sich zwischen die Felsen und Inselchen der Îles Chausey begibt, muss das Segeln beherrschen

Am Wegesrand: Highlights im Departement Manche

Departement Manche

Mehr als 300 km lang ist die Küste rund um die in den Ärmelkanal („Manche") reichende Halbinsel Cotentin. Liegeplätze für Segelboote in den Yachthäfen werden hier nach Hunderten gezählt. Breite Sandstrände von manchmal mehr als 20 km Länge säumen die Küste, immer wieder unterbrochen von mächtigen Kaps mit bis zu 128 m Höhe (Nez de Jobourg). In der immergrünen Wallheckenlandschaft dahinter setzen schöne Dörfer Akzente. Stille Wasserläufe stehen sinnbildlich für den Eindruck, dass die Zeit hier noch ein langer, ruhiger Fluss ist. Und wer sich im Urlaub auch Kultur gönnen möchte, findet mit dem Mont-Saint-Michel oder dem Kloster von Hambye allerbeste Adressen.

Granville

An der Küste vor dem beliebten Seebad – und in der Bucht des Mont-Saint-Michel – wird der höchste Tidenhub Europas gemessen. Die spektakuläre Lage der Altstadt (Haute Ville) auf einem Felssporn und das Kasino verhalfen der Stadt (13 000 Ew.) zum Beinamen „Monte Carlo des Nordens". Der Rundgang auf den remparts (Stadtmauern) mit dem befestigten Tor Grande Porte eröffnet dir wunderbare Rundblicke auf Bucht und Strände von Granville

Altstadt mit Auszeichnung: Barfleur gehört zu den „schönsten Dörfern Frankreichs"

und die Îles Chausey. Das Musée Christian Dior (musee-dior-granville.com) wurde im Geburtshaus Les Rhumbs des Modeschöpfers eingerichtet. Rund 20 km Strände liegen rund um Granville: Nördlich vom Hafen wird der große Meerwasserpool an der Plage du Plat Gousset bei Flut überspült – so kannst du auch noch bei Niedrigwasser im Meerwasser planschen. Südlich der Hafeneinfahrt liegt die Plage du Herel, in der nächsten Bucht die Plage d'Hacqueville. Fährst du noch ein Stück weiter, erreichst du mit der Plage du Fourneau einen großen, aber wenig gepflegten Strand, der auch im Sommer nicht überwacht wird.

Coutances

10 km vom Meer auf einer Anhöhe gelegen, galt der Ort (8500 Ew.) jahrhundertelang als heimliche Hauptstadt des Cotentin. Eindrucksvoll ist die auf dem höchsten Punkt errichtete Kathedrale Notre-Dame. Vom Turm öffnet sich ein fantastisches Panorama. Ein Spaziergang lohnt sich durch den Jardin des Plantes, einen der ältesten botanischen Gärten der Normandie – im Hochsommer wird er wunderschön illuminiert.

Phare de Gatteville

Über die Küstenstraße erreicht man die Pointe de Barfleur, die Nordostspitze des Cotentin, mit dem 75 m hohen Leuchtturm Phare de Gatteville (phare-de-gatteville.fr) von 1834, dem zweithöchsten Leuchtturm Europas. Nach 365 Stufen, 52 Fenstern und zwölf Etagen erwartet dich ein imposantes Ärmelkanalpanorama.

Halbinsel La Hague

Die wildromantische Halbinsel erinnert mit ihrer granitenen Urwüchsigkeit stark an die

Weltberühmt und trotz des Besucheransturms jede Reise wert: der Mont-Saint-Michel

Bretagne, die das Gebiet 933 an die Normandie abtreten musste. Mächtige Kaps wie das 128 m hohe Nez de Jobourg mit grandiosem Panorama rahmen pittoreske, kleine Häfen ein. Der Küstenwanderweg GR 223 verbindet diese Höhepunkte auf spektakuläre Weise. Leider ist die traumhafte Landschaft nicht ohne Makel: Landeinwärts steht die umstrittene atomare Wiederaufbereitungsanlage La Hague. Im Südwesten der Halbinsel liegt die Plage de Vauville, ein bei Ebbe fast unendlicher Strand.

Le Mont-Saint-Michel

Das legendäre, auch als „Wunder des Abendlands" bezeichnete Benediktinerkloster ist eines der berühmtesten Bauwerke Frankreichs und das Wahrzeichen der Normandie. Seit 1979 steht die Klosterburg auf der UNESCO-Welterbeliste. Auf einem kreisrunden Granitkegel in der Baie du Mont-Saint-Michel gelegen und mit einer Höhe von 157 m schon von Weitem sichtbar, lassen sich heute weit mehr als 3 Mio. Touristen jährlich von ihr faszinieren.

Über eine schlanke Stelzenbrücke – toller Ausblick! – ist der Berg ganzjährig zu erreichen, nur bei extremen Springfluten ist der Zugang für einige Stunden gesperrt. Das Auto parkt man auf dem Festland. Auf dem Klosterberg lichten sich beim Aufstieg über steile Treppenwege die Mengen. Erst am äußeren Klostereingang musst du Eintritt zahlen. In der Klosteranlage, die du auf eigene Faust besichtigen kannst, leben wieder Mönche und Nonnen der Bruderschaft des Hl. Jerusalem. Höhepunkte sind der Kreuzgang und der grandiose Speisesaal. Auf dem Abstieg zum Ausgang beschließt auf der nördlichen Wehrmauer ein grandioser Rundblick über die Bucht, die Küste und das Meer die Fülle der Eindrücke. Komm am Abend wieder und lass dir den atemberaubenden Sonnenuntergang über der Bucht nicht entgehen!

AU REVOIR!

Und plötzlich duftet es nach Süden, nach wilden Kräutern und blühenden Sträuchern. Im Frühjahr kannst du Korsika, die Insel der Berge, schon auf dem Meer erschnuppern. Dieser Sehnsuchtsduft begleitet sie alle, ob Elba oder Menorca, die Eilande der Ägäis, Lanzarote oder Madeira.

SÜDEUROPA

Typisch Ägäis: Santorins
Blau und Weiß steht
wie ein Symbol für die
Inselwelt

AUF ZUM INSELHOPPING

In der Ägäis

JASSU AN BORD!
ENTDECKE DEN GRIECHISCHEN
INSELKOSMOS

In der Ägäis ist keine Insel ganz für sich allein. Von jedem Berg und vielen Stränden aus siehst du ein anderes Traumziel aus den Fluten steigen. Auf manchen Inseln hast du das europäische Festland vor Augen, auf anderen bist du den bizarr gezackten Küstengebirgen Kleinasiens ganz nah. Die Inseln sind Sprungsteine zwischen den Kontinenten.

Geometrischer Fassadenschmuck: Häuser in Pyrgi auf Chíos

Schiff ahoi! Aber welche Insel soll's denn sein?

Große, schnittige Autofähren und kleine, noch recht altmodisch anmutende Dampfer, blitzschnelle Katamarane und Tragflügelboote sowie zu Ausflugsschiffen umgebaute hölzerne Fischerboote bringen dich vom Festland in diese Inselwelt und dort von einer der 81 ständig bewohnten Inseln zur nächsten. Zahllose Inseln, bewohnt oder unbewohnt, ziehen vorüber, die griechische Flagge flattert am Heck im Fahrtwind. Meist laufen die Fähren auf ihrer Reise verschiedene Inseln an. Am Kai warten

bereits Hoteliers und Zimmervermieter auf fest gebuchte Gäste, um sie in ihr Hotel oder Apartment zu bringen, nehmen aber gern auch Urlauber mit, die ohne Vorausbuchung angereist sind. Schließlich gehst auch du von Bord, und dein Inselabenteuer kann beginnen!

Bloß keine Hektik aufkommen lassen: „sigá, sigá!"

Schon während deiner ersten Urlaubsstunden wirst du feststellen, dass du die Hektik des Alltags hinter dir gelassen hast. Heitere Gelassenheit liegt in der Inselluft. „Sigá, sigá!" ist dein Urlaubsmotto: Immer mit der Ruhe! Die Tage gehören dem Strand und den Beachbars, kleinen Wanderungen, Radtouren oder Besichtigungen. Viel Wassersport wartet auf dich, auf manchen Inseln sind auch kleine Ausritte oder entspannte Stunden in modernen Spas möglich. Am späten Nachmittag gehört ein Bummel durch die zumeist engen Markt- und Geschäftsgassen zum täglichen Ritual. Danach treffen sich Einheimische und Gäste zur allabendlichen vólta: Sie flanieren am Hafen auf und ab, um sich dann an den Tischen der unzähligen Cafés und Loungebars niederzulassen. Auch der Dorfplatz, die platía, ist ein beliebter Treffpunkt. Wenn es dunkel wird, verlagert sich das Geschehen in die Tavernen – und auf mancher Partyinsel wie Mykonos, Íos, Kos, Páros, Rhodos und Santorin sind Beachclubs und Open-Air-Diskotheken geöffnet, bis die Sonne aufgeht.

Wenn bei Sámos die rote Sonne im Meer versinkt – wird's so romantisch, dass du die Insel gar nicht mehr verlassen willst

Schneeweiße Dörfer, traumhafte Strände

Du wirst schnell bemerken, dass jede der rund 80 Ägäischen Inseln ihren ganz eigenen Charakter hat. Vor allem die Kykladen: Sie sind die 25 griechischen Inseln, von denen die Welt träumt. Sie haben unser Griechenlandbild geprägt, mit ihren weißen würfelförmigen Häusern, kleinen Kapellen mit blauen oder roten Kuppeln, in netten, katzenreichen Dörfern. Winzige Dorfplätze laden zum Rasten ein, lange Sandstrände und versteckte Buchten sind ihr größtes touristisches Kapital. Ähnlich ist es auf den Inseln der Dodekanes, nur dass diese dicht vor der türkischen Küste liegen. Ob zum Beispiel Chíos, Sámos, Pátmos, Kálimnos, Astipálea, Náxos oder Santorin – jede hat ihre Besonderheiten und alle sind gut miteinander verbunden. Da wirst du ganz schnell zum leidenschaftlichen Inselspringer und -sammler.

Du wirst Inselzwerge erkunden, die ihren gut 100 Bewohnern nur 4 km² Fläche bieten, aber auch Inselriesen wie das eher dünn besiedelte Lesbos mit 85 000 Bewohnern. Viele Inseln besitzen wunderschöne Sandstrände, aber es gibt auch solche mit überwiegend schroffen Steilküsten wie Síkinos und Samothráki.

Längst ist der Tourismus ist für viele Insulaner zum Haupterwerbszweig geworden. Die internationalen Reiseveranstalter machen ihnen freilich mit ihrer Marktmacht das Leben nicht leicht, denn insbesondere auf den großen Touristeninseln fördern ihre All-inclusive-Hotels das Massensterben von kleinen Cafés, Pensionen und Tavernen.

Ganz multikulti ist der Lauf der Geschichte

Bewohnt sind die Inseln seit mindestens 4000 Jahren, aber erst unter Alexander dem Großen wurden sie vor etwa 2300 Jahren erstmals einem einzigen Reich einverleibt. Im letzten Jahrtausend prägten zahlreiche fremde Eroberer die Inselgesichter mit, darunter Kreuzritter, Venezianer, Genuesen, Byzantiner. Dann folgten Jahrhunderte unter osmanischer Herrschaft. Erst seit 1947 gibt es Griechenland in seinen heutigen Grenzen, geprägt von der Ägäis. Der griechische Schriftsteller Ilías Venésis hat perfekt in Worte gefasst, was Inselspringer und -sammler spüren werden: „Die Ägäis dringt ins Herz der Menschen ein, wird zuerst ein Schlag, dann wieder einer, bis sie zu allen Schlägen des Herzens wird."

3 WOCHEN FÜR 8 GRIECHISCHE INSELN

Inselhopping mit Schiff und Flieger

Strecke & Dauer

- von Piräus nach Athen
- 2060 km mit Fähre, Katamaran, Flugzeug, Auto
- reine Fahrzeit mit der Fähre ca. 50 Stunden

Tag 1–2

❶ **Piräus**

381 km

❷ **Lesbos**

Auf dem Weg nach Lesbos hinein in den Sonnenaufgang

Es geht los, dein Inselhopping startet am Hafen von Piräus, den deine Fähre Richtung Lesbos am späten Nachmittag verlässt. Du verbringst eine Nacht auf der Ägäis und erreichst am Morgen nach einem wahrscheinlich prachtvollen Sonnenaufgang Griechenlands

drittgrößte Insel. In der Inselhauptstadt Mitilíni checkst du im Hotel ein und erkundest den Rest des Tages die Inselhauptstadt.

Speis & Trank: Das Restaurant Kalderími (Odós Thasú 2, Tel. +30 2251 046577) in Mitilíni bietet exzellente kreative Küche, z. B. gefüllte kalamáres und Schwertfisch mit Petersilie.

Übernachten: Vom zentral am Fähranleger gelegenen Blue Sea Hotel (Aktí Koundurióti 91, bluesealesvos.gr) hast du einen schönen Blick auf Stadt und Hafen.

Klöster, dampfende Quellen und ein freddo cappuccino am Hafen

Für die nächsten beiden Tage mietest du dir ein Auto. In Plomári besichtigst du eine Ouzo-Destillerie, in Polichnítos wartet in einem mittelalterlichen Badehaus ein entspannendes Thermalbad und ein Snack im kleinen Garten neben den dampfenden Quellen auf dich. Später besuchst du das Kloster Moní Limónos, bummelst durch Pétra und übernachtest in Mithímna. Am nächsten Morgen trinkst du am idyllischen Hafen Skála Sikiminiás deinen ersten freddo cappuccino, bevor du die Klöster Moní Ton Taxiárchon und Moní tu Agíu Raffaíl sowie das römische Aquädukt von Mória besuchst. Um 18 oder 19 Uhr bringt dich eine Fähre hinüber nach Chíos, wo du dich in der Inselhauptstadt einquartierst.

Tag 3–4

2 **Lesbos**

322 km

3 **Chíos**

Köstlicher Balkonschmuck: In Chíos Dörfern hängen dir die getrockneten Tomaten direkt in den Mund

Speis & Trank: *Das Platanós (auf Facebook) in Plomári ist eine stimmungsvolle Taverne auf einem kleinen Platz unter einer großen Platane im Ortszentrum.*

Übernachten: *Achtung, ausgefallener Name: Die Pension The Schoolmistress with the Golden Eyes (molivos.gr/en), benannt nach der Geliebten des griechischen Schriftstellers Stratis Myrivilis, liegt an einer Kopfsteinpflasterstraße in der Nähe des Marktes von Mithímna und bietet einen herrlichen Panoramablick auf die Ägäis.*

Tag 5–6

 3 Chíos

Geometrische Muster zum Kaffee und Geister am Morgen

Mit dem Mietwagen erkundest du Chíos. Auf dem Dorfplatz von Pirgí trinkst du deinen Kaffee inmitten von geometrischen Mustern, in Mestá bummelst du durch überwölbte Gassen und isst exzellent auf dem Dorfplatz. Zum Baden fährst du immer an der Westküste entlang bis nach Volissós, wo du auch übernachtest. Am nächsten Morgen steht erst das Geisterdorf Anávatos auf dem Programm, bevor du den einzigartigen Mosaiken im Kloster Néa Moní einen Besuch abstattest. Ein spätes Mittagessen nimmst du am Sandstrand von Karfás ein, wo du am Gleitschirm übers Wasser fliegen kannst. Vor dem Abendessen in der Taverne Hotzás checkst du noch einmal für eine Nacht im Hotel in der Inselhauptstadt ein.

Speis & Trank: *Die urige, bereits 1882 gegründete Taverne Hotzás (Odós Kondíli 3, Chíos-Stadt, Facebook: Hotzas-tavern) mit Garten*

liegt in einem folkloristisch dekorierten Haus. Hier wird verständlich, warum chiotische Köche einst als die besten des Landes galten.

Übernachten: Auf den ersten Blick wirkt das sechsstöckige Hotel Chandrís (Prokiméa, chandris.gr) in Chíos-Stadt eher wie eine Businessherberge. Aber die Lage direkt am Hafen und nahe des Stadtzentrums ist traumhaft, mit Pool und Meerblick von vielen der 139 Zimmer.

Feiern, baden und schlemmen am Meer: wunderschönes Sámos

Tag 7–9

3 Chíos

260 km

4 Sámos

Am späten Nachmittag fliegst du mit Sky Express nach Sámos und fährst mit Flughafenbus oder Taxi in die Inselhauptstadt Sámos-Stadt, auch Vathí genannt, wo du drei Nächte bleibst. Zum späten Abendessen mit griechischer Livemusik gehst du in eine der Tavernen an der Uferstraße. Am nächsten Tag besuchst du zunächst das Archäologische Museum und steigst dann in den Linienbus zum antiken Hera-Heiligtum, badest am Strand von Iréon und fährst anschließend weiter nach Pythagório. Dort besichtigst du die Altertümer und genießt die Atmosphäre am Hafen. Genug geguckt? Dann mach dich auf den Weg zur Taverne Fáros, dort isst du direkt am Meer zu Abend. Mit einem späten Bus geht es zurück nach Sámos-Stadt. Dort mietest du am Tag darauf ein Auto, um ins blumenreiche Bergdorf Manolátes hinaufzufahren, das sich für einen kunstgewerblichen Shoppingbummel eignet, bevor du an der Bucht von Tsamadoú

Und jetzt einfach mal gaaanz tief durchatmen: Kokkáris entspannte Hafenatmosphäre

badest. Nachmittag und Abend gehören dem hübschen Kokkári, bevor du nach Sámos-Stadt zurückkehrst.

Speis & Trank: In der Taverne Bíra unter Maulbeerbäumen gegenüber der großen Dorfkirche von Kokkári wird eine kreative regionale Küche auf Basis alter Rezepte gepflegt, viele Zutaten stammen aus ökologischer Landwirtschaft.

Übernachten: Café, Bar und Dachgartenrestaurant des modernen Hotels Sámos (samoshotel.gr) direkt gegenüber dem Fähranleger in Sámos-Stadt sind auch trendige Treffs vieler Einheimischer. Ein kleiner Pool auf dem Dach ist Hotelgästen vorbehalten.

Tag 10

4 Sámos

187 km

5 Pátmos

Besuch die Apokalypse auf Pátmos

Früh am Morgen fährst du mit dem Taxi oder Linienbus nach Pythagório, weil dort der Katamaran oder Dampfer zum nächsten Ziel, der Insel Pátmos, ablegt. Bezieh Quartier im Hafenort Skála und fahr dann vom Anleger mit dem Bus hinauf in die Chóra mit dem Kloster. Zurück geht's zu Fuß, unterwegs besuchst du die Grotte der Apokalypse.

Speis & Trank: Klassische griechische Spezialitäten werden in der Tzivaeri Taverna am Strand von Skála mit Blick aufs Wasser serviert.

Übernachten: Direkt am Hafen liegt das nette Skala Hotel (skalahotel.gr), manche Zimmer blicken den Hang hinauf aufs Johannes-Kloster.

Nicht nur bei Kokkári: Sámos lockt mit wunderschönen Stränden

Schon seit Jahrhunderten auf dem Öko-Trip: Astipálea mit seinen sieben Windmühlen

Zu Fuß hinab ins Mandarinental

Mittags gehst du an Bord eines Katamarans, dieser bringt dich über Lípsi und Léros nach Kálimnos, wo du in der Inselhauptstadt übernachtest. Hier kannst du bei Papachátzis an der Hafenpromenade hervorragende Naturschwämme kaufen und abends in Manias Fish Tavern essen. Tags darauf wanderst du im Anschluss an den Besuch im Archäologischen Museum auf dem ab dort ausgeschilderten historischen Fußweg etwa 12 km weit ins Mandarinental von Vathí mit seiner fjordartigen Bucht und Tausenden von Mandarinen- und Orangenbäumen. Nach einem Bad im Fjord bringt dich der Linienbus in die Inselhauptstadt zurück. Noch am Abend oder am frühen Morgen des nächsten Tages reist du weiter nach Astipálea, wo du zwei oder drei Nächte bleibst – je nach Fährfahrplan.

Speis & Trank: Erstklassigen, frischen Fisch isst du in Manias Fish Tavern (maniastavern.gr) direkt an der Uferfront.

Übernachten: Du wohnst gut im Hotel Olympic (Tel. 22 43 05 17 10) nahe dem Fähranleger.

Tag 11-12

5 Pátmos

83 km

6 Kálimnos

104 km

7 Astipálea

Chillen in der Altstadt, Action am Strand

Auf Astipálea solltest du nicht nur die Chóra mit der recht gut erhaltenen Kreuzritterburg und die antiken Mosaike besichtigen, sondern auch ausspannen: z. B. bei den Mühlen der Altstadt in Cafés mit Aussicht und beim Baden am Strand von Livádi.

Speis & Trank: In der Taverne Para Thin Alos in Livádi wird der Strandtag dank direkt am Wasser serviertem frischem Seafood richtig rund.

Übernachten: Stimmungsvoll wohnst du im Dorf Chóra in den Mariakis Luxury Studios (mariakis.gr).

Tag 13-14

7 Astipálea

Tag 15–17

7 Astipálea

187 km

8 Náxos

Neue Freunde: der Insellikör und der Marmorjüngling im Steinbruch

Sehr früh am Morgen schipperst du über Amorgós und Erimoníssia weiter zur größten Insel der Kykladen, nach Náxos. Hier wohnst du die nächsten beiden Tage zentral in der Chóra. Abends kehrst du in der Taverne Kalí Kardiá an der Hafenfront ein und schließt dort sicherlich auch Freundschaft mit dem Insellikör kítro. Am nächsten Tag geht es im Mietwagen auf Entdeckungstour: Über die malerischen Orte Chalkí und Filóti führt dich der Weg nach Apóllonas, wo du einen Blick in den antiken Steinbruch mit der halb fertigen Statue eines Jünglings wirfst, ein sogenannter Kuros. Die Marmorfigur ist 10,45 m lang. Über Engáres und das Mitrópolis Site Museum fährst du wieder zurück in die Chóra. Nach diesem Kulturprogramm wird der nächste Tag zum Strandtag: Am Pláka Beach, den du mit dem Linienbus erreichst, kannst du nicht nur den Sandstrand genießen, sondern auch Wassersport (Plaka Watersports) machen.

Speis & Trank: Zwei Brüder betreiben die Taverne Kalí Kardiá an der Uferpromenade der Chóra mit der größten Auswahl an gekochten und geschmorten Gerichten auf der ganzen Insel. Gemüse und Fleisch stammen teilweise aus familieneigener Landwirtschaft.

Übernachten: Wunderschön mit Antiquitäten und Antiken eingerichtete Zimmer und Studios und ein fabelhafter Innenhof erwarten dich in einem Haus von 1666: Die Venétiko Apartments (venetiko.com) liegen absolut ruhig im autofreien Teil der Altstadt von Náxos.

Und zum Schluss: die Vulkaninsel mit den göttlichen Kraterblicken

Tag 18–22

8 **Náxos**
193 km
9 **Santorin**
235 km
10 **Athen**

Ein schneller Katamaran bringt dich am späten Vormittag über Íos nach Santorin. Hier solltest du dir für die letzten vier Nächte ein Zimmer am Kraterrand gönnen. Die Attraktionen am nächsten Tag sind die Ausgrabungen von Akrotíri, die du vormittags besichtigst, und das Kraterranddorf Oía, das du am Nachmittag mit dem Linienbus erreichst. Am folgenden Vormittag unternimmst du eine Bootsfahrt (in allen Reisebüros zu buchen) in der Caldera, später erwarten dich eine Weinprobe und zeitgenössische Kunst im Art Space. An deinem letzten Tag fährst du mit dem Linienbus nach Kamári zum Baden. Am späten Nachmittag bringt dich ein kleines Boot (alle 30 Min.) hinüber nach Périssa, wo du deine Reise bei einem stilvollen Aperitif in der Tranquilo Bar und einem Essen im trendigen Restaurant Ntomatíni (Tel. 22 86 08 30 15) direkt am Strand ausklingen lassen kannst. Mit dem Bus fährst du dann nach Firá zurück, wo du noch einmal den Abend genießt, ehe es am nächsten Morgen mit der ersten Maschine zurück nach Athen geht. Natürlich viel zu früh …

Speis & Trank: Trotz der Lage direkt am Kraterrand hat die Inhaberfamilie im Restaurant Náoussa (unterhalb des Hotels Atlantis, Firá, naoussasantorini.restaurant) Bodenhaftung bewahrt und bietet beste griechische Küche mit Panoramablick zu noch akzeptablen Preisen. Entsprechend lang sind die Warteschlangen für alle, die zu reservieren vergaßen.

Übernachten: Das terrassenförmig am Kraterrand gelegene Hotel Kavalári (an der Kraterrandstraße nahe der Kathedrale, Firá, kavalari.com) bietet Zimmer und kleine Apartments – und eine atemberaubende Aussicht.

Und immer wieder diese Kraterblicke: Santorin ist eine Insel für Augenmenschen

AM WEGESRAND: INSEL-VIELFALT IN DER ÄGÄIS

Lesbos

Touristenzentren gibt es hier nur ganz punktuell, griechische Ursprünglichkeit ist Trumpf. Seit die EU 2015 ein großes Auffanglager für Bootsflüchtlinge einrichtete, kommen noch weniger Urlauber – obwohl die Immigranten das Urlaubsleben auf der Insel nicht beeinflussen. Landschaftlich ist Lesbos (85 350 Ew.) vielfältig.

Chíos

Chíos ist eine große Insel abseits des Mainstreams für Entdecker. Die Dörfer im Inselsüden sind durch das immer noch ökonomisch bedeutsame Baumharz Mastix wohlhabend geworden. Heute wird es u. a. für Marmeladen, Parfums, in der Raumfahrt- und Reifenindustrie verwendet. Viele Dörfer muten heute noch ziemlich mittelalterlich an, auf den Landgütern aus genuesischer Zeit schützen hohe Mauern ausgedehnte Zitrushaine. Zahlreiche byzantinische Kirchlein und ein Kloster mit mittelalterlichen Mosaiken sind kulturelle Highlights. Schwimmer schätzen die vereinzelten, oft menschenleeren Strände.

Die Schwämme von Kálimnos werden heute nur noch als Souvenirs verkauft

Sámos

Sámos (32 760 Ew.) ist so etwas wie ein Hochgebirge im Meer. Gleich zwei Gebirgszüge steigen weit über 1000 m hoch auf und ziehen sich längs über das Eiland. Über 4000 Familien leben hier überwiegend vom Weinanbau. Das hält auch die vielen schönen Bergdörfer ungewöhnlich lebendig. Badeurlauber wohnen hier in lange gewachsenen Küstenstädtchen und -dörfern. Gleich fünf ganz unterschiedliche stehen zur Auswahl. Pure Sandstrände gibt es nur zwei, dafür aber eine Vielzahl ganz unterschiedlicher Kiesbuchten. Als Insel für Wanderer hat Sámos von allen Ägäisinseln die längste Tradition.

Pátmos

Pátmos (3040 Ew.) gilt als heilige Insel, denn der Evangelist Johannes hatte hier in den Jahren 95/96 seine Vision der Apokalypse, die als „Offenbarung des Johannes" die Grundlage für das letzte Buch im Neuen Testament bildete. Schon 1088 gründete der Mönch Christódoulos das Johannes-Kloster. Mit seinen weißen, würfelförmigen Häusern, die sich rund um das wie eine Burg wirkende Kloster scharen, den stufenreichen Gassen und den vielen überdeckten Passagen im alten Dorf wirkt Pátmos ganz kykladisch. Die Insel ist kahl und wasserarm, ihre Strände sind am besten mit dem Badeboot ab Skála zu erreichen.

Kálimnos

Kálimnos (16 400 Ew.) ist als Schwammtaucherinsel berühmt. Heute leben hier noch etwa 1000 Familien von der Fischerei, insbesondere dem Schwert- und Thunfischfang. Der Hafen der Inselhauptstadt Póthia ist einer der geschäftigsten der Ägäis. Ruhigster und schönster Badeort ist das beschauliche Emborió im äußersten Nordwesten der Insel.

Astipálea

Astipálea fällt aus der Rolle. Die außer im Hochsommer sehr ruhige Insel (1200 Ew.) ist nicht nur geografisch, sondern auch architektonisch das Bindeglied zwischen Dodekanes und Kykladen. Ein schneeweißes Dorf zieht sich auf einer Bergkuppe rund um eine recht große Burg, Windmühlen sind das Inselwahrzeichen. Gebadet wird im Küstenweiler Livádi mit mehreren Stränden; weitere einsame Strände sind oft nur per Jeep oder Boot zu erreichen.

Náxos

Trotz sehr vieler Sommergäste an ihren zahlreichen Stränden ist die größte Insel der Kykladen noch sehr ursprünglich geblieben. Nur etwa die Hälfte der Insel (18 500 Ew.) ist fruchtbar und besiedelt, die andere Hälfte ist weitgehend pure Wildnis. Zudem ragt hier auch noch der Zas als höchster Gipfel der Kykladen 1004 m hoch in den Himmel. Gleich bei der Inselhaupt- und Hafenstadt Chóra beginnt ein über 20 km langer Sandstrand. Inseleinwärts bedeckt der größte Olivenwald der Kykladen die Tragéa-Hochebene mit ihren kleinen Dörfern, venezianischen Wohntürmen und byzantinischen Kirchen. Der Tourismus beschränkt sich auf das Küstengebiet zwischen der Chóra und Pirgáki sowie das Dorf Apóllonas an der Nordostküste. Ansonsten ist die Insel ein Paradies für Entdeckernaturen.

Santorin

Auf vielen Bucketlists der 50 Orte, die man im Leben einmal gesehen haben sollte, steht Santorin weit oben. Schöner als diese Vulkaninsel kann ein Fleckchen Erde kaum sein, voller auch nicht. Im Sommer drängen sich allein schon 15 000 Tagesbesucher von anderen Inseln und Kreuzfahrttouristen durch die Gassen der Hauptstadt Firá, zum Sonnenuntergang in Oía strömen die Massen, die auf der Insel auch übernachten. Die genießen Santorin (15 250 Ew.) zudem als Badeinsel. Helle Sandstrände sind die Ausnahme, dafür färben Lavasand und -kies die Strände dunkelgrau, tiefrot und fast weiß. Wer sucht, findet auch noch einige wenige stille Dörfer zwischen den vielen Rebgärten. Das absolute Highlight der Insel bleibt aber die Caldera. Um 1450 v. Chr. explodierte die einst fast kreisrunde Insel, in deren Mitte bis dahin ein Vulkan 1800 m hoch in den Himmel ragte. Nach den Eruptionen waren der Berg und die Hälfte der Insel verschwunden. Auf den steil abfallenden Kraterrändern stehen heute Dörfer.

A'Dio!

Und dann war da
diese Bucht ganz
für mich allein:
auf Krk bei Baška

MONDLANDSCHAFT MIT GANZ VIEL CHARME

Die Inseln der Kvarner-Bucht

BOK!
LEBE DAS DOLCE VITA ZWISCHEN FELSKÜSTE UND BERGDÖRFERN

Alles Meer, oder was? Gar nicht! In Istrien und der Kvarner-Bucht kannst du natürlich prima am Strand chillen, zum Abkühlen ist das hügelige Hinterland aber auch nicht verkehrt: Da kletterst du durch Bergdörfchen oder planst einen Abstecher in die grüne Waldregion Gorski kotar ein.

Lust auf Sandstrand mit Palmen?

Den findest du in Istrien nur selten. Macht aber nichts, so klebt kein Sand in der Tasche fest. Dafür kannst du dich an der 539 km langen Küste bequem auf Felsplatten, Kiesel oder Natursteine legen. Die schönsten glasklaren Felsbuchten erreichst du mit dem Boot. Zwischen den Felsplatten tummeln sich Krebse und Fischchen, das ist ein prima Abenteuerspielplatz für die Kids. Das kristallklare Wasser ist auch für Taucher toll, die vor der Westküste Istriens zu versunkenen Schiffswracks abtauchen können. Übers Land geht's mit dem Rad: In den vergangenen Jahren ist ein echter Fahrradboom über Istrien hereingebrochen, mit GPS-Routen, fahrradfreundlichen Hotels und Pensionen und E-Bikes, die du leihen kannst.

Treppauf, treppab zum sportlichen Fotoshooting

Sport light gelingt auch ganz entspannt in Riemchensandalen – in den hübschen Hügel- und Hafenstädtchen Istriens oder der Kvarner-Bucht: Da steigst du steile Kirchturmtreppen hinauf oder balancierst auf Wehrmauern, um von oben das ultimative Selfie zu knipsen. Das ist nebenbei ein toller Fatburner, der Spaß bringt!

Stolze 12 km lang ist die lauschige Franz-Joseph-Promenade, die das malerische Fischerdörfchen Volosko immer am Meer entlang mit dem Seebad Lovran verbindet

F(r)isch aus dem Meer: Meeresfrüchte-Genießer kommen an der Kvarner-Bucht auf ihre Kosten

Geflügelte Löwen grüßen dich aus der Vergangenheit

Istrien und der Kvarner-Golf haben viele Herrscher kommen und gehen sehen. Rom, Byzanz, Venedig, Österreich-Ungarn und schließlich Jugoslawien haben sich in Kunst und Architektur verewigt. Da ragen spitze Kirchtürme in den Himmel, geflügelte Steinlöwen wetzen ihre Krallen an Stadttoren – all das sind kleine Kopien des großen Venedig, das hier so lange das Zepter in der Hand hielt. Von den Römern, die noch früher da waren, ist z. B. das blank polierte Straßenpflaster von Poreč oder die Arena von Pula geblieben, die heute Superstars zum Beben bringen.

Erlebe die Küste der drei Kulturen

Ein Blick auf die Landkarte beweist: Die Halbinsel ist herzförmig! Ein tolerantes Herz haben auch die Bewohner: Zumindest politisch ist die Halbinsel dreigeteilt. Der größte Teil Istriens gehört zu Kroatien, ein Küstenabschnitt der Region mit Karstbergen im Rücken zu Slowenien und die Ecke um Triest herum zu Italien. Die Kirche spielt eine wichtige Rolle: 86 Prozent der Kroaten sind Katholiken, die meisten davon gläubig. Die Trennung von Kirche und Staat verläuft hier nicht ganz so strikt wie in Slowenien. Die Kirchenväter geben durchaus politische „Empfehlungen".

Das süße Leben wartet auf dich!

Die Region ist von italienischem Lebensgefühl geprägt – mit all den lieb gewonnenen Gewohnheiten wie stundenlangem Espressoschlürfen, verlockenden Eisshops und dem Abendbummel Corso. Zu diesem Lebensgefühl gehört natürlich auch gutes Essen: wilder Spargel (istrisches Superfood!), die berühmten Kvarner-Scampi (roh!) oder der spritzige Wein. Im Grauen Istrien wachsen Eichenwälder, ideal für Trüffelsucher. Die Luxusknollen gibt es in Restaurants mit weißen Tischdecken – ohne jedoch die Urlaubskasse komplett zu schröpfen.

So viel Auswahl, so viel Inselschönheit

Und wie ist es mit dem Küstenstrich rund um die Kvarner-Bucht? Schön, elegant und charmant ist er: Die hippe Stadt Rijeka pulsiert mit Hafenatmo, Nightlife und einem grünen Action-Hinterland. Die Kvarner Inseln solltest du dir aber auch nicht entgehen lassen. Auf den ersten Blick sind sie zwar karg, spröde, steinig, eine von der Bora blank polierte Felsenlandschaft – doch dann, gerade, wenn du glaubst, auf dem Mond gelandet zu sein, kommt ihr Charme mit Wucht! Jede der großen Inseln – Cres, Lošinj, Krk, Rab, Pag – zeigt dir ihr ganz besonderes Gesicht. Und jede ist auf ihre Art die schönste im ganzen Land ...

Verspür die Sehnsucht nach Meer

Egal, für welche du dich entscheidest – am Ende eines langen Tages, an dem du dich beim Baden und Kraxeln ausgepowert hast, suchst du dir einen schönen Platz irgendwo an der Küste. Fackeln erleuchten die Nacht, dezente Musik untermalt das Plätschern des Meeres – da willst auch du nicht mehr weg.

3 TAGE AUF DEN KVARNER INSELN

Reise in die glagolitische Vergangenheit

Strecke & Dauer

- von Rijeka nach Beli
- 185 km mit Fähre und Auto
- reine Fahrzeit 9 Stunden

Beste Zeit

- Saison ist auf den Inseln von Ostern bis in den Oktober hinein.
- Baden ohne Kälteschock kannst du von Mitte Mai bis Ende September.
- Die Hauptsaison ist im Juli und August, dann verlangen Hotels deutlich höhere Preise.
- Von Mitte Mai bis Ende Juni blüht alles, im September ist das Meer noch warm.

Gut zu wissen

- An den Flughäfen und in größeren Ferienorten kannst du dir ein Auto mieten, um auch an entlegenere Orte zu gelangen.
- Auf kroatischen Autobahnen darf man höchstens 130 km/h fahren, auf Schnellstraßen 110 km/h, auf Landstraßen 90 km/h und in Ortschaften 50 km/h.
- Der gefürchtete Fallwind Bora fegt meist in der kühlen Jahreszeit. Für Wassersportler: Der starke Wind treibt die Wellen vom Land weg, selbst größere Boote kommen gegen den Sog kaum an!
- Badeschuhe schmälern zwar das Vergnügen beim Schwimmen, aber sie schützen dich vor scharfen Felsen und den Nadeln des Seeigels.

Tag 1

1 **Rijeka**

23 km

2 **Krk**

Lass dich vom Duft des mediterranen Südens verführen

Auf den Kvarner Inseln kann man sie finden, die geheimnisvolle glagolitische Schrift. Auf der Entdeckungstour tauchst du nicht nur tief in die Vergangenheit ab, du atmest auch tief den würzigen Pinien- und Macchiaduft ein. Es gibt also viel zu sehen und zu erleben, starte daher in Rijeka, am besten schon morgens gegen neun Uhr. Steuere zunächst knapp 25 km auf der Autobahn E 65 nach Süden bis zur mautpflichtigen Brücke (35 Euro) auf die Insel Krk. Von hier aus siehst du, welche unglaubliche Kraft der Fallwind Bora hat: Die Bergrücken

Hoppla, seit wann liegt
Bayern denn am Meer?
Die Kathedrale in Krks
Altstadt trägt überraschend
einen Zwiebelturm

der Insel sind ratzekahl abgeschliffen! Doch kaum ist die Gebirgs-
schranke passiert, zeigt sich Krk von seiner grünen Seite. Mach
gleich das Autofenster auf und atme tief ein: Der Duft der Macchia ist
einfach betörend!

Das Rätsel der jahrhundertealten Schrift

Nach 18 km auf der Inselstraße erreichst du Gabonjin. Im frei zugäng-
lichen Glagoliza-Park bekommst du eine Idee von der altkroatischen
Schrift: Du kannst dort zwischen den Steinen mit eingemeißelten
glagolitischen Schriftzeichen herumbummeln. Diese Schrift verwen-
deten die Kroaten vom 12. bis 14. Jh., dann wurde sie vom Lateini-
schen abgelöst. In den Kirchen von Krk wurde sie sogar noch weit
später, im 19. Jh., verwendet! Eine hübsche Steintafel aus dem 16. Jh.
kannst du dir in Dobrinj in der Kirche Sveti Stjepan anschauen.

Genießen und am Strand urlauben in
der Weinhauptstadt

Über Weiler wie Gostinjac und Risika erreichst du nach Süden fah-
rend Krks Weinhauptstadt Vrbnik. Falls du nicht selbst am Steuer
sitzt, solltest du unbedingt den typischen Weißwein Vrbnička Žlahtina in einer Vinothek verkosten und kaufen. Eine nette Location ist

❷ **Krk**

16 km

❸ **Glagoliza-Park**

6 km

❹ **Sveti Stjepan**

12 km

❺ **Vrbnik**

⑤ Vrbnik

9 km

⑥ Treskavac-Pass

21 km

⑦ Baška

die Panoramaterrasse der Konoba Nada, die in der eigenen Weinkellerei einige sehr empfehlenswerte Sorten herstellt und im Weinkeller unter dem Restaurant auch verköstigt. Steintafeln mit Glagoliza-Inschriften sind in Vrbnik überall zu sehen, Kopf hoch: am Glockenturm der Pfarrkirche beispielsweise, denn der Ort war im 14./15. Jh. ein Zentrum der glagolitischen Kultur. Auf dem Hauptplatz erinnert ein Denkmal an Blaž Baromić, der 1450 in Vrbnik geboren wurde. Baromić betrieb später in Senj die erste Glagoliza-Druckerei Kroatiens. In Vrbnik kannst du gut relaxen. Der Ort besitzt zudem schöne Strände, so wie die idyllische Kiesbucht Potovošće.

Vom Mondplateau aus dieses fantastische Stückchen Erde grüßen

Von der Hauptstraße aus geht es weiter nach Süden. Die Strecke ist gesäumt von zeitgenössischen Steindenkmälern mit eingemeißelten glagolitischen Schriftzeichen und wird deshalb Straße der Glagoliter genannt. Bevor sich die Straße zum Meer senkt, eröffnet sich am Treskavac-Pass, beim glagolitischen Buchstaben A, ein schöner Blick auf die Bucht von Baška. Windgeschützte Feinkiesstrände und reizvolle Wanderwege sind noch ein weiterer Grund, hier zu übernachten, etwa im sympathischen Hotel Tamaris. Versäume es nicht, zum Mondplateau hinüberzuwandern, denn von dort hast du einen herrlichen Rundumblick über den Kvarner-Golf. In der Altstadt kannst du dir in einem der vielen Souvenirgeschäfte Glagoliza-Buchstaben als Ohrringe oder Anhänger gönnen.

Speis & Trank: In der Konoba Nada (Glavača 22, nada-vrbnik.hr) kommt der Weißwein Žlahtina aus dem Familienbetrieb, dazu genießt du bäuerliche Gerichte aus der peka – einer Eisenpfanne mit Deckel, die in einer offenen Feuerstelle mit Glut bedeckt wird – und frischen Fisch.

Übernachten: Direkt am Wasser liegt das Hotel Tamaris (hotel-dobrovit.com). Wer nicht am Kiesstrand liegen und im klaren Meereswasser baden möchte, kann auf den hoteleigenen Pool ausweichen.

Alt und berühmt: die Tafel von Baška mit glagolitischer Schrift in der Kirche Sv. Lucija

Rund um Vrbnik wird der
Weißwein Vrbnička Žlahtina
angebaut – und natürlich
auch ausgeschenkt

Die Surfer freut's, wenn eine ordentliche steife Brise über die Bucht von Baška hinwegtobt

Tag 2

7 Baška

2,5 km

8 Jurandvor

18 km

9 Punat

1,5 km

10 Klosterinsel Košljun

16 km

11 Krk

Klosterinsel, Kräutergarten und Kiesstrände

Bevor du am nächsten Morgen nach Nordwesten zurückfährst, solltest du die Tafel von Baška im nahen Dörfchen Jurandvor noch anschauen. Das ist eine der ältesten und mit Abstand bekanntesten glagolitischen Inschriften in Kroatien. Vor dem beliebten Ferienort Punat haben die Mönche auf der romantischen Klosterinsel Košljun ebenfalls wertvolle Bibeln und Inschriften bewahrt. Du kannst mit dem Taxiboot übersetzen und dir das Museum anschauen, es lohnt sich! Dort gibt es viele in Glagoliza verfasste Bücher. Schnuppere danach die Aromen und Düfte im Kräutergarten, das entspannt. Zurück von der Insel solltest du die flach abfallenden Kiesstrände von Punat ausprobieren und ins Meer eintauchen!

Wo Buchstaben die Nacht erhellen

An diesem zweiten Reisetag hast du noch ein Ziel auf dem Radar: die Inselhauptstadt Krk. Dort kannst du ganz entspannt bummeln: Schau dir die Kirchen und Bastionen der Frankopanen an, eines kroatischen Fürstenhauses, das die Klöster sehr förderte. Damit sicherten sie auch das Überleben und die Weitergabe der Glagoliza. In vielen Türstürzen oder an Häusern der Altstadt sind Glagoliza-Inschriften zu erkennen. Doch auch moderne Künstler greifen gerne auf die altkroatische Schrift zurück: Das siehst du in den eleganten Straßenlaternen entlang der Riva – auch sie sind glagolitischen Buchstaben nachempfunden. Heute geht's nicht mehr weiter, du übernachtest in Krk.

Speis & Trank: Eine schattige Terrasse am Meer macht die Konoba Corsaro (Obala Hrvatske mornarice 2, Krk) zur ersten Wahl für ein Abendessen mit Pasta, Grillgerichten und Fisch.

Übernachten: Umgeben von duftendem Kiefernwald wohnst du im schicken Valamar Koralj (V. Tomašića, valamar.com) nahe der Altstadt von Krk.

Begegne Skulpturen im Urwald auf Cres

Tag 3

11 Krk
20 km
12 Cres
40 km
13 Beli

Mit der Fähre geht's am dritten Reisetag von Valbiska (Krk) nach Merag auf Cres. Nicht erschrecken! Gerade noch warst du auf der fruchtbaren Insel Krk, und jetzt erscheint Cres irgendwie ziemlich karg: uralte Steineichen, vom Wind gebeugte Olivenbäume und Trockensteinmauern, die sich wie ein Spinnennetz über die Insel ziehen. Das hat einen ganz besonderen Reiz! Aufpassen, wenn es die Straße nach Beli hinuntergeht, die ist wirklich abenteuerlich schmal! Der Glagoliza begegnest du in Beli in der Kirche, wo Grabinschriften aus dem 17. Jh. erhalten sind. Besorg dir im Besucherzentrum Beli das Büchlein „Tramuntana" für mehr Infos zu einer Wanderung, bei der du auf dem 8 km langen Rundweg Staza Tramuntana I dem Zauber der Landschaft erliegst: Er führt von Beli zu prähistorischen Grabstätten, Steinlabyrinthen, Dorfkapellen und durch urtümlichen Wald. 21 Steinskulpturen, alle mit Glagoliza geschmückt, markieren den Pfad. Der Tag klingt am idyllischen Strand von Beli aus.

Speis & Trank: Im Restaurant der freundlichen Pansion Tramontana (beli-tramontana. com), die Solarenergie, biologische Wasserfilter und Regenwasser nutzt, werden regionale Produkte serviert.

Übernachten: Bleib doch einfach in der Pansion Tramontana (beli-tramontana.com)! Alternativ kannst du zum Hotel Kimen (Melin I/16, hotel-kimen.com) fahren, ruhig an der Uferpromenade von Cres-Stadt in einem Pinienhain direkt am Fels-Kiesstrand gelegen.

Das Leben geht seinen gemächlichen Gang in den Gassen und am Hafen von Cres-Stadt

AM WEGESRAND: STÄDTE, KIRCHEN UND MEER

Rijeka

Eine Hafenstadt mit Werften und ohne richtige Strände, das ist Rijeka. Wie Kaugummi klebte dieses Vorurteil lange an Kroatiens drittgrößter Stadt (140 000 Ew.). Doch Rijeka ist hip, mit pulsierendem Nachtleben, interessanten Museen und, ja, einem geschäftigen Hafen. Der Karneval ist in dieser Stadt richtig bunt – und mit Meerblick! Es kommt aber noch besser: Als europäische Kulturhauptstadt 2020 hatte die Stadt – trotz Pandemie – einige innovative Projekte umgesetzt: Alte Militärgänge wurden zu Spazierwegen, im ehemaligen Bunker wird Latte Macchiato getrunken, und die Luxusyacht des ehemaligen jugoslawischen Präsidenten Tito ist jetzt ein Museum. Klingt nicht nur cool, ist es auch! Und tolle Fotomotive gibt es auch: Austro-ungarische Villen, die genauso gut in Wien oder Budapest stehen könnten, erinnern an die Habsburger Herrschaft bis 1918 – das macht einige sozialistische Bausünden am Stadtrand locker wieder wett.

Krk

Eigentlich sind die Kroaten ja recht großzügig. Nur bei diesem Inselnamen haben sie ganz schön mit den Vokalen geknausert. Dennoch gehört Krk (19 500 Ew.) traditionell zu den liebsten Badewannen der Deutschen und Österreicher. Was dich erwartet, ist die perfekte Outdoor-Destination mit Wassersport-Fun, Wander- und Radwegen. Der Küstensaum der Insel wird von kleinen Felsbuchten und

Wer auf Cres zu Wanderungen aufbricht, durchstreift duftende Macchia und Wälder aus uralten Olivenbäumen

langen Kiesstränden eingerahmt. Kulturell hat Krk auch einiges zu bieten: Du kannst ein paar wirklich wundervolle Kirchen und Klöster entdecken.

Vrbnik

Romantisch sind sie ja, die mittelalterlichen Kopfsteinpflastergassen von Vrbnik (1300 Ew.) – aber pures Gift für High Heels! Daher lieber ausgelatschte Sandalen anziehen, das senkt die Rutschgefahr. Das gilt auch nach einer Weinprobe, denn rund um Vrbnik wird der beste Inselwein, Vrbnička Žlahtina, nicht nur angebaut, sondern auch verkostet. Ach, vielleicht ist er sogar einer der besten Weißweine Kroatiens. Man kann ihn in verschiedenen Kellereien im Ort probieren, etwa im Weinausschank Gospoja (Vitezićeva 9, gospoja.hr). Der Kiesstrand Potovošće 2 km südlich zählt zu den reizvollsten Stränden der Kvarner Inseln; das Wasser hier ist atemberaubend klar.

Baška

Das Städtchen (900 Ew.) im Südosten kommt dem perfekten Ort zum Entspannen schon ziemlich nahe: Alles dreht sich um den knapp 2 km langen Kiesstrand Vela plaža. Der fällt herrlich flach ab und ist windgeschützt von kargen Bergrücken. Restaurants, Straßencafés und Souvenirläden ziehen am frühen Abend Scharen von Müßiggängern an. Der Altstadtkern von Baška ist übersichtlich. Ein kleines Aquarium (Ulica kralja Tomislava) zeigt die bunte Unterwasserwelt des Kvarner-Archipels.

Jurandvor

Unweit von Baška dreht sich in der romanischen Kirche Sv. Lucija im Dörfchen Jurandvor alles um eine Steintafel. Die Tafel von Baška (Bašćanska ploča), mit glagolitischer Inschrift aus dem 11. Jh., gilt als eines der ältesten kroa-

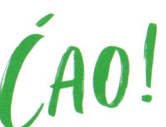

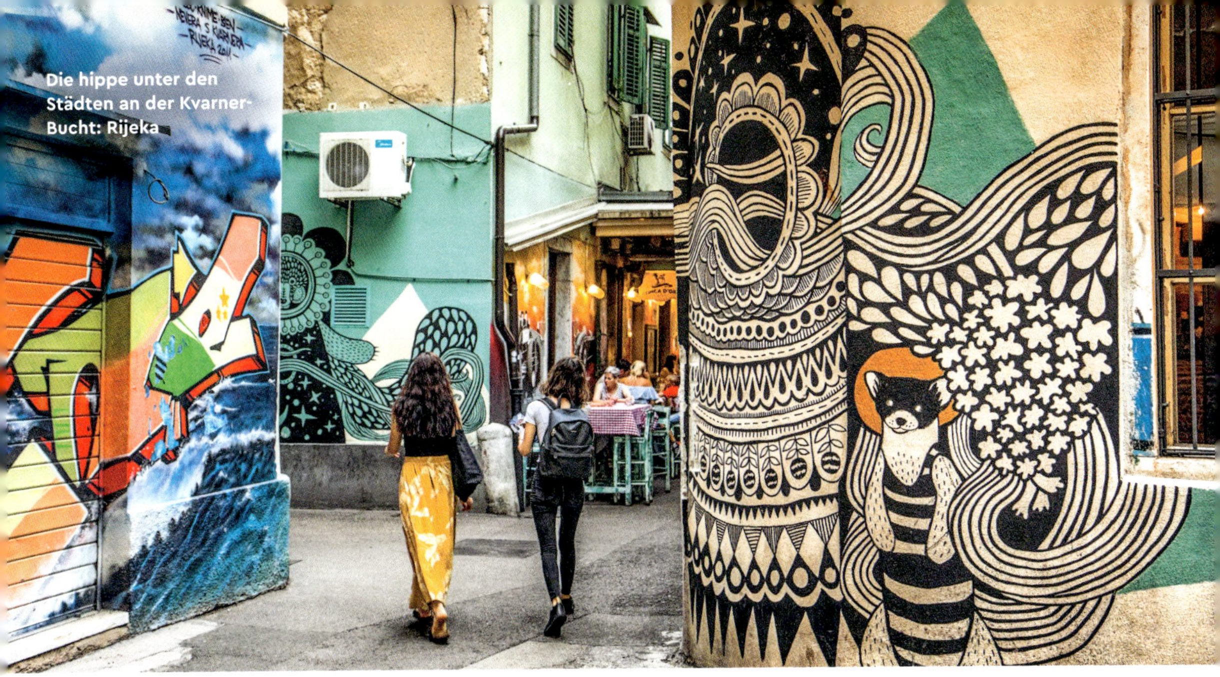

Die hippe unter den Städten an der Kvarner-Bucht: Rijeka

tischen Schriftstücke. Das Original wird zwar in Zagreb aufbewahrt, der Film im Infozentrum (azjurandvor.com) auf Deutsch ist aber so gut gemacht, dass das gar nichts ausmacht.

Punat

Kreisrund liegt die Bucht von Punat da. Sie ist so geschützt, dass das Wasser hier kaum richtige Wellen schlägt. Höchstens, wenn in Punat (1900 Ew.) ein Boot in die Marina einläuft, die mit 1200 Plätzen zu den größten in Kroatien gehört. Daher trifft man hier viele Segelcrews, die den Tag im Straßencafé oder in einem der netten Restaurants an der Uferpromenade verbringen. Fische füttern auf dem Meeresboden? Das geht beim Spaziergang im Unterwasserpark sogar ohne Vorkenntnisse und mit Kindern (podvodni-park-punat.business.site).

Klosterinsel Košljun

Diese Ruhe! Das fanden wohl auch die Benediktiner, als sie sich im 11. Jh. auf der winzigen Klosterinsel in der Bucht von Punat niederließen. Später folgten die Franziskaner. Diese hüten bis heute wertvolle Bibeln, aber auch Kurioses wie ein ausgestopftes Lamm mit nur einem Auge. Hin kommst du mit dem Taxiboot ab Punat.

Cres

All-Inclusive-Schlacht am Büffet? Nicht hier: Cres (3200 Ew.) ist eine Insel für Individualisten, perfekt für den, der gerne wandert. Durch Macchia, duftende Kräuterwiesen und über Höhenrücken führen die Wege über diese noch recht ursprüngliche Insel, vorbei an Schafen, Trockenmauern und windgepeitschten Olivenbäumen.

Beli

Wie ein Adlerhorst thront das Dörfchen Beli (45 Ew.) in 130 m Höhe über dem kleinen Hafen von Podbeli. Da möchte man gleich runtergehen, an den weißen Kiesstrand unterhalb des Ortes. Um kranke und verletzte Gänsegeier kümmert sich das Besucherzentrum Beli (belivisitorcentre.eu). Einer der wenigen Tauchspots der Region, die vom Strand aus zu erreichen sind, ist das Hausriff von Diving Beli (diving-beli.com). Getaucht wird bis in 40 m Tiefe, wo dir manchmal sogar majestätische Rochen begegnen.

ĆAO!

Ein paar Schritte weg von
der Straße – und der Col
de Bavella präsentiert
sich majestätisch einsam

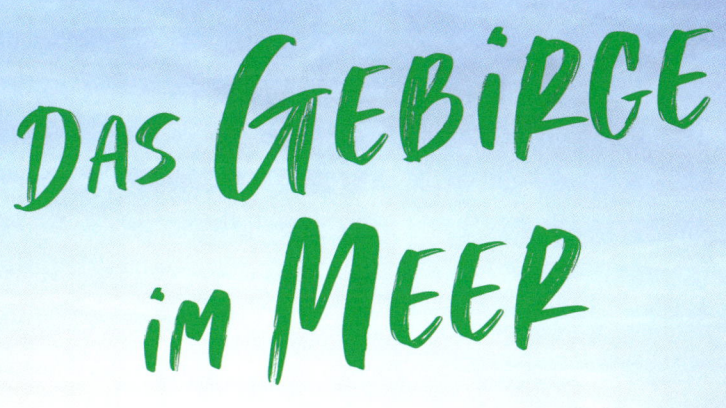

Das Gebirge im Meer

Auf Korsika

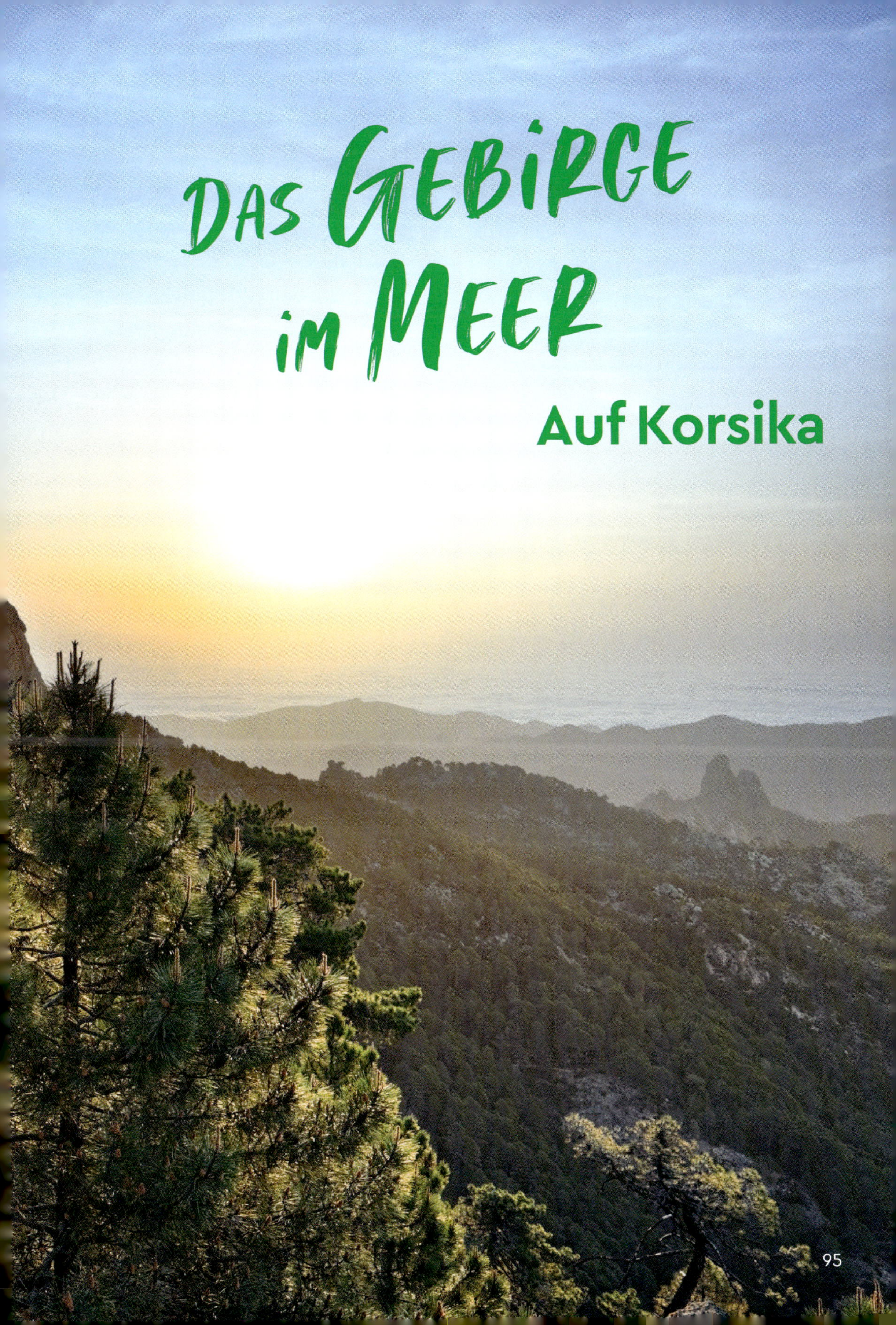

SALUT, DIE DUFTENDEN BERGE UND GOLDENEN STRÄNDE ERWARTEN DICH!

Kalliste! Die Schönste! Für die namensgebenden Griechen war dies schon in der Antike klar: Sizilien, Sardinien und Zypern schlagen Korsika zwar bei der Größe, doch keine der Konkurrentinnen vereint auf 9000 km² so abwechslungsreiche Landschaften, kulturelle Highlights, charmante Dörfer und Städte – und mediterrane Lebenslust.

Auf ins Schlemmerparadies: korsischer Käse ist ein Klassiker

Gipfelstürme in den Bergen, Hochgefühle am Meer

Spitzenreich: 120 Gipfel von über 2000 m Höhe formen das Herz der Insel. Erst Gletscher, dann Flüsse haben die Landschaft geformt mit schroffen, an anderer Stelle glatt polierten Felsen, tiefen Schluchten und ausgewaschenen Gumpen. Im Osten haben die Flüsse, die nach der Schneeschmelze wild zur Küste rauschen, an ihren Unterläufen Schwemmland aufgeschüttet, auf dem Wein, Getreide und Obst gedeihen. Und an ihren Mündungen breiten sich die herrlichsten Strände aus: mal grobsandig, den Winden ausgesetzt, mit rasanter Meeresströmung, mal mit feinsandigen Halbmondbuchten und glitzernd klarer See. Dünen, Pinien und Lagu-

nen, aufragende Felsen und Wachtürme – die Umgebung der Strände ist ebenso faszinierend wie der Blick auf die Berge.

Schon vom Meer aus kannst du die duftenden Berge erschnuppern

Auf den Flanken von Korsikas Höhen wuchert bis in 500 m Höhe die Macchia ganzjährig grün und nahezu undurchdringlich – jahrhundertelang war sie das perfekte Versteck für Ehrenbanditen. Rosmarin, Mastix, Zistrose und Myrte verströmen bei Sonnenschein betörende Düfte. Im Mai, Juni erobert der Blütenflor das Reich der Steineichen und Edelkastanien, die bis in etwa 800 m Höhe lichte Wälder bilden. Höher hinauf klammern sich mächtige Schwarzkiefern und windzerzauste Buchen an den Fels, leuchten bunt alpine Blumenwiesen, tiefblau die Gebirgsseen, staksen Mufflons über die Geröllfelder des Monte Cinto (2706), Korsikas höchstem Gipfel. Dörfer verstecken sich in Talkesseln, schmiegen sich an Steilhänge oder thronen auf Bergkämmen.

Schwere Zeiten erschufen wehrhafte Orte und Menschen

Die 330 000 Einwohner leben heute überwiegend an der Küste, ein Drittel von ihnen in und um die beiden größten Städte Ajaccio

Der Strand ist nah – auch wenn es im gebirgigen Hinterland von Solenzara nicht so aussieht

und Bastia. Der Tourismus hat viele Küstendörfer in Badeorte verwandelt. Die Festungen, Wachtürme und wehrhaften Dörfer im Inland dagegen erzählen bis heute von langer Fremdherrschaft. Schon die Griechen gründeten bei Aléria eine Kolonie. Als Rom, Pisa und Genua das Sagen hatten, verlangten die Besatzer hohe Abgaben, ohne die Inselbewohner wirklich zu schützen. So konnten Sarazenen und Barbaresken, berüchtigte Seeräuber aus dem Maghreb, plündernd einfallen. Als die Franzosen 1769 Korsika eroberten, lebte in den Bergen ein verarmtes Hirtenvolk. Im 19. Jh. suchten Zigtausende auf dem Festland, in den Kolonien oder in Amerika ihr Glück. Nach der Landflucht forderten die beiden Weltkriege große Opfer.

Altes Handwerk und traditionelle Musik erwarten dich

Bis heute ist Korsika die am dünnsten besiedelte der großen Mittelmeerinseln. In den Dörfern des Landesinneren wohnen meist alte Leute, doch die rurale Renaissance hat begonnen: Initiativen bauen die regionale Wirtschaft und den sanften Tourismus aus, Bio und Slow-

food beflügeln Landwirtschaft und Gastronomie. Stolz beleben sie altes Handwerk und erzeugen Lebensmittel wie einst. Stolz sind die Korsen auch auf ihre traditionelle Musik. Musikgruppen wie I Muvrini feiern mit Songs in korsischer Sprache auch auf dem Festland Erfolge. Für die korsische Identität streiten vor allem die Separatisten, seit den letzten Regionalwahlen verfügen die Autonomisten über die Mehrheit. Der Widerstand gegen Hotelgroßprojekte hat Korsika vor einer zubetonierten Küste bewahrt.

Ob zu Wasser oder am Berg – aktiv sein ist alles!

Vom Wandern bis Wassersport ist Korsika ein Paradies für Aktive. Ob beim Biken, Kraxeln oder Canyoning, Grenzen setzt allein die Kondition. Das Straßennetz ist in den letzten Jahren erheblich besser geworden. Trotzdem gibt es noch fast so viele Kurven wie ehedem, und so wird auch weiterhin dein Reisetempo eher gemächlich sein. Aber auch dann wirst du erst einen kleinen Eindruck vom paradiesischen Korsika bekommen haben. Die einzige Lösung für dieses Dilemma: Komm wieder!

1 TAG IN
KORSIKAS BERGWELT

Vom Meer ins Hoch-gebirge und zurück

Strecke & Dauer

- von Solenzara nach Porto-Vecchio
- 135 km mit Fähre und Auto
- reine Fahrzeit 2,5 Stunden

Beste Zeit

- Korsika hat 230 Sonnentage mit heißen Sommern.
- Top für Touren sind Mai und Juni mit ihrer Blüten-Power – und September/Oktober, wenn das Laub sich bunt färbt, aber das Mittelmeer noch badewarm ist.
- Der Winter ist an der Küste mild und sonnig, im Inselinneren hingegen feucht und bibberkalt.

Gut zu wissen

- Die Straßen im Inselinneren sind oft schmale und sehr kurvige Strecken, auf denen dir halbwilde Schweine und freilaufende Ziegen begegnen können.
- Auf allen Landstraßen gilt Tempo 80. In Ortschaften liegt das Limit mitunter auch bei 30 km/h. Auf Bergstrecken musst du bergauf fahrenden Fahrzeugen ausweichen.
- Radfahrer müssen abends oder bei schlechter Sicht eine Warnweste tragen, ohne kostet's 35 Euro. Für Kinder unter 12 Jahren besteht Helmpflicht. Auf den Voies Vertes radelt man abseits vom Verkehr.
- Viele Hotels sind nur von April bis Mitte Oktober geöffnet.
- Korsikas Natur ist kein zahmes Idyll. In die Macchia solltest du dich nur mit viel Trinkwasser und guter Landkarte aufmachen.

Der Berg ruft: Gemächlich von Solenzara zum Bavella-Pass

Natürlich kann man auf Korsika herrlichen Badeurlaub machen. Aber die Berge sind allgegenwärtig – und irgendwann musst du einfach mal hinauf. Und sei es nur, um die herrliche Insel auch mal von oben zu betrachten. Also, auf geht's, der Berg ruft! Von Solenzara aus geht es am Ende des Orts, vor der Brücke über den gleichnamigen Fluss, auf die D 268, zunächst führt die Straße noch durch Macchia, doch bald werden die Bäume entlang der Strecke höher. Nach etwa 10 km kommst du dem Wasserlauf ganz nah: Spring in die beiden Badegumpen, kletter über die Felsen und erfrisch dich beim Plantschen. Danach fährst du weiter über die gewundene Straße, immer neue Panoramen vor Augen. An der Bocca di Larone biegt in der ersten Kurve hinter dem Pass rechts ein Weg ab und du kannst zu herrlichen Wasserfällen wandern (2,5 km, 45 Min. hin und zurück). Der Weg ist nicht markiert, aber gut ausgetreten. Auf der Weiterfahrt wird die Aussicht mit jeder Kurve fantastischer, bis die Gebirgsketten sich vereinen.

1 Solenzara

10,5 km

2 Badeplätze

7 km

3 Bocca di Larone

3 Bocca di Larone

16 km

4 Col de Bavella

3,5 km

5 U Cumpuleddu

Eine Wanderlegende, das Bombenloch und die Heilige des Schnees

Dann führt die Straße hinauf in einen kühlen Nadelwald, den Forêt de Bavella. Zwischen seinen fast 1000 Jahre alten Laricio-Kiefern blühen Alpenveilchen, Anemonen, Akeleien auf tiefgrünen Wiesen. Such dir ein Plätzchen auf der weiten Wiese und genieß die Atmosphäre am Pass; vielleicht hast du Glück und kannst eines der scheuen korsischen Mufflons entdecken, von denen nur noch knapp hundert hier leben. Auf 1218 m am Col de Bavella gibt es auch einen Trinkwasserbrunnen und die Auberge du Col de Bavella, die Wanderer am legendären Wanderweg GR 20 mit Hausmannskost und Stockbetten empfängt. Die Marienstatue Notre-Dame-des-Neiges (Maria Schnee) ist immer am 5. August Ziel einer Wallfahrt. Vom Parkplatz führt südlich des Passes eine ausgeschilderte einstündige Wanderung zum U Cumpuleddu, wie die Korsen das Trou de la Bombe, das „Bombenloch", nennen – ein imposantes, 8 m im Durchmesser großes Loch im Fels, auf das man von einem Felstor aus einen Blick werfen kann, wenn man ein Stück hinaufklettert.

5 U Cumpuleddu

23 km

6 A Pignata

5,7 km

7 Musée de l'Alta Rocca

9,5 km

8 Cucuruzzu und Capula

Wander durch einen Zauberwald in die Bronzezeit

Hinter dem Pass erreichst du auf der D 268 rasch die hübschen Orte Zonza und Levie. Informier dich in Levie im Musée de l'Alta Rocca über die nahen Bronzezeitsiedlungen. Zu den Ausgrabungsstätten biegst du 3,5 km hinter Levie in einer Kurve rechts ab und folgst 3,5 km der Stichstraße bis zu einem Parkplatz. Von dort führt eine 1,5-stündige Rundwanderung durch einen bemoosten Zauberwald aus Steineichen, Schwarzkiefern und Kastanien zu den beiden in der Bronzezeit entstandenen Anlagen von Cucuruzzu und Capula. Letztere wurde zur Burg ausgebaut, war noch bis ins Mittelalter bewohnt und wird heute von einem abgebrochenen Menhir bewacht. Von beiden Siedlungen aus hast du schöne Ausblicke bis zum Bavella-Massiv.

Wenn es rund geht in der Natur: das Trou de la Bombe

So geheimnisvoll wie die Torreaner-Steinzeit-festung selbst ist auch die Umgebung von Cucuruzzu

Folge dem Lockruf des Meeres

Nun geht es zurück nach Zonza; von dort führt die D 368 Richtung Süden wieder durch herrliche Wälder. Ein hübscher Spaziergang bringt dich zum Wasserfall Piscia di Gallo, sein Ausgangspunkt liegt ca. 4 km vor der Staumauer des Barrage de L'Ospedale an einem großen Parkplatz mit Kiosk. Der Weg zweigt links ab und führt durch den Wald bergab zum rund 80 m hohen Wasserfall (6 km, 1,5 Stunden hin und zurück). Zurück am Parkplatz startest du wieder mit dem Auto und erreichst am frühen Abend über die D 358 den beliebten Ferienort Porto-Vecchio. Dort kannst du nach einem entspannten Stadt-Hafen-Bummel und einer Führung in der Zitadelle ein typisch korsisches Diner im Bistrot A Cantina di L'Orriu genießen.

Speis & Trank: In paradiesisch-ländlicher Atmosphäre kannst du – wenn du vorab reserviert hast! – 5 km westlich von Levie in der Ferme-Auberge A Pignata (Route du Pianu, apignata.co) allerfeinste korsische Küche mit vielen Produkten aus eigener Herstellung genießen. Es liegt ein bisschen versteckt: Folge der Straße bis kurz vor Cucuruzzu und biege links auf eine Piste ab.

Übernachten: Von der Résidence Santa Giulia Palace (Baie de Santa Giulia, Porto-Vecchio, santa-giulia.net), einer Ferienanlage mit mehreren Pools auf einem 10 ha großen Gelände, ist man zu Fuß in wenigen Minuten am schönen Strand der Santa-Giulia-Bucht mit ihrem glasklaren, ruhigen und seichten Wasser und einem umfangreichen Wassersportangebot.

8 **Cucuruzzu und Capula**

39 km

9 **Piscia di Gallo**

25 km

10 **Porto-Vecchio**

Solenzara

Am südlichen Ende der Plaine Orientale, der östlichen Tiefebene Korsikas, liegt dieser Badeort (1400 Ew.). Er hat ein besonders herrliches Hinterland, schon nach einer halben Stunde Fahrt ist man mitten in der Bergwelt. Der Bootshafen und die schönen Strände in der Umgebung machen Solenzara zu einem beliebten Ferienort. Zwar hat er selbst recht wenig Flair, bietet aber praktische Einkaufsmöglichkeiten, Banken und diverse Sporteinrichtungen. Sein Manko: die Tiefflieger vom nahegelegenen Militärhafen, die entlang der Küste trainieren.

Badebecken bei Solenzara

Die beiden Küsten Plaine Orientale und die sich südlich anschließende felsige Côte des Nacres trennt der Solenzara-Fluss, der talauf ein Outdoor-Paradies ist: mit Wildwasser zum Paddeln und vielen Badegumpen, gefüllt mit eiskaltem, klaren Bergwasser. Bieg an der Brücke nördlich von Solenzara ins Landesinnere ab und du erreichst nach 7 km den öffentlichen Parkplatz beim Campingplatz U Rosumarinu. Unterhalb hat der Fluss ein tiefes Badebecken ausgewaschen. Zum kleinen Sandstrand auf der gegenüberliegenden Seite kommst du problemlos über große Steine im Fluss.

Col de Bavella

Von Solenzara startend bringt dich die D 268 in vielen Kehren zu Korsikas schönstem Pass! Klar, dass bei diesem Blick aufs Meer und auf die Bilderbuchberge ringsum im Sommer reichlich Rummel herrscht. Doch sobald du vom Parkplatz an der Passhöhe (1218 m) loswanderst, umgibt dich eine einsame, grandiose Bergwelt, die auch der legendäre Weitwanderweg GR 20, der Korsika einmal der Länge nach im Hochgebirge durchquert, erschließt. Wander durch Lariciokiefernwald in zwei Stunden hin- und zurück zum Trou de la Bombe (1307 m), einem kreisrunden Loch im Kalkgestein. Zur schönen Punta Velacu südlich des Passes führen vier markierte, nicht so schwierige Wege (1,5 Std.).

Zonza

Ringsum: riesige Kiefern-, Kastanien- und Steineichenwälder. Darüber: die Spitzen der Bavella (Aiguilles de Bavella) – der Blick vom Dorfplatz aus ist atemberaubend. Zonza (2500 Ew.) wird immer beliebter, denn hier

Ein Fluss stürzt sich in die Tiefe: Zum imposanten Wasserfall Cascade de Piscia di Gallo führt eine leichte Wanderung

Piraten vor Porto-Vecchio?
Die Zeiten sind vorbei.
Heute stürmen Touristen
die schöne Altstadt und
die wuchtigen Festungen

kreuzen sich alle Wanderstrecken. Dementsprechend ist die Café- und Restaurantauswahl relativ groß – besonders entlang der D 368.

Levie, Cucuruzzu und Capula

Die „Dame von Bonifacio" macht das kleine Bergdorf (750 Ew.) zum Mekka der Vorzeit-Fans. Das rund 8600 Jahre alte Skelett der ältesten Inselbewohnerin ist das Highlight des Musée de l'Alta Rocca (Quartier Pratu, an der Straße nach Carbini). Gefunden wurde es in der Höhle Araguina-Sennola bei Bonifacio. Ein paar Kilometer nördlich liegen die wuchtigen Steinzeitfestungen der Torreaner, Cucuruzzu und Capula. Auf einem markierten Rundweg unter Schwarzkiefern, Steineichen und knorrigen Kastanien kannst du sie erkunden.

L'Ospedale und Piscia di Gallo

In 800 m Höhe thront das Bergnest über der Küste bei Porto-Vecchio (D 368). Hier locken Paradeblicke und schöne Wanderungen im gleichnamigen Wald, z. B. die 1,5-Std.-Tour an den Wasserfall Cascade de Piscia di Gallo. 60 m stürzt sich dort der Osa als „Hahnenpiss" in die Tiefe. Los geht's am Stausee-Parkplatz.

Porto-Vecchio

Geschützt von Korsikas größtem Korkeichenwald, den Kaps Punta San Ciprianu und Pointe de la Chiappa sowie seinem genuesischen Festungsgürtel liegt Porto-Vecchio am gleichnamigen Golf. Zur Hochsaison wandelt sich die drittgrößte Stadt Korsikas (11 000 Ew.) zur Flaniermeile für Urlauber, allerdings auch zum relativ teuren Pflaster. Fünf Bastionen und Tore schützen die Oberstadt. Der schönste Aussichtspunkt liegt an der Porte Génoise: Vom Stadttor blickt man über den Hafen, auf die Stadt und ihre Küste. Von oben ist auch noch die letzte Saline der Insel zu sehen, in der noch Salz gewonnen wird. Im Sommer ist die alte Oberstadt autofrei. Dann pulsiert in ihren kleinen Gassen mit Lokalen und Lädchen bis tief in die Nacht südliches joie de vivre. Das lebendige Herz bildet die Place de la République mit der Église St-Jean-Baptiste, die von 1868 stammt. Den Hafen laufen in der Saison Fähren aus Sardinien, Marseille und Nizza an, Freizeitskipper den großen Yachthafen – das sorgt für Trubel an der Wasserkante.

Au Revoir!

Fifty shades of Grün
und Blau: am Capo
d'Enfola

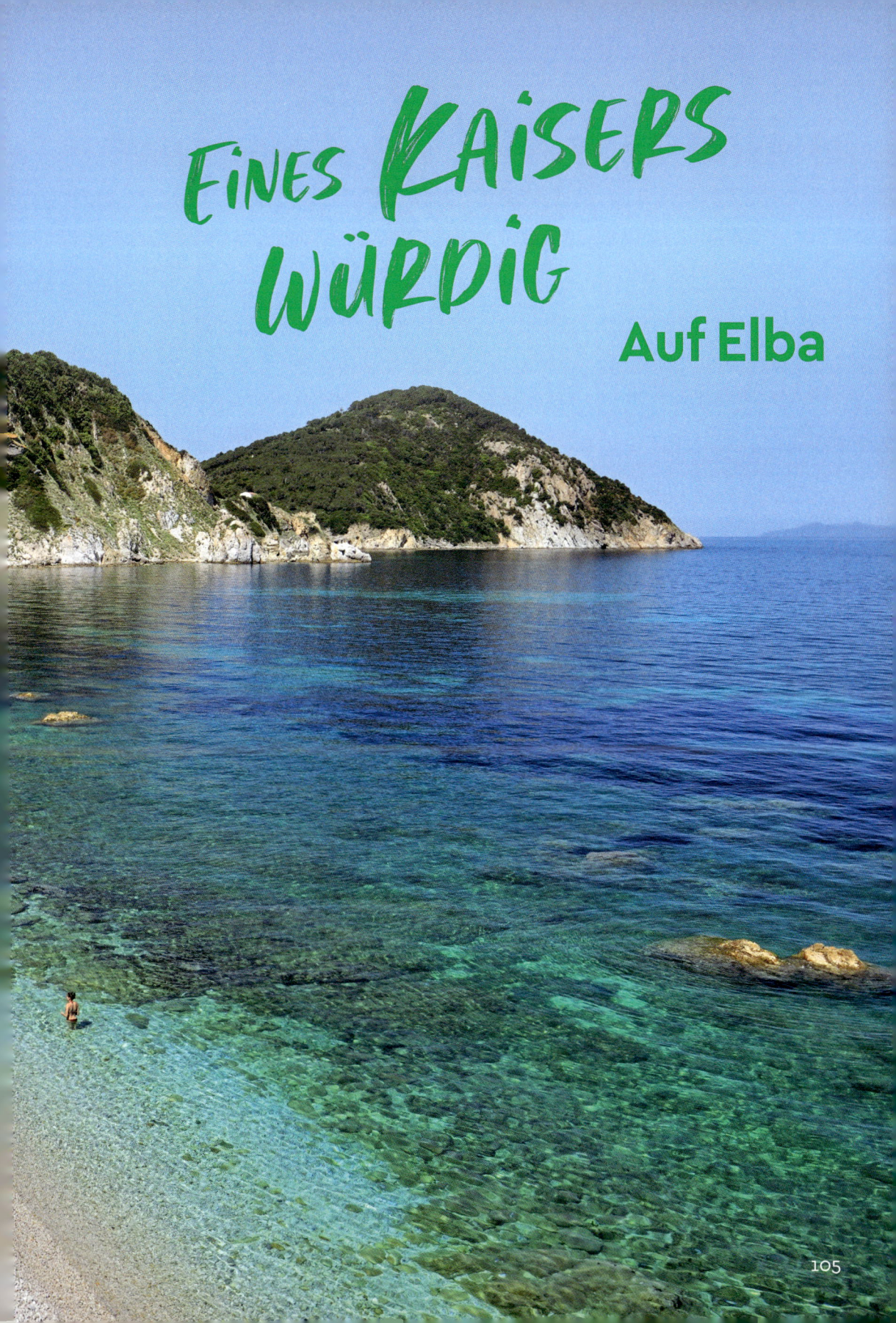

Eines Kaisers würdig

Auf Elba

Ciao im Mini-Italien mit der Maxi-Ausstrahlung

Elba ist wie Italien im Kleinformat: ringsum azurblaues Meer, im Landesinneren Hügel und Berge, gesegnet mit einem milden, warmen Klima, reich an Wein und Oliven und die Menschen von einer entspannten Lebensart bestimmt.

Kleine, bunte und vielfältige Insel

Elba ist die größte Insel des sogenannten Toskanischen Archipels, einer dem toskanischen Festland vorgelagerten Inselgruppe. Sie ist nach Sizilien und Sardinien sogar die drittgrößte Insel Italiens. Dennoch sind ihre Ausmaße eher bescheiden – von Westen nach Osten sind es keine 30 km Luftlinie, und insgesamt leben gerade einmal 32 000 Menschen in den 24 Dörfern der Insel. Umso verwunderlicher, wie viel dieses Fleckchen Erde zu bieten hat.

Die Spiaggia di Sansone ist berühmt für ihre weißen Klippen und den weißen Sand

An den Strand? Du hast die Qual der Wahl

Da wären zunächst einmal die Strände – es ist nahezu unmöglich, sie alle in einem Urlaub zu besuchen. Es gibt breite Sandstrände wie in Lacona oder Marina di Campo, felsige Buchten wie in Chiessi oder Sant'Andrea und kiesige Küstenabschnitte wie bei Portoferraio oder Rio. Da man in einer Autostunde die gesamte Insel der Länge nach durchmessen hat, ist der Strand der Wahl stets nah. Wer sich ein paar Meter weiter aufs oder ins Wasser hinauswagt, lernt sehr wahrscheinlich einige Meeresbewohner kennen: Der Nationalpark Toskanischer Archipel ist nicht umsonst das größte Meeresschutzgebiet Europas.

Nichts wie raus, zu Fuß oder auf dem Mountainbike

Wildlife-Erfahrungen sammelt man aber ebenso an Land: Bei Exkursionen in die macchia, die typisch mediterrane Vegetation, entdeckt man einen ungeheuren Reichtum an Vogel- und Schmetterlingsarten. Begegnungen mit Wildschafen, sogenannten Mufflons, und Wildschweinen sind ebenso keine Seltenheit. Die Farben und Düfte der nicht weniger reichhaltigen Pflanzenwelt untermalen die Ausflüge in die Natur. Doch nicht nur deshalb gehören Wandern und Mountainbiken zu den beliebtesten Aktivitäten auf Elba. Die mit immerhin 1019 m höchste Erhebung, der Monte Capanne, bietet an seinen Hängen Terrain für anspruchsvolle Outdoorsportler. In

Macht sich fein für die samtige italienische Nacht: Elbas Hauptort Portoferraio

Küstennähe sowie im Ostteil der Insel findet dagegen die Genusswanderfraktion flacheres Gelände. Weite Blicke über die Inselküste bis zu den Nachbarinseln und zum Festland bietet fast jede Tour.

Elbas Reichtum schillert und glitzert an den Stränden

Elba auf ein Bade- und Wanderziel zu beschränken wäre allerdings kurzsichtig. Es ist so reich an Bodenschätzen, dass sich die Mächtigen der Welt Tausende von Jahren um ihre Herrschaft rissen. Ob Etrusker, Römer, Pisaner, die Medici, Napoleon oder Großindustrielle: Sie alle waren auf die Eisenerze Elbas aus, die schon in der Antike als unerschöpflich galten. Erst Anfang der 1980er-Jahre wurde der Bergbau aufgegeben. Der Boden ist übrigens immer noch so reich an Mineralien, dass er Sandstrände glitzern lässt, Wasser verfärbt und nicht zuletzt Mineraliensammler aus der ganzen Welt anzieht, die bunt schillerndes Gestein suchen und finden.

Let's party – und Napoleon ist immer mit dabei

All die ehemaligen Herrscher der Insel haben reichlich Spuren hinterlassen. Davon sind heute noch etruskische Fundstücke in Museen, römische Villen in bester Küstenlage, mittelalterliche Festungen und vieles mehr zu sehen. Doch nichts hat Elba so geprägt wie der nicht einmal zehnmonatige Aufenthalt eines einzigen Mannes: Napoleon wurde 1814 auf Elba verbannt, kehrte aber wenig später, wenn auch nur für kurze Zeit, an die Macht zurück. Seine beiden Residenzen, eine im Hauptort Portoferraio, eine etwas außerhalb desselben, gehören natürlich zu den Top-Sehenswürdigkeiten der Insel. Und es lohnt, sich näher mit Elbas höchstinteressantem Napoleon-Intermezzo zu beschäftigen. Darüber hinaus gibt es auf der Insel unerwartet viele Ausstellungen, Konzerte und weitere Kulturevents, wenn man weiß wo. Und keine Angst: Auch die Partykultur kommt nicht zu kurz, vor allem im Hochsommer, wenn in Strandbars und Clubs die Nacht zum Tage gemacht wird.

3 TAGE AUF ELBA

Die ganze Insel in einem Aufwasch

Strecke & Dauer

- von Portoferraio nach Rio Marina
- 110 km mit Fähre und Auto
- reine Fahrzeit 5 Stunden

Beste Zeit

- Viele Hotels, Restaurants und Anbieter von Aktivitäten haben lediglich von Ostern bis Ende Oktober geöffnet.
- Die beste Reisezeit für Elba ist sowohl der Frühling (April/Mai) als auch der Herbst (September/Oktober). Badewetter herrscht bereits ab Mitte April und dauert bis Mitte Oktober an.
- Teuer und richtig voll wird es von Juni bis August, vor allem in der Zeit um den 15. August (ferragosto), wenn auch alle Italiener Urlaub machen.

(Karte: Isola d'Elba, Mare Ligure, Mare Tirreno, mit Orten wie Portoferraio, Marciana Marina, Marciana, Poggio, S.Ilario in Campo, Procchio, Lacona, Capoliveri, Porto Azzurro, Rio nell'Elba, Rio Marina, Cavo u. a.)

Gut zu wissen

- Die Verkehrsregeln entsprechen weitgehend denen in Deutschland, Österreich und der Schweiz.
- An schwarz-gelb markierten Kantsteinen ist das Parken verboten.
- Da viele Straßen auf der bergigen Insel eng sind, sollte man sich vor unübersichtlichen Kurven durch ein kurzes Hupen ankündigen.
- Verbreitet sind Tankautomaten, die man mit Geldscheinen füttert (bzw. in die man die EC-Karte einsteckt). Für den entsprechenden Betrag wird Benzin (benzina) oder Diesel (gasolio/diesel) getankt.
- Von Piombino aus steuern die Reedereien Toremar, Moby und Blu Navy (toremar.it, mobylines.de, blunavy-traghetti.com) die Insel an.
- Wenn du ein (Online-)Ticket für dein Auto hast, solltest du mindestens eine Stunde vor Auslaufen der Fähre am Kai sein.

Tag 1

❶ Portoferraio

4 km

❷ San Martino

Wo Napoleon den Sommer verbrachte

Die Inselhauptstadt Portoferraio ist der ideale Startpunkt: Nachdem du durch die Festung spaziert bist und am Hafenbecken Darsena Medicea Schiffe geschaut hast, machst du dich auf den Weg in den Westen und folgst den braunen Schildern „residenza napoleonica" nach San Martino. Eine lange Allee führt zur Villa Napoleonica, der Sommerresidenz Napoleons. Verbring den Nachmittag beim Baden

in der Bucht von Biodola. Korkeichen säumen den Weg zum Küstenort Procchio, wo du bei einem Glas Wein und einer üppigen Wurst- und Käseplatte auf der Terrasse von Stile Divino (Via Delle Ginestre, 12) den Tag ausklingen lässt.

Speis & Trank: *Die nüchterne Einrichtung und die Lage abseits der Touristenströme sollten nicht darüber hinwegtäuschen, dass es im Pomodorino non solo Pizza (Via Manganarono 21) die schmackhafteste pizza a taglio Portoferraios gibt – und das auch noch zu niedrigen Preisen. Unbedingt mal probieren: die torta di ceci.*

Übernachten: *Familiäre Atmosphäre, ein tolles Restaurant und einen schattenspendenden, kleinen Pinienwald findest du im Edera (Via degli Olivi 8, elbasolare.it).*

Es geht hinaus zu den Delfinen und hinauf in die Berge

Am nächsten Morgen geht es auf der Küstenstraße Richtung Westen weiter bis Marciana Marina. Um 9 Uhr stichst du vom Hafen aus mit den Meeresbiologen des Centro Ricerca Cetacei (centroricercacetacei.org) in See, um Delfine in freier Wildbahn zu beobachten. Am Nachmittag geht es in die Berge: Die Straße windet sich nach Poggio hinauf. Tauch ins Gassengewirr des Bergdorfs ein und füll dir am Ortsrand Mineralwasser aus der Fonte Napoleone ab. Im Nachbarort Marciana Alta isst du zu Abend und übernachtest auch.

Speis & Trank: *Genieß auf der Terrasse der Osteria del Noce (Via della Madonna 14, Marciana Alta, osteriadelnoce.com) die ausge-*

2 **San Martino**

6 km

3 **Biodola**

7 km

4 **Procchio**

Tag 2

4 **Procchio**

6 km

5 **Marciana Marina**

6 km

6 **Poggio**

3,5 km

7 **Marciana Alta**

zeichneten Fischgerichte und köstlichen Nachspeisen und lass deinen Blick weit übers Meer schweifen.

Übernachten: Übernachte im herrlich abgeschiedenen, schnuckligen Bed & Breakfast Valle dei Mulini (valledeimulini.it) bei Marciana Alta.

Tag 3

7 **Marciana Alta**

8,5 km

8 **Sant'Andrea**

18 km

9 **Le Piscine**

7 km

10 **Marina di Campo**

Bestaune die skurrilen Felsformationen entlang der Küste

Am nächsten Tag geht es wieder an der Küste entlang. Die Straße Richtung Chiessi/Marina di Campo schraubt sich zum Meer hinab. Bieg rechts ab nach Sant'Andrea und schau dir die bizarr geformten Granitfelsen an. Auf dem Weg zur Punta Nera im äußersten Westen Elbas passierst du Eukalyptuswälder. Weinterrassen und türkisblaues Wasser dominieren das Landschaftsbild von Chiessi bis nach Pomonte. Park zwischen Fetovaia und Seccheto. Wunderbar erfrischend ist ein Sprung ins kühle Nass des felsgerahmten, natürlichen Schwimmbassins Le Piscine. Jenseits von Cavoli folgst du den Schildern Richtung Marina di Campo. Hier lässt du dich nach einem Spaziergang an der Uferpromenade im Restaurant Da Piero nieder, wo du mit Blick aufs Meer köstliche Spaghetti mit Venusmuscheln genießt.

Speis & Trank: Von außen wirkt das Da Piero (direkt am Strand von Marina di Campo, am Ende der Via Gorgona auf der linken Seite) wie ein einfaches Strandrestaurant – doch innen erwarten dich Service und Qualität auf Sterneniveau. Nicht nur die Meeresfrüchte, auch die Nachspeisen sind optisch wie geschmacklich ein Highlight.

Ein bisschen wie Unterwasserkino: Schnorchelausflug zwischen den Felsen von Sant'Andrea

Von den Sanddünen zu funkelnden Mineralienschätzen

Vom Mittagessen gestärkt fährst du weiter bis nach Lacona. Der touristisch sehr gut erschlossene Ort hat an seinem langen Strand trotz allen Trubels die letzten natürlichen Sanddünen Elbas zu bieten. Auf dem Weg nach Osten gelangst du zum malerischen Bergdorf Capoliveri, dessen hoch gelegene Piazza einer Aussichtsplattform gleicht, bevor es nach Porto Azzurro geht. Zum Stadtbummel lädt das belebte Viertel um die Piazza Matteotti ein, anschließend lohnt die kostenlose Steinausstellung bei Giannini einen Besuch. Fahr jetzt weiter nach Rio nell'Elba. Der älteste Ort auf Elba wartet mit einem sehenswerten historischen Waschhaus auf. Steuer zum Schluss deiner Tour den nahe gelegenen Küstenort Rio Marina an. Im ehemaligen Erzverladehafen kannst du mit einer Minibahn durch den unter Unesco-Schutz stehenden Mineralienpark fahren und selbst auf Steinsuche gehen – womöglich stößt du zum Schluss deiner Tour auf einen funkelnden Schatz!

Speis & Trank: Die Osteria Vento in Poppa (Calata dei Voltoni 3, Rio Marina) hat sich eines der voltoni, der alten Bootshäuser, gesichert und charmant eingerichtet. Noch schöner isst man aber draußen direkt am Hafen. Auf dem Menü stehen sowohl Pizza als auch Fischgerichte.

Übernachten: Übernachte in einem Palazzo aus dem 19. Jh: Das Rio sul Mare (Via Palestro 34, hotelrioisoladelba.it) erwartet dich mit Bar, Restaurant, Privatstrand und exzellentem Frühstück samt reicher Auswahl an Kuchen und Süßem.

10 **Marina di Campo**

10 km

11 **Lacona**

12 km

12 **Capoliveri**

5 km

13 **Porto Azzurro**

12 km

14 **Rio nell'Elba**

4 km

15 **Rio Marina**

AM WEGESRAND: BELLA FIGURA VOR VILLEN UND AUF PROMENADEN

Elbas großes Plus: Fast von überall sieht man das Meer wie hier vom Monte Capanne

Portoferraio

Das runde Hafenbecken, die Marina Darsena Medicea, bietet einen herrlichen Anblick. Es wird von den Festungen überlagert und von der Torre della Linguella gegen das offene Meer abgesichert. Die belebte Uferpromenade mit der zur Altstadt führenden Porta a Mare besticht durch ihre aneinandergereihten bunten Häuser und die zahlreichen Boutiquen, Bars und Cafés.

Villa San Martino

Außer der zentral in Portoferraio gelegenen Villa dei Mulini hatte Napoleon ein Stück außerhalb auch eine Sommerresidenz. Die Villa San Martino oberhalb der Galleria Demidoff ist von außen eher bescheiden gestaltet. Im Inneren tun sich aber prächtige, thematisch unterschiedlich ausgestaltete Säle auf, etwa der originale Ägyptische Saal mit passenden Wandmalereien und einem Becken für Papyruspflanzen in der Mitte.

Marciana Marina

Das ehemalige Fischerdorf lebt heute hauptsächlich vom Tourismus. Auch im Winter ist in dem quirligen Städtchen (2000 Ew.) immer was los. Um den von Platanen umstandenen Kirchplatz und entlang der Uferpromenade gibt es eine Reihe von Restaurants, Bars und Geschäften, die das ganze Jahr über geöffnet haben.

Poggio

Poggio (250 Ew.) ist treppenförmig in den Berg hineingebaut. Winkelige Gassen, viele hübsche Häuser, Brunnen und liebevoll bepflanzte Blumenkästen beherrschen das Stadtbild. Ähnlich wie der Nachbarort Marciana strahlt Poggio den unwiderstehlichen Charme eines urwüchsigen Bergdorfs aus. Zu den Besonderheiten zählen die den Ort umgebenden Kastanienwälder und die grandiose Aussicht über die Nordküste Elbas.

Marciana Alta

Marciana Alta (2100 Ew.) am Nordhang des Monte Capanne überzeugt durch seinen mittelalterlichen Charme. In der ältesten ständig bewohnten Gemeinde Elbas, einem idyllischen Bergdorf, scheint die Zeit stehen geblieben zu sein. Der Monte Capanne ist die Sehenswürdigkeit Nummer eins in der Umgebung.

Sant'Andrea

Die westlich von Marciana Marina gelegene Bucht hat einen kleinen Sandstrand. Wesentlich spektakulärer sind aber die Felsstrände des Orts Sant'Andrea. Links geht es über gut zugängliche und mit Seilen gesicherte Felsen

auf skurril geformten Granitplatten ins Meer. Am östlichen Ende des Strands liegt ein durch Felsen geschütztes Schwimmbecken, das mit glasklarem Meerwasser gefüllt ist.

Marina di Campo

Der Ort (4600 Ew.) ist ein viel besuchtes Touristenzentrum mit dem drittgrößten Hafen Elbas. Er wird von einem 25 m hohen, steinernen Turm aus pisanischer Zeit bewacht. Mit seiner langen Uferpromenade, gesäumt von prächtigen Villen, Restaurants und Pensionen, ist Marina di Campo im Sommer einer der lebendigsten Plätze auf Elba.

Lacona

Das Badeparadies ist kein gewachsener Ort, sondern ein Touristenzentrum. Am Golf von Lacona gibt es eine große Auswahl an unterschiedlichen Hotels, Ferienhäusern und Campingplätzen. Der breite, fast 2 km lange Sandstrand lockt jährlich Campingurlauber zu Zehntausenden an.

Capoliveri

Das inmitten besonders schöner Landschaft auf der Halbinsel Calamita gelegene Berg-

arbeiter- und Weinbauernstädtchen (4000 Ew.) hat Atmosphäre und ist entsprechend gut mit Restaurants und Andenkenläden ausgestattet. Die Altstadt solltest du zu Fuß erobern, in viele Gassen kommst du mit dem Auto nicht hinein.

Porto Azzurro

Das Städtchen (3700 Ew.) ist ein außerordentlich sympathischer und mondäner Urlaubsort und sogar außerhalb der Saison noch quicklebendig. Das liegt hauptsächlich an dem hübschen Stadtbild und der Piazza Matteotti direkt am Hafen. Von ihr gehen viele Gassen mit Geschäften, Bars und Restaurants ab. Und rund um den Ortskern: tolle Strände und atemberaubende Natur.

Rio Marina

Der ehemalige Erzverladehafen besitzt einen besonderen Charme. An den Häuserfassaden rund um die von Platanen gesäumte Hauptstraße schimmert der eisenhaltige Mörtel in Rottönen durch. An anderen Stellen funkeln die im Stein enthaltenen Mineralien noch.

Enge Kiste: Im Mittel-
alter lebten in Ischias
Castello Aragonese
1800 Familien

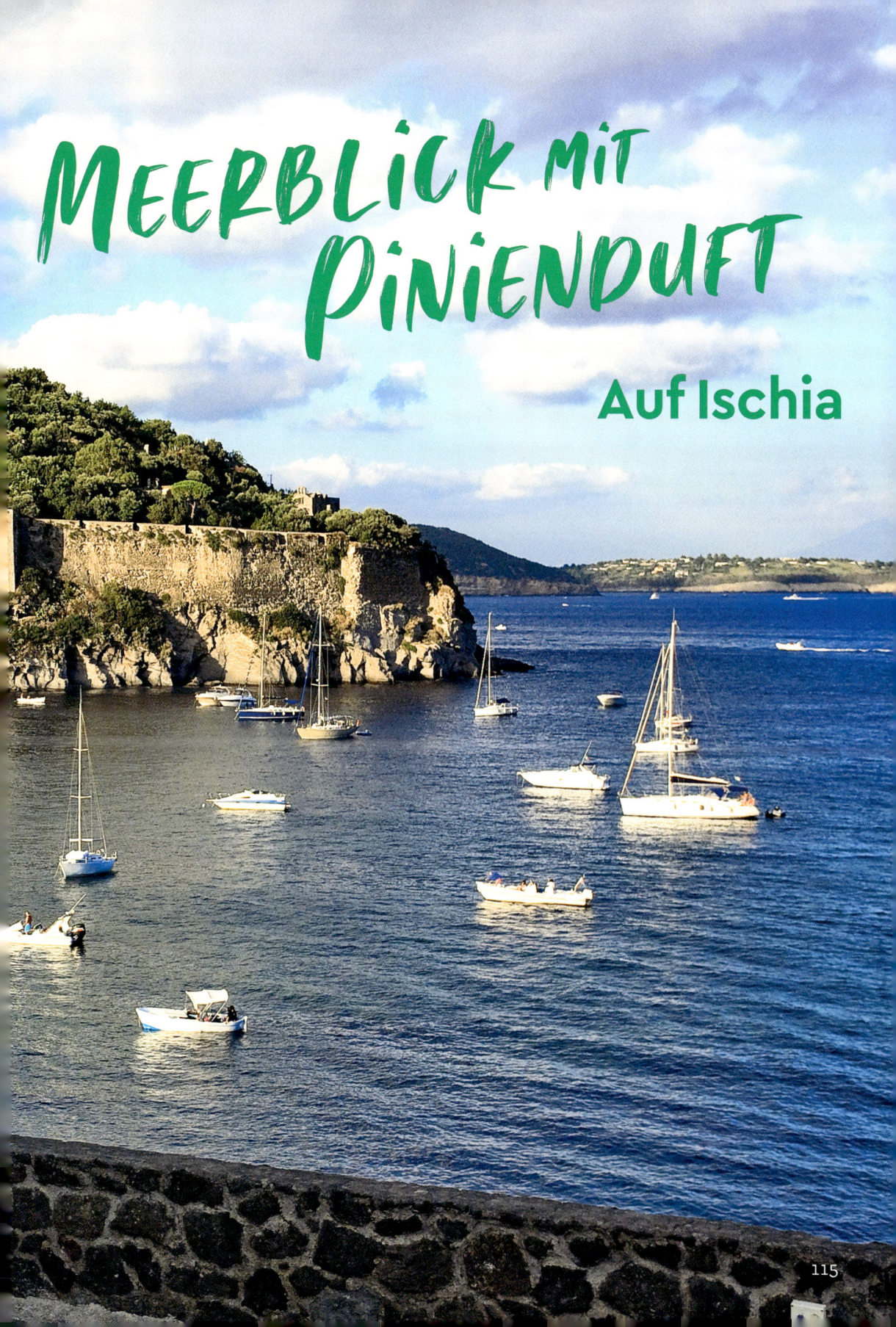

MEERBLICK MIT PINIENDUFT

Auf Ischia

Ciao
Auf der grünen Insel mit dem heißen Herzen

Die Griechen haben Geschmack bewiesen, als sie vor über 2700 Jahren die Insel Ischia wählten, um ihre erste Kolonie in Italien zu gründen. Wellness in Form von Thermalwasser ist hier ein Geschenk der Natur, die traumhaften Strände und ein türkis glitzerndes Meer sind es ebenso wie der fruchtbare Vulkanboden und die atemberaubenden Ausblicke.

Mit Vulkanpower brodelnd aus dem Meer gestiegen

Die Felsen der Insel, mal aus ockergelben, mal aus grünen Tuff, und die gepressten Gesteinsschichten erzählen, wie Ischia und die Nachbarinsel Procida entstanden sind: Vor etwa 33 000 Jahren stieg Magma aus dem Erdinneren auf und hob den Deckel der Magmakammer über den Meeresspiegel hinaus. Durch diesen gigantischen Kraftakt der Natur bildete sich die 46,3 km² große Insel, die seitdem den Golf von Neapel nach Norden abschließt. Das einstige Kochen und Brodeln unter der Insel (der letzte Vulkanausbruch war 1302) ist bis heute an mehr als 40 Stellen sichtbar: Besonders spektakulär sind der Vulkankrater vom Monte Rotaro im Nordosten und der Krater Vatoliere im Osten Ischias.

Lehn dich zurück in den heißen Wellnessquellen

Die vulkanischen Kräfte tief unter der Erde lassen überall auf der Insel heiße Quellen aufwallen. Diesen Thermalquellen verdankt Ischia seine Besonderheit. Rund um die wichtigsten sind traumhaft schöne Gärten und Parks entstanden. Die Heilwässer und Dampfbäder, Sand- und Fangopackungen kurieren schon seit Jahrtausenden Leiden vieler Art. Thermalwasserquellen sind Wellness für den Körper und inmitten dieser paradiesisch anmutenden Natur gleichzeitig Balsam für die Seele.

Stars und Eleganz: Wo Hollywood Urlaub machte

Ein touristischer Hotspot war Ischia im 19. Jh. Der europäische Adel kurte hier gerne, bis ein schweres Erdbeben im Juli 1883 den berühmtesten Kurort der Insel, Casamicciola Terme, fast komplett zerstörte. Danach fiel Ischia in eine Art Dornröschenschlaf, erst in den 1950er-Jahren war der Kurtourismus auf einmal wieder angesagt: Der Inselort Lacco Ameno wurde über Nacht zum Reiseziel des internationalen Jetsets. Dahinter steckte der Mailänder Verle-

Wenn sich zwei von Ischias Leckerbissen zu einer Köstlichkeit vereinen: Pizza mit Meeresfrüchten

Fischerboote, bunte Häuschen, italienisches Flair: Sant'Angelo ist der exklusivste Ort der Insel

ger und Tausendsassa Angelo Rizzoli, der sich in das beschauliche Fischerdorf verliebt hatte. Das von ihm gebaute erste Nobelhotel L'Albergo della Regina Isabella zog Stars wie Maria Callas, Elizabeth Taylor und Richard Burton an. Schnell entstanden weitere Hotels und Restaurants, Ischia bekam ein elegantes Image.

Verschnarchter Kurbetrieb? Längst nicht mehr!

Ab den 1960ern entdeckten auch deutsche Kurgäste die Heilquellen. Forio und Sant'Angelo waren bis in die 1970er-Jahre die gefragtesten Ferienorte, hier hörst du die Einheimischen immer noch Deutsch sprechen und Deutsch wird auch an den Schulen unterrichtet. Zu den bekannten Stammgästen zählt Angela Merkel. Ischia ist das ideale Ziel für alle, die sich in südlichem Ambiente erholen und zwischendrin etwas erleben möchten: Die sechs Gemeinden der Insel – Ischia Porto/ Ponte, Casamicciola, Lacco Ameno, Forio, Serrara Fontana mit Sant'Angelo und Barano

d'Ischia mit dem berühmten Maronti-Strand – verdienen alle mehr als einen kurzen Besuch. Seien es die Fischer in Sant'Angelo, der Barbesitzer in Ischia Ponte oder die Weinbauern oberhalb von Forio: Ihre Aufmerksamkeit und Freundlichkeit machen den Urlaub unvergesslich. Der höchste Inselberg Monte Epomeo lockt wiederum mit Dutzenden Wanderwegen.

Halt die Nase in den Wind – diese Insel duftet ...

Fahr also die Serpentinenstraßen hinauf, vielleicht in die verschlafenen Dörfer bei Barano d'Ischia oder Serrara Fontana, und lass dich überraschen von der Isola verde, der grünen Insel, die durch ihre subtropische Natur fasziniert: Vom Frühling bis tief in den Herbst grünt und blüht es überall, mal riecht es nach Jasmin und Rosmarin, mal nach Pinien, Orangen- und Zitronenblüten. Wenn du dann über die Insel aufs Meer schaust, nimm die Natur im Herzen mit! Ischia? Das ist eine herrlich mediterrane Insel mit ganz großem Potenzial.

4 TAGE AUF ISCHIA

Alle Inselhighlights intensiv erleben

Strecke & Dauer

- Ab Ischia Porto und zurück
- 65 km mit dem Bus
- reine Fahrzeit 4 Stunden

Beste Zeit

- Ostern bis Juni und September bis Anfang November sind sicher von der Temperatur und vom Wetter her ideale Monate für eine Reise nach Ischia.
- Im Juli und im August dominieren Italiener die Hotels und Strände, darunter sehr viele lebhafte Neapolitaner.
- Bisweilen gibt es auch im Winter sehr milde Temperaturen auf Ischia.

Gut zu wissen

- Das Busnetz auf Ischia ist sehr gut ausgebaut. Allerdings haben die Busse mehr Steh- als Sitzplätze und sind nicht immer in bestem Zustand.
- Zwei Buslinien erreichen alle Gemeinden: im Uhrzeigersinn um die Insel fährt CD, gegen den Uhrzeigersinn CS.
- Fahrscheine kannst du in Tabakläden, in Bars und an Automaten kaufen.
- Busse fahren alle 15 bzw. 30 Min. Nenn dem Busfahrer dein Fahrtziel, er wird dir behilflich sein und dich an der richtigen Station aussteigen lassen.
- Bis auf das autofreie Sant'Angelo findest du in allen größeren Gemeinden Auto- und Motorrollerverleihe.

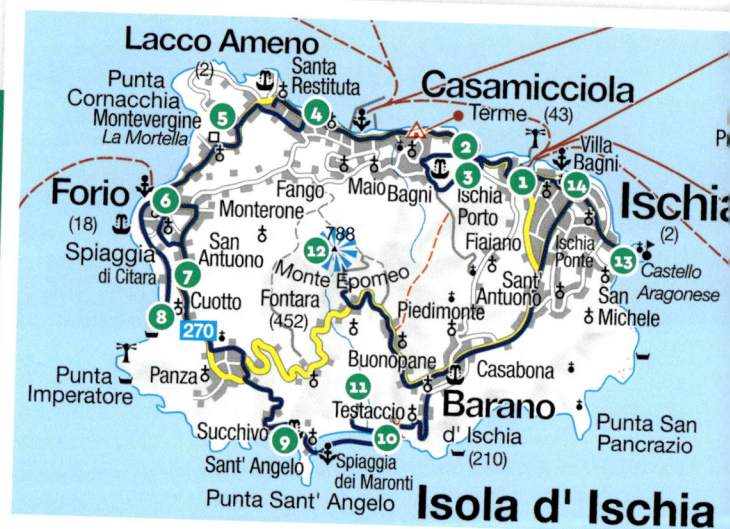

Tag 1

1 Busbahnhof Ischia Porto

2 km

2 Terme Castiglione

Mit der Seilbahn zur Massage mit Blick aufs Meer schweben

Der Busbahnhof Ischia Porto am Hafen ist der ideale Startpunkt (der Hafen ist übrigens ein mit Wasser gefüllter Vulkankrater) für deine Rundtour über die ganze Insel. Nimm den Inselbus CS in Richtung Casamicciola. Hier hat die Tradition der Thermalkuren auf Ischia begonnen. Mach dort den ersten Abstecher zu den Terme Castiglione, die du mit einer Standseilbahn erreichst (Bushaltestelle „Castiglione"). Wie wär's mit einer entspannenden Massage und einem Bad in einem der zahlreichen Pools mit Blick aufs Meer? Rund 100 m

Fungo und Fango: Der pilzförmige Felsen am Strand und der heilsame Schlick sind die Wahrzeichen von Lacco Ameno

weiter liegt ein herrlicher Pinienwald; bieg von der SS 270 nach links in die Via Bosco della Maddalena ein (ausgeschildert ist campo sportivo) und lauf etwa eine Stunde nach oben zum schönsten Krater der Insel: Rotaro. Der Spaziergang im Krater ist beeindruckend, bei schlechtem Wetter sind auch die Fumarolen gut sichtbar.

Wunderbare Gärten, traumhafte Strände

Zurück auf der Insel-Umgehungsstraße geht es per Bus weiter nach Lacco Ameno: Das Wahrzeichen des Orts, „Il Fungo", der Pilz, ist aus grünlichem Tuffstein – Wind, Wasser, Salz und Sonne haben ihn ausgehöhlt. Sehr sehenswert ist das archäologische Museum in der Villa Arbusto (pithecusae.it) im Süden des Orts. Nicht nur Naturliebhaber sollten auch die wunderbare Gartenanlage La Mortella besichtigen, einige Bushaltestellen weiter Richtung Westen. Zurück auf der Hauptstraße nimmst du den Bus weiter bis Forio, wo du auch übernachtest. Hier warten verwinkelte Altstadtgassen, typische Restaurants, eine romantische Seefahrerkapelle und wunderschöne Strände.

Speis & Trank: Am Hafen von Forio gelegen, bietet das La Bussola (Via Marina 44, Tel. 0 81 99 76 45) ausgezeichnete Inselküche zu fairen Preisen. Die Pizza schmeckt ebenso gut wie die gegrillten Meeresspezialitäten, die je nach Saison angeboten werden.

2 Terme Castiglione

3 km

3 Rotaro

5 km

4 Lacco Ameno

4 km

5 La Mortella

2,5 km

6 Forio

Übernachten: Das gepflegte, 200 Jahre alte Winzerlandhaus Casa Lora (Via Costa 16, Panza, casaloraischia.it) liegt auf einem Plateau 2 km oberhalb von Forio mit Sicht über die Insel aufs Meer. Individuell eingerichtete Zimmer, Sauna und Pool.

Tag 2

6 Forio

1,5 km

7 Giardini Ravino

5 km

8 Poseidon-Gärten

11 km

9 Sant'Angelo

2,5 km

10 Maronti-Strand

Heute wird's stachlig, aber trotzdem ganz entspannt

Besuch am nächsten Morgen unbedingt den Kakteengarten Giardini Ravino etwa 1 km südlich von Forio. Wie dieses einmalige Kakteenparadies zeigt, hat sein Gründer Giuseppe D'Ambra einen grünen Daumen. Mach dich auf die Suche nach seinem über 8 m hohen Kandelaberkaktus. Danach steigst du in die Buslinie 2, die dich hinunter zum Meer bringt. Am Citara-Strand erwartet dich einer der schönsten Thermalparks Ischias, die Poseidon-Gärten.

Malerische Fischerbucht mit einer Prise Nostalgie

Fahr nach einem erholsamen Bad und einem Spaziergang durch die herrlichen Gärten mit der Linie 2 wieder hinauf zur SS 270 und steig an der gegenüberliegenden Bushaltestelle in den CS-Bus. Er bringt dich über Panza hinunter ins malerische Fischerdorf Sant'Angelo. Hier sprechen fast alle Einwohner deutsch, sozusagen als Hommage an die vielen deutschen Urlauber, die seit den 1960er-Jahren in diese Bucht kommen. Im Zentrum machst du Rast, danach nimmst du ein Wassertaxi (cooperativasanmichele.net) zum Maronti-Strand. Hier übernachtest du im Hotel San Giorgio.

Speis & Trank: Egal, um welche Mittags- oder Abendzeit, in der Bar Ridente (Via Nazario Sauro 5) kriegst du ein Stück Pizza, ein leckeres panino oder eine bruschetta.

Übernachten: Das Hotel San Giorgio (hotelsangiorgio.com) liegt direkt am Meer und verwöhnt dich mit Traumblicken und Innen- und Außen-Thermalpools.

Flanieren in Forio: Berühmte Künstler liebten schon vor Jahrzehnten den Sehnsuchtsort

Du magst deine
Pflanzen wehrhaft und
stachlig? Dann auf in
den Giardini Ravino

Nicht ganz 800 m ist der Monte Epomeo hoch – und doch ist der Ausblick fantastisch

Tag 3

10 Maronti-Strand

1 km

11 Cava Scura

11 km

12 Monte Epomeo

13 km

13 Castello Aragonese

Aus dem Thermalbecken auf den höchsten Gipfel

Am nächsten Morgen stehst du früh auf und gehst den ausgeschilderten Weg zur Cava Scura, der dich zuerst am Strand entlangführt und dann bergauf durch einen Canyon. In den Thermalquellen dieser tiefen Schlucht badest du wie zu Römerzeiten und benutzt einen Stein als Kopfkissen. Wieder zurück am Strand, fährst du mit der Buslinie 11 über Barano hinauf nach Fontana: Von hier aus ist in rund 1 Std. der Aufstieg auf den Monte Epomeo, den höchsten Gipfel Ischias, zu schaffen.

Kunst und Geschichte – diese Burg muss sein

Wieder in Fontana an der SS 270 geht es mit dem Bus CS zurück nach Ischia Porto bis zur Piazza degli Eroi. Hier steigst du in die Buslinie 7 um und machst noch einen Abstecher nach Ischia Ponte. Dieser Schlenker lohnt sich: Das Castello Aragonese mit seiner atemberaubenden Aussicht und seinen (Kunst-)Ausstellungen ist ein absolutes Ischia-Muss. Im Mittelalter spielte sich innerhalb dieser Mauern ein Großteil der Inselgeschichte ab, heute ist das mit Engagement restaurierte Castello in Privatbesitz. Zum Abendessen kehrst du bei Da

Cocò ein: Das zauberhafte 50er-Jahre-Restaurant direkt am Beginn des Stegs bietet einen herrlichen Blick auf Burg und Meer.

Speis & Trank: Im Café Libeccio (Via Maronti 7) in Barano gibt's kleine Gerichte und Snacks sowie leckere Pizzen. Ganz zentral gelegen an der Piazza Maronti über dem gleichnamigen Strand.

Übernachten: Stilvoll schlafen hoch auf der Aragoneserburg: Im Albergo Il Monastero (Castello Aragonese, albergoilmonastero.it) wohnst du einfach, aber mit Atmosphäre in den Zellen des ehemaligen Klarissenklosters – ein Tipp für Romantiker und Individualisten. Frühstück und Dinner werden auf einer atemberaubenden Panoramaterrasse serviert.

Ein Gelato macht die Tour perfekt

Morgens fährst du mit dem Bus wieder nach Ischia Porto und lässt deine Inseltour ausklingen, und zwar mit einem Bummel über den Corso Vittoria Colonna mit seinen Boutiquen und einem abschließenden gelato in der Eisdiele La Dolce Sosta (Ecke Corso Vittorio Colonna 151/Via R. Gianturco). Nur hier gibt es die Eissorte Bigna Colada mit dem Gebäck bignè und Nussschokolade.

Speis & Trank: Seit 1968 spielt frischer Fisch im legendären Hafenrestaurant Il Porticciullo (Via Porto 35, porticciullo.it) in Ischia Porto die Hauptrolle – und der Blick auf die Hafenbucht.

Übernachten: Ein Tipp für Individualisten ist das Hotel Continental Mare (Via B. Cossa 25, Porto, continentalmare.it): terrassenförmig an eine ins Meer abfallende Felswand gebaut, mit Gartenanlage (Pool), Privatstrand (Kies) und Nutzung der Thermalanlagen des Hotels Continental Terme (Pendelbus).

Tag 4

🔟🔟 Castello Aragonese

3,5 km

🔟🔟 La Dolce Sosta in Ischia Porto

Italienische Straßenszenen: auf der Via Luigi Via Mazzella in Ischia-Stadt

Am Wegesrand: Badefreuden in üppigen Gartenoasen

Terme Castiglione

In den Thermalgärten (termecastiglione.it) verteilen sich auf etwa 3 ha zehn Becken, darunter ein großes Schwimmbad mit Meerwasser, sieben Thermalpools im Freien und zwei Hallenbäder, deren heißes Wasser auf 30 bis 40 Grad heruntergekühlt ist. Der Thermalpark besticht von jeder Terrasse aus mit einer spektakulären Aussicht aufs Meer.

Monte Rotaro

Ein vulkanisches Naturwunder: Du musst ja nicht unbedingt bis zum höchsten Punkt (266 m) des Kraterrands steigen. Großartig ist der Blick in die Tiefe des bewaldeten Kraters und hinauf, wo er sich gegen den Himmel abzeichnet. Dampfende Fumarolen steigen auf; der einstige Lavastrom floss von hier bis zum Meer.

Villa Arbusto

Die mit ihrer halbkreisförmigen Pergola großzügig angelegte Villa Arbusto (18. Jh.) beherbergt das Archäologische Museum von Pithecusa (pithecusae.it): Die Funde reichen von der Vorgeschichte über die griechische Antike bis hin zur Römerzeit. Herzstück der Sammlung ist der Nestorbecher aus dem frühen 8. Jh. v. Chr., dessen Inschrift das älteste weltweit bekannte Schriftstück in griechischer Sprache darstellt. Von der Pergola aus hast du einen herrlichen Blick auf den Golf.

La Mortella

Einer der schönsten Gärten Italiens trägt den Namen der immergrünen Myrte: Hier erwartet dich eine Sinfonie in Grün, ein so abwechslungsreicher wie malerischer Garten mit Teichen, Wasserläufen, Tempel und Teehaus. Von Frühjahr bis Herbst finden hier anspruchsvolle Konzerte statt. lamortella.it

Forio

Forio (17 700 Ew.) ist als Sehnsuchtsort für Kreative bekannt. Nach dem 2. Weltkrieg entdeckten ihn Künstler, Literaten, Regisseure und Komponisten als Sommerreiseziel.
Schau beim Bummel durch den Ort unbedingt in die Innenhöfe der schönen alten Häuser in der Altstadt. Vom Belvedere aus hast du den schönsten Blick auf den Sonnenuntergang.

Giardini Poseidon

Zwischen einer langen Tuff-Felswand und dem Sandstrand Citara erstreckt sich auf 60 ha der aufwendigste und erste Thermalgarten Ischias in einer herrlichen Badelandschaft: Zwischen Blumengärten, Palmen, Kakteen und Oleander liegen 17 Thermalbecken mit Wassertemperaturen von 15 bis 40 Grad, drei Meerwasserbecken plus moderne Anlagen für Kur- und Wellnessbehandlungen. giardiniposeidonterme.com

Überraschende Entdeckung in La Mortella: Das grüne Paradies zählt zu den schönsten Gärten Italiens

Wellness zum Staunen:
Der Thermalgarten
Giardini Poseidon ist
seit Jahrzehnten auch
ein Fest fürs Auge

Sant'Angelo

Sant'Angelo ist der Sehnsuchtsort der Insel, er machte Ischia in den 1950er-Jahren berühmt: Die Bucht mit den pastellbunten Fischerhäuschen, die ineinander verschachtelt am Hang liegen, die Piazzetta und der schmale Strand mit den Booten – da wollten deutsche Urlauber hin. Treppauf, treppab geht es durch die engen Gassen, die alle unten am Meer enden. Auch wenn es erstmal nicht so aussieht: Dieses Fischernest ist der exklusivste und teuerste Fleck Ischias.

Maronti-Strand

Karibisch schön ist der mit 3 km längste und breiteste Strand Ischias, Spiaggia dei Maronti. Dank der Südlage und dank der Fumarolen ist es an dem feinsandigen Strand auch an kalten Wintertagen angenehm warm. Eine ganze Reihe Strandrestaurants lädt ein, es gibt mehrere Thermalanlagen, darunter die Cava Scura.

Cava Scura

In der tiefen Schlucht Cava Scura befindet sich die spektakulärste heiße Quelle Ischias. Die „Dunkle Grube" ist beeindruckend: Plötzlich befindest du dich in der Unterwelt, zwischen beiderseits steil aufragenden Tufffelsen. Wer in der Talsohle weitermarschiert, kommt zu einem kleinen Thermalteich mit Badeanstalt.

Monte Epomeo

Nur wer die Insel von ihrem höchsten Punkt auf 789 m Höhe erlebt hat, kennt Ischia wirklich. Am einfachsten ist der Aufstieg von Fontana aus. Erst kurz vor dem Gipfel wird aus dem saftigen Grün ein Grau und es geht über in kargen, zerklüfteten Tuff – der Weg ist auch für Kletterungeübte gangbar. Nach etwa einer Stunde liegt dir dann die ganze Insel zu Füßen.

Castello Aragonese

Schwer vorstellbar, aber wahr: Innerhalb der Burgmauern lebten im Mittelalter 1800 Familien! Bis 1423 nur über das Meer erreichbar, steht die Festung von Ischia-Ponte immer noch trutzig im Wasser. Erober die Burg mit dem Aufzug (60 m) oder zu Fuß über die 400 m lange, panoramareiche Burgstraße. Kultur gibt es hier jeden Sommer vom Feinsten mit Konzerten, Events und Ausstellungen. castelloaragoneseischia.com

Karthager, Römer,
Vandalen, Araber,
Aragonier – alle
liebten Ciutadella

DER CHARME DER KLEINEN SCHWESTER

Auf Menorca

HOLA IN EINER IDYLLE IM REIßENDEN STROM DER ZEIT

Wohin du auch schaust: Traumbuchten mit klarem, türkisfarbenem Wasser, darüber ein strahlend blauer Himmel, Gestein in sanften Farben von Beige bis Rot, duftende Pinienwälder und hügelige Weiden. Ob es die fantastische Natur ist, die den Geist der Insulaner entspannt und zu ihrer relaxten Haltung verführt?

Maós Markthalle liegt im Kreuzgang eines ehemaligen Klosters

Alles mit der Ruhe – vor allem das tägliche Leben

Auf Menorca heißt es gern a poc a poc, was so viel bedeutet wie „langsam, langsam …". Die Einheimischen lassen sich Zeit für die schönen Dinge des Lebens, für Freunde und Familie, gutes Essen und Trinken, Genuss in der Natur und verträumtes Nichtstun. Beim Autofahren, bei der Bestellung im Restaurant oder beim Einkaufen – überall geht es gemächlich zu. Momente der Muße haben sich die Menorquiner auch in der Stadt geschaffen: Noch die ödeste Straße belebt eine Bistro-Bar, in der sich die Leute zwischendurch auf eine pomada (Gin mit Limo) treffen und Neuigkeiten austauschen. Zu Recht gilt deshalb Menorca als die Lieblich-Stille unter den Schwesterinseln. Weiter vom spanischen Festland entfernt, wurde sie später

erschlossen als Mallorca. So konnte sich die Insel viele Nebenwirkungen des Massentourismus ersparen – wie Bettenburgen und Ballermann. Wer nach Menorca kommt, schätzt idyllische Buchten und romantische Altstädte und interessiert sich für Relikte aus grauer Vorzeit.

Der raue Norden mit Felsen und Fjorden …

Obwohl die Insel relativ klein ist, hat sie zwei grundverschiedene Seiten. Die Tramuntana im Norden kennzeichnen tief ins Landesinnere gefräste Fjorde. Hier herrscht dunkles Gestein vor, das weiten Teilen der Küstenlinie einen rauen Charakter verleiht. Hier leben von jeher weniger Menschen als im Zentrum und an der Südküste. Zahlreiche Inselsagen spielen an Schauplätzen entlang der windgepeitschten Nordküste. Andererseits stößt du in den nordwestlichen Teilen der Insel auch auf große Weideflächen. Goldgelbe Kornfelder und Blumen verwandeln die Landschaft im Frühjahr und Herbst in ein Farbspektakel. Nur die äußersten Landzipfel, die Kaps, sind völlig kahl. Hier schäumt an stürmischen Herbst- oder Frühjahrstagen die Gischt bisweilen haushoch auf.

… und der milde Süden mit Stränden und Buchten

Ganz anders der Migjorn, die Region im „Südwind": mit einer geschlosseneren Küste, kleinen Buchten, bewaldeten Tälern und Schluchten.

Nein, Binibèquer Vell ist kein traditionsreiches Fischerdörfchen. Es wurde in den 1970ern geplant – und wirkt doch jahrhundertealt

Hier zeigt die Insel ihr sonniges Gesicht, wirkt die Architektur leichter, hier wachsen Pinien und Kiefern gerade in den Himmel, weitgehend verschont von den starken Winden, die meist im Winter über den Inselnorden hinwegfegen. Im Süden liegt die Mehrzahl der Strände; demzufolge zieht es hierher auch die meisten Touristen. Gegensätzlich wie Nord- und Südküste sind auch die beiden anderen Enden der Insel. Hier das britisch geprägte, pflichteifrige Maó im Osten und dort das lässigere, spanische Ciutadella im Westen. Die Konkurrenz der Städte entstand mit der Besatzung durch die Briten: Diese verlegten Anfang des 18. Jhs. die Hauptstadt von Ciutadella nach Maó, weil sich dort der bessere Naturhafen befand.

Ganz weit zurück geht es in die Vergangenheit

Menorcas Wurzeln reichen tief in die Geschichte. Schon vor über 6500 Jahren sollen Menschen die Insel bewohnt haben. Die ersten Besiedler kamen wahrscheinlich mit Schilfbooten über das Meer. Bis zu 4000 Jahre alt sind die ältesten Spuren, monumentale Steinbauten. Später nutzten Phönizier, Griechen, Karthager und Römer die strategische Lage der Insel, die Byzantiner machten sie sich untertan, schließlich die Araber.

Sanfter Tourismus soll die Insel in die Zukunft führen

Heute sind gut 60 Prozent der Menorquiner im Tourismus beschäftigt. Allerdings setzt sich die Inselregierung für dessen sanfte Variante ein. Sie begreift das Prädikat „Biosphärenreservat" nicht nur als Marketingschachzug, sondern will ein vernünftiges Maß an Tourismus mit einer weitgehend unzerstörten Natur in Einklang bringen. Dazu passt auch das Motto: Ets Menorca, no frissis! – Du bist auf Menorca, nimm dir Zeit und hetz dich nicht!

2 TAGE AUF MENORCA

Hafenflair, Leuchttürme und Buchten mit kristallklarem Wasser

Strecke & Dauer

- von Binibèquer Vell bis Cap d'Artrutx
- 140 km mit dem Auto
- reine Fahrzeit 3,5 Stunden

Beste Zeit

- Hauptreisezeit ist von Mitte Juni bis Mitte September, im Juli und August ist es besonders voll.
- Im Winter (November bis März), wenn das Wetter kühl und windig sein kann, sind kaum Touristen auf der Insel.

Gut zu wissen

- Autos kannst du am Flughafen und in allen größeren Touristenorten mieten. Der günstigste Anbieter weit und breit ist Tramuntana (tramuntanarentacar.es).
- Die Höchstgeschwindigkeit in Ortschaften ist gestaffelt: auf Straßen mit einer Fahrspur für beide Richtungen 20 km/h, auf Straßen mit jeweils einer Fahrbahn für jede Richtung 30 km/h, auf Straßen mit zwei oder mehr Fahrspuren pro Richtung 50 km/h.
- Mit Alkoholkontrollen ist häufig zu rechnen; die Promillegrenze liegt bei 0,5.
- Deutsch spricht fast niemand auf Menorca, mit Englisch kommt man gut weiter.

Tag 1–2

1. Binibèquer Vell

11,5 km

2. Maó

Auf einen Milchkaffee bei den Piraten!

Du willst erstmal die ganze Insel auf einer Rundreise kennenlernen? Dann nimm dir zwei Tage Zeit, ein guter Ausgangspunkt ist Binibèquer Vell. Croissants und ein dampfender café amb llet (sprich: Milchkaffee): So sieht das mediterrane Frühstück aus, das in der Cafetería Binibeca Vell (Carrer S'Ancora, 1) serviert wird. Das Bilderbuchörtchen im Südosten Menorcas ist einem verschachtelten Piratennest nachempfunden. Von hier aus erreichst du Richtung Norden über Sant Lluís in 20 Minuten Maó. Dort angekommen, verschaffst du dir einen ersten Überblick, indem du von der Plaça de s'Esplanada (mit Parkhaus) in die Altstadt und von dort zum Hafen hinabspazierst.

Als wären sie organisch gewachsen: die verschachtelten, blitzweißen Behausungen von Binibèquer Vell

Kleine Hauptstadt mit großem Herzen: Maó

2 Maó

17 km

3 Cap de Favàritx

25 km

4 Fornells

9 km

5 Es Mercadal

4 km

6 Monte Toro

Hinaus aus der Stadt geht's dann auf der stilleren Ronda de Sant Joan, die linker Hand in die Landstraße Me-7 nach Fornells übergeht. Ab hier wird die Landschaft ruhiger, grüner, friedlicher. Und schon bald säumen die Naturschutzgebiete des Nordostens die Route.

Wo die Insel ihr raues Gesicht zeigt

Etwa auf halbem Wege führt rechts die Nebenstraße Cf-1 zum Leuchtturm am Cap de Favàritx, das mit seinem verwitterten Schiefer hoch über dem Meer das verschlossene, raue Gesicht der Insel repräsentiert. Zurück auf der Me-7 geht es weiter zum kleinen Küstenort Fornells am Rand der großen Salzwasserlagune, in deren stillen Wassern sich die Fischerboote spiegeln. Ein kühler Drink in der Bar La Palma rundet den Besuch ab. Hunger? Dann warte lieber bis zum nächsten Etappenziel. Auf der Me-15 fährst du südwärts Richtung Es Mercadal, das für seine Lokale mit deftiger Küche bekannt ist.

Genieß das wundervolle Panorama auf dem Dach Menorcas

Bei der Weiterfahrt nach dem Essen werden die fast steppenartigen Hügelrücken der Nordküste bald durch Kiefernhaine verdrängt, die schließlich den Weideflächen des Inselzentrums Platz machen. Am Ostrand des Städtchens führt eine schmale Asphaltstraße den Monte Toro hinauf. Nach einigen Serpentinen bist du auf 357 m Höhe. Vom „Dach Menorcas" genießt du einen fantastischen Panoramarundblick. Auch wenn du bereits in Es Mercadal zu Mittag gegessen hast, solltest du dir eine Einkehr im schönen Klosterrestaurant Sa Posada del Toro nicht entgehen lassen – etwas Süßes und ein Kaffee gehen immer. Oder soll es ein verdauungsfördernder Kräuterlikör sein? Ein Abstecher in Richtung Maó bringt dich dann ins traditionelle Alaior, in dem Handwerksbetriebe und Käsereien blühen. Auf dem Markt am Mittwochabend (ab 19 Uhr) kannst du Kunsthandwerk und Leckereien begutachten und kaufen. Wieder auf der Straße Richtung Ciutadella zweigt nach etwa 3 km links die Me-16 ins verschlafene Es Migjorn Gran ab, wo du übernachtest.

Speis & Trank: Trotz einfacher Ausstattung ist das Molí des Racó (C/ Major 53, restaurantemolidesraco.com) in Es Mercadal ein guter Tipp für alle, die authentische Menorca-Küche genießen wollen – und das in einer schönen, 300 Jahre alten Mühle mit sympathischem, familiärem Ambiente.

Übernachten: Diskreter Luxus im charmanten Landhotel Binigaus Vell (Camí de Sa Mala Garba, km 0,9, binigausvell.es) etwas außerhalb von Es Migjorn Gran: weiße Fassaden, bunte Blüten, hölzerne Gerätschaften, dazu ein Restaurant und ein traumhafter Pool. Die 20 komfortablen Zimmer sind allerdings nicht ganz billig.

6 Monte Toro

12 km

7 Alaior

10,5 km

8 Es Migjorn Gran

Im glasklaren Wasser vor Fornells tummeln sich weit draußen die begehrten Langusten

Tag 2

8 **Es Migjorn Gran**

6,5 km

9 **Ferreries**

7,5 km

10 **Cala Galdana**

21 km

11 **Nau des Tudons**

4,5 km

12 **Ciutadella**

Erst durch die Altstadt bummeln, dann ins Meer hüpfen

Nach einem umfangreichen Frühstück geht es auf der Me-20 und später über Serpentinen im rotbraunen, eisenhaltigen Felsgestein weiter Richtung Cala Galdana. Leg auf dem Weg dorthin einen Stopp in Ferreries ein, wo der hochgelegene Altstadtteil einigen Charme besitzt. Etwa 300 m hinter dem Ortsausgang nimmst du links die Nebenstrecke Me-22. Nach knapp 5 km öffnet sich der Blick auf die weißsandigen Strände und das türkisfarbene Meer der Cala Galdana. Stürz dich in die erfrischenden Fluten, und gönn dir danach einen Drink im Restaurant El Mirador.

Begegne Riesen und stürz dich ins bunte Hafenleben

Zurück auf der Me-1 fährst du nun weiter nach Westen. Kurz vor Erreichen der Stadtgrenze von Ciutadella ist links ein Abzweig zu einem der ältesten Bauwerke Europas ausgeschildert. Einen Besuch des Nau des Tudons solltest du dir nicht entgehen lassen: Spazier zwischen den gewaltigen Steinen, die von Riesen aufgerichtet

Ein zweiter Blick auf Ferreries lohnt sich: Die Altstadt verbirgt sich in der Höhe

scheinen. Von hier aus fährst du nach Ciutadella, der Metropole des Inselwestens. Dort parkst du in der Nähe der Plaça de ses Palmeras (Alfons III.), dann sammelst du beim Gang über den Carrer de Maó und den Carrer de Josep Maria Quadrado bis hinunter zur Plaça d'es Born erste Eindrücke der lebenslustigen Stadt. Besonders stimmungsvoll ist die tief eingeschnittene Hafenbucht, wo vor Höhlenlokalen traditionelle Llaut-Boote, Yachten und Ausflugsschiffe ankern.

12 Ciutadella

12 km

13 Cap d'Artrutx

Sundowner mit Applaus am romantischen Leuchtturm

Anschließend fährst du auf der Me-24 Richtung Süden, wo dich am Cap d'Artrutx ein Leuchtturm empfängt – ein herrlich wilder Flecken! Wie wär's mit einem Bad an der kleinen, feinen Cala en Bosc, bevor du dich dem Abendritual am Kap anschließt? Die Terrasse des Leuchtturmlokals Es Far d'Artrutx (Passeig Martítim) ist ein Spitzenplatz für den Sonnenuntergang: Die Strahlen färben das Meer von Zitronengelb bis Safranrot. Wenn der Ball im Meer versinkt, gibt es Applaus. Danach fährst du zum Übernachten die 10 km zurück nach Ciutadella.

Speis & Trank: Das Café Balear (Pla de Sant Joan 12, cafebalear. com) ist ein beliebter Treff zum Tapas- und Fischessen in Ciutadella und eine Institution mit gutem Mittagsmenü und leckerem Meeresgetier. Hier sitzen Urlauber und Insulaner Tisch an Tisch.

Übernachten: „Blaues Refugium" in der Altstadt: Im Rifugio Azul (C/ ses Androne¬33, rifugioazul.com) gibt's moderne, freundliche Zimmer (Gratis-WLAN, Klimaanlage) und eine Suite mit Terrasse und Jacuzzi. Gutes Frühstück mit hausgemachtem Kuchen. Hier fühlt man sich wie zu Hause!

AM WEGESRAND: MENORCAS DUNKLE UND HELLE SEITEN

Binibèquer Vell

Die Touristenattraktion Nummer eins an der Südostküste erinnert an einen Termitenbau. Zwar wurde das „typische Fischerdorf" 1972 auf dem Reißbrett entworfen, doch die verschachtelten Gänge, Tunnel und Nischen sind so clever angelegt, dass sie wirken wie in Jahrhunderten gewachsen.

Maó

Menorcas Hauptstadt Maó ist mit 28 000 Einwohnern zwar relativ klein, doch lebt hier fast ein Drittel der Insulaner. Sie liegt am Steilufer einer fjordartigen Bucht, die weltweit als einer der besten Naturhäfen gilt. Verspielte Villen und Bürgerhäuser im Kolonialstil verleihen ihr ein ganz besonderes Flair. Auch kulturell hat Maó einiges zu bieten, u. a. Menorcas bestes Museum, Spaniens ältestes Opernhaus und mehrere Kirchen. Und im aufgehübschten Hafenviertel reihen sich Bars, Restaurants und Clubs. Die nächsten Strände liegen nur wenige Kilometer entfernt.

Cap de Favàritx

Hier zeigt sich Menorcas dunkle Seite, wild und rau: Das Sträßchen endet an einem schwarz-weiß geringelten Leuchtturm. So weit das Auge reicht, erstrecken sich Schieferplatten, die in der Brandung silbern glänzen – ein herrlicher Ort!

Fornells

Hier genießt selbst die spanische Königsfamilie bisweilen eine caldereta (Languste in Gemüsebrühe), die in Fornells besonders gut zubereitet wird. Auch der Rahmen stimmt: eine große, von niedrigen Klippen eingefasste Lagune an der sonst rauen Nordküste mit dem alten Fischerhafen, dessen Bewohner von jeher den Ruf der besten Langustenfischer im westlichen Mittelmeer besitzen.

Es Mercadal

Das weiße Städtchen in der Inselmitte ist als Zwischenstopp auf dem Weg zu Menorcas höchstem Berg beliebt. In Es Mercadal (5400 Ew.) macht es Spaß, durch die großzügigen Straßen entlang der weißen Häuser und über die Märkte zu bummeln. Kult sind die hier gefertigten avarques, schlicht-schöne Sandalen mit Autoreifensohle und Lederriemenbund.

Monte Toro

Wie die Stacheln eines Igels mit Antennen besetzt, buckelt der Monte Toro (El Toro) seine 357 m aus der sonst nur leicht hügeligen Landschaft. Die höchste Erhebung der Insel bietet einen fantastischen Panoramablick. Am östlichen Ortseingang von Es Mercadal zweigt eine Zugangsstraße zum Monte Toro ab.

Alaior

Weiße Häuser, die sich eine Bergkuppe hinaufstapeln und von einer Kirche überragt werden, kopfsteingepflasterte Gassen und viele beschauliche Ecken: Im bereits 1304 gegründeten Alaior lebt das urwüchsige, erst von wenigen Urlaubern entdeckte Menorca. Der Hauptort der drittgrößten Inselgemeinde (9400 Ew.) und Sitz von Menorcas Universität ist auch für seinen Käse berühmt.

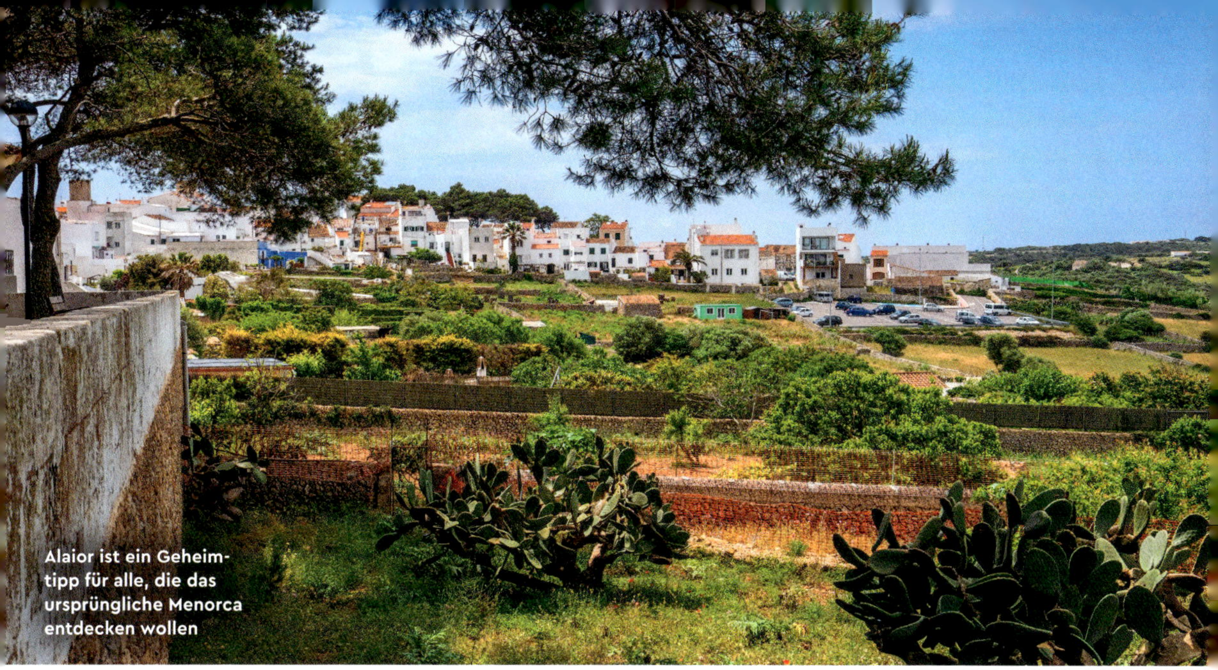

Alaior ist ein Geheimtipp für alle, die das ursprüngliche Menorca entdecken wollen

Es Migjorn Gran

Es Migjorn Gran besteht nur aus ein paar Straßen auf einem Hügel. Ringsum breiten sich Felder aus, von krummen Natursteinmauern begrenzt. Hier erlebst du Menorca, wie es früher war: hübsch und unspektakulär, in anmutiger Landschaft. Einstöckige Häuser ducken sich rund um die Kirche im Ortskern, die durch ihre blaue Kuppel ins Auge sticht. Ein paar gute Gasthöfe leben von denjenigen, die Richtung Südküste unterwegs sind.

Cala Galdana

Bei der Anfahrt, auf der Höhe des ersten Hotels (links abzweigen), gewinnst du einen guten Überblick. Der Strand ist ein Schmuckstück: 500 m lang, goldgelb und feinsandig – ideal auch für Familien mit kleinen Kindern. Nur bei den seltenen Südwinden raut die See innerhalb der Bucht auf.

Nau des Tudons

Das bekannteste prähistorische Grab der Insel und wahrscheinlich das älteste bekannte Bauwerk Europas: Die mächtigen Sandsteinquader wurden vor ca. 3400 Jahren zusammengefügt. Gefunden wurden hier Schmuckstücke und Reste menschlicher Knochen, was den Gedanken an eine (geplünderte) Grabkammer nahelegt. Der Innenraum der nau (spanisch naveta) ist in zwei Etagen aufgeteilt.

Ciutadella

Obwohl mit 29 000 Einwohnern etwas größer als Maó, legt Ciutadella einen gemächlicheren Lebensrhythmus an den Tag als die quirlige Konkurrenzmetropole. Die Menschen scheinen hier mehr Zeit zu haben als im geschäftigen Maó. Der Alltag verläuft gleichmäßiger, vielleicht auch etwas menschlicher. Hier wagt es der Barbier noch, sich mit Klappstuhl und Strandsandalen in der sinkenden Sonne vor dem eigenen Laden zu wärmen, wenn ihm nachmittags die Bärte ausgehen. Hier grüßt man oft auch noch den Fremden mit einem kurzen Kopfnicken, und hier haben sich auch die Älteren noch eine Menge zu sagen – in einem angeregten Gesprächskreis oder im Schatten des Obelisken auf der Plaça d'es Born.

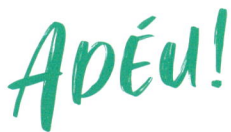

ADÉU!

Goldgelbe Sand-
buchten mitten im
Naturpark: die
Playas de Papagayo

FEUERBERGE UND TRAUMSTRÄNDE

Auf Lanzarote

HOLA AUF DEM LANDSCHAFTSKUNSTWERK DER KANAREN

Schon beim Landeanflug stellt sich Science-Fiction-Stimmung ein: Da taucht aus dem stahlblauen Meer plötzlich dieses Gebilde aus kahlen, beigegrauen Hügelketten auf, aus schwarzen Lavafeldern und Kratern, eine Mondlandschaft, auf die schnell ziehende Wolken ihre Schatten werfen, gesäumt von der Gischt des anbrandenden Ozeans.

Erdinneres nach außen

Lanzarote ist anders als die übrigen Kanaren, wirkt wie eine unwirtliche Einöde. Vor gut 20 Mio. Jahren drängten riesige Mengen Basaltmagma durch die Bruchlinien der Erdkruste nach oben und ließen die beiden ältesten Inseln des Archipels, Fuerteventura und Lanzarote, entstehen. Mehr als 20 Prozent des 795 km² großen Lanzarote wurden bis 1736 verschüttet, Lava und Asche gaben diesem Teil der Insel eine neue Gestalt.

Schwarz-Weiß-Grün-Schema

Aber gerade das Karge ist es, was Lanzarote so einzigartig macht: Das vulkanische Herz der Insel ist ein unvergleichliches Naturerlebnis und ein unverwechselbares Merkmal der Insel, ebenso wie die hübschen Dörfer mit ihren weißen Fassaden und grünen Fenstern und Türen. Dass die meisten Siedlungen weiterhin in den klassischen Farben erstrahlen, ist Lanzarotes bekanntestem Sohn zu verdanken: César Manrique. Auf keiner anderen Insel des Archipels sind so viele (Landschafts-)Kunstwerke des großen Malers, Bildhauers und Architekten zu finden wie auf dem Eiland des vulkanischen Feuers.

Vamos a la Playa!

Schwimmen, schnorcheln, unter Palmen relaxen, und zwar das ganze Jahr – das ist das andere Lanzarote. Die drei großen Ferienorte – Costa Teguise, Puerto del Carmen und Playa Blanca – haben gute, teilweise durch Wellenbrecher geschützte Strände, weiß, weich und puderfein. Oder doch lieber Action? Kein Problem! Du kannst tauchen und surfen (lernen), in Boote steigen und Lanzarotes Küsten an dir vorbeiziehen lassen. Rennradfahrer lieben Lanzarote, weil die Insel relativ flach und dabei abwechslungsreich ist. Und erstaunlich viele Wanderer zieht es in die Vulkanberge – es scheint sie nicht zu stören, dass so wenig Grünes zu sehen ist. Das milde Klima ist dem Nordostpassat zu verdanken, der den anderen Inseln des Archipels auch den Regen beschert. Pech für Lanzarote: Die Berge sind zu niedrig, um die Wolken so richtig zum Abregnen zu

Spiegel des Himmels: Salzgewinnung in den Salinas de Janubio

bewegen, doch mildern sie die Hitze, ebenso wie der Kanarenstrom, ein kühlerer Rückstrom des Golfstromsystems.

Von den afrikanischen Wurzeln zum Tourismus

Über die Urbevölkerung, die Majos, weiß man nicht viel. Sie kamen wohl etwa ab dem 5. Jh. v. Chr. aus Nordafrika, entstammten Berbervölkern und betrieben Landwirtschaft und Fischfang. Heute leben die meisten der 142 000 Einwohner von den jährlich 2 Mio. Urlaubsgästen – oft als Saisonkraft unter prekären Bedingungen. Für die Insel selbst sind die steigenden Touristenzahlen nicht leicht zu verkraften. Längst haben Meerwasserentsalzungsanlagen die leer geschöpften Brunnen ersetzt und sorgen für Trinkwasser, das allerdings mit erheblichem Energieaufwand gewonnen und weitertransportiert werden muss. Windkraftanlagen recken sich in den Himmel, Asphaltbänder schneiden durch die Lavafelder. Aus dem

kleinen Fischerdorf Playa Blanca wurde binnen weniger Jahre ein Mega-Ferienresort; Feriensiedlungen für wohlhabende Mitteleuropäer schossen wie Pilze aus dem Boden.

Das stille Lanzarote zeigt sich dir in den kleinen Dörfern

Doch in kleinen Nischen, in Dörfern fernab der Ferienzentren, spürt man noch, dass Lanzarote mehr als alle anderen Kanaren eigentlich ein Ort der Enthaltsamkeit, Muße und Stille ist. Dies drückt sich auch in den Gesichtern der älteren Landbevölkerung aus: des Bauern, der mit dem Eselspflug stoisch den Staub umgräbt; der Bäuerin, die endlose Feigenkaktusreihen aberntet; der alten Männer, die auf der Dorfplaza sitzen und den Tag vorüberziehen lassen. Das Lanzarote von einst lebt nur noch hier fort, und nur dem, der es mit offenen Augen und Ohren sucht und dabei auch einmal innehält, offenbart die Insel ihren ganzen Zauber.

3 TAGE LANZAROTE ERKUNDEN

Eine dunkel schillernde Mondlandschaft

Strecke & Dauer

- von Playa Blanca und wieder zurück
- 200 km mit dem Auto
- reine Fahrzeit 6,5 Stunden

Beste Zeit

- Für Lanzarote gilt dasselbe wie für die anderen kanarischen Inseln: Es ist das ganze Jahr frühlingshaft und trocken.
- Am wärmsten ist es von Juli bis Oktober, im Durchschnitt herrschen dann 27 bis 29 Grad. Es wird selten über 30 Grad heiß, dafür sorgt der kühlende Passatwind.
- Im Frühling und im Herbst ist das Wetter angenehm mild, es wird 24 bis 26 Grad warm. Mit höchstens 21 Grad ist der Winter ebenfalls mild.

Gut zu wissen

- Willst du die ganze Insel erkunden, ist ein Mietwagen unerlässlich, denn die Busverbindungen in Regionen abseits der Touristenhochburgen sind mangelhaft. Der günstigste lokale Anbieter ist Cabrera Medina (cabreramedina.com), er hat auch das dichteste Filialnetz und gut gewartete Autos.
- In den Ferienzentren kommt man auch ohne Spanischkenntnisse zurecht.
- An der Inselwestseite sind Strömung und Brandung besonders stark, weshalb man sich hier mit einem „Fußbad" begnügen sollte. Achte am Strand auf jeden Fall auf die Beflaggung: Wird die rote Fahne gehisst, geh auf keinen Fall ins Wasser, bei Gelb ist Vorsicht angesagt. Werden (gefährliche) Quallen angespült, wird eine weiße Fahne mit Quallenschirm gehisst.

Tag 1

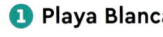

❶ **Playa Blanca**

8 km

❷ **Femés**

Erstmal Richtung Himmel: Premiumblicke vom Aussichtsbalkon

Rund 60 km von Nord nach Süd und etwas mehr als 30 km von Ost nach West: Lanzarote ist wirklich nicht groß. Nimm dir trotzdem drei Tage Zeit, um die Insel zu erkunden. Starte am ersten Tag mög-

Weiß, schwarz und blau: der Farbendreiklang Lanzarotes auf dem Balcón de Femés

lichst früh, um genügend Zeit zu haben – 9 Uhr ist optimal! Fahr auf der LZ 702 von Playa Blanca landeinwärts. Erst querst du eine staubige Ebene, dann steigt die Straße steil an zum Dorf Femés an der Abbruchkante des Ajaches-Massivs. Vom Aussichtspunkt Balcón de Femés hast du bei gutem Wetter eine grandiose Aussicht über die Rubicón-Ebene, bis weit über Playa Blanca hinaus auf die kleine Isla de los Lobos und Fuerteventura. On top erhältst du in der Quesería Rubicón (Plaza de San Marcial 3) eine Kostprobe Ziegenkäse! Folge von Femés der Straße durch das schöne Hochtal und weiter bis zur Straße Yaiza–Arrecife. Dort halte dich links, dann erreichst du das Bilderbuchdorf Yaiza, das weiß-grün in dunkler Landschaft leuchtet – ideal für einen kleinen Bummel.

Lass dich von der Heimat des Feuerteufels verzaubern

Folge dann der LZ 67 Richtung Montañas del Fuego, der „Feuerberge" im Parque Nacional de Timanfaya. Es lohnt sich, früh zu kommen, um den Besucherandrang zu umgehen und die grandiose Landschaft ohne Hektik auf sich wirken zu lassen. Den Beginn der Lavafelder markieren Holztafeln, auf denen ein kleiner Teufel, der Diablo de Timanfaya, thront. Kurz darauf kommst du zur Dromedarstation: Wie wäre es mit einem Ritt? Dann kommt der Abzweig zum Islote de Hilario, dem Zugang zum „Herz" des Nationalparks: Ein Rundfahrtbus bringt dich zu den spektakulärsten Stellen der Feuerberge – schwarze Lavaströme, Kegel und Krater wohin man schaut! Danach kannst du im kreisrunden Restaurante del Diablo mit Blick auf die Feuerberge eine Kleinigkeit zu Mittag essen. Im Centro de

2 Femés

8 km

3 Yaiza

6 km

4 Montañas del Fuego

200 m

5 Parque Nacional de Timanfaya

200 m

6 Dromedarstation

5 km

7 Islote de Hilario

5 km

8 Restaurante del Diablo

8 Restaurante del Diablo

5 km

9 Centro de Visitantes e Interpretación de Mancha Blanca

10 km

10 Museo Agrícola El Patio

6 km

11 Monumento al Campesino

700 m

12 Caserío de Mozaga

Visitantes e Interpretación de Mancha Blanca wirst du dann in das Mysterium des Vulkanismus eingeweiht.

Bauern in subtropischen Gärten – und eine Nacht auf der Lava

Die Geheimnisse der bäuerlichen Welt von anno dazumal dagegen lüftet das Museo Agrícola El Patio in Tiagua nordöstlich des National-parks, ein liebevoll eingerichtetes Gehöft inmitten eines subtropi-schen Gartens. Das Monumento al Campesino – an der LZ 20 Rich-tung Süden – huldigt den Bauern der Insel; direkt nebenan kannst du traditionelles Kunsthandwerk kaufen. Das Hotel Caserío de Mozaga bietet auf einer Lavascholle rustikale Zimmer für die kommende Nacht.

Speis & Trank: Im Restaurante del Diablo (cactlanzarote.com/en/ menus/el-diablo-restaurant), dem von Manrique aus Lavastein und feuerfestem Material errichteten „Teufelsrestaurant", schaust du aus Panoramafenstern in alle Himmelsrichtungen auf die dramatisch erstarrte Landschaft des Nationalparks Timanfaya. Über einem mächtigen Schlot, der tief nach unten reicht, grillen die Köche (nicht nur) Steaks in der aus dem Erdinnern hochströmenden Hitze.

Übernachten: Wohnen wie einst Lanzarotes Grundherren: Das Mini-Hotel Caserío de Mozaga (Calle Malva 8, caseriodemozaga.com) liegt auf einer Finca im Lavafeld mit Feigenbäumen, schattigen Patios und antikem Mobiliar.

Das Museo Agrícola El Patio zeigt eindrucks-voll, wie die Bauern früher wirtschafteten

Donnern. Spritzen.
Zischen. Repeat.
Órzolas Brandung ist
ein Hingucker

Die alte Hauptstadt, eine einsame Kapelle und 1000 Palmen

Tags darauf bringt dich die LZ 30 schnurstracks nach Teguise: Die alte Hauptstadt mit ihren weißen Häusern, Klöstern und Kirchen ist der geschichtsträchtigste Ort der Insel. Schlender durch dieses Schatzkästchen kolonialer Architektur, das sonntags, wenn der große Markt stattfindet, vor Geschäftigkeit brummt. Dann sind Straßen und Parkplätze verstopft – und man freut sich noch mehr darauf, sich von der grandiosen Aussicht an der Ermita de las Nieves gefangen nehmen zu lassen: Die Kapelle beim höchsten Inselgipfel bietet einen imposanten Ausblick auf Lanzarotes Westküste. Jetzt geht es tief hinab, ins Tal der 1000 Palmen, das sich nach Regen in eine Oase verwandelt. Mittendrin liegt das hübsche Haría mit seinen stillen Plätzen und Gassen. Nur samstags, während des kleinen Marktes, sind Parkplätze rar, dann parkst du besser außerhalb des Zentrums.

Atemlos am Panoramafenster, staunend in der Vulkantiefe

Hinter Haría führt die LZ 201 wieder hinauf: Wo Lanzarote wie mit dem Beil abgeschlagen ins Meer fällt, erwarten dich atemberaubende Ausblicke durch die Panoramafenster des Mirador del Río auf die Meerenge zwischen Lanzarote und der Insel La Graciosa. Stärke dich jetzt in einem der Restaurants des Fischerdorfs Órzola. Danach wird's entlang der LZ 1 in Richtung Süden spannend: Durch ein Loch in der Vulkandecke steigst du in die Jameos del Agua, ein Tunnelsystem, das César Manrique in ein Gesamtkunstwerk verwandelte. Ebenfalls im Untergrund liegt die Cueva de los Verdes: Bei der 45-minütigen Führung durch das vielfarbige Höhlenlabyrinth wirst

Tag 2

12 **Caserío de Mozaga**

8 km

13 **Teguise**

11 km

14 **Ermita de las Nieves**

8 km

15 **Haría**

9 km

16 **Mirador del Río**

10 km

17 **Órzola**

9 km

18 **Jameos del Agua**

1 km

19 **Cueva de los Verdes**

Ein Chemieunfall? Ein Alien-Angriff? Algen färben den Charco de los Clicos giftgrün

19 **Cueva de los Verdes**

5 km

20 **Arrieta**

8 km

21 **Jardín de Cactus**

12 km

22 **Fundación César Manrique**

6 km

23 **Arrecife**

du von Sphärenmusik begleitet – und erlebst garantiert mindestens eine Überraschung! Anschließend geht es auf der LZ 1 weiter nach Arrieta, mit seiner kleinen Promenade ein willkommener Zwischenstopp.

Genieß Kakteenkunst auf dem Weg in den Hauptstadttrubel

Ein Halt lohnt auch in Guatiza, wo ein überdimensionaler Metallkaktus den Weg zu Manriques Jardín de Cactus weist: Tausende stacheliger Pflanzen sind hier kunstvoll angeordnet. Und auch am nächsten Ort kommt man nicht vorbei: Das ehemalige Wohnhaus des „großen Meisters" öffnet heute als Fundación César Manrique, ein fantastisches, in Vulkanblasen integriertes Museum. Die Hauptstadt Arrecife wartet dann mit einer sympathischen Uferpromenade auf. Dort stehen für das Nachtquartier Unterkünfte in allen Preisklassen bereit.

Speis & Trank: Fangfrischen Fisch in bester Lage gibt es im Restaurant Os Gallegos (C/ La Quemadita 6) in Órzola. Toni serviert flink, was seine Frau Begonia zubereitet hat: zarten Pulpo auf galizisch (d. h. in Scheiben geschnitten), Muscheln, Garnelen, üppige Fischplatten. Lass Platz für die köstlichen Desserts!

Übernachten: Ein aussichtsreiches Mittelklassehotel ist das Miramar (Av. Coll 2, Arrecife, hmiramar.com): Sowohl vom Balkon als auch von der Frühstücksterrasse genießt du den wunderbaren Meerblick – und hast außerdem noch die Zugbrücke und das Castillo de San Gabriel vorm Haus. Auch ins Wasser springen ist kein Problem: Einfach die (verkehrsberuhigte) Straße überqueren und die Felstreppe runter, schon bist du im Atlantik!

Frischer Fisch bei Sonnenuntergang – geht's fantastischer?

Am nächsten Morgen spazierst du zum El Charco de San Ginés, der schönen Stadtlagune. Anschließend fährst du wieder ins Inselinnere. Absolut ungewöhnlich ist der Weg durch das Tal La Geria. Bedeckt ist es mit Tausenden von Mulden, in denen Reben reifen, deren Weine du in den Bodegas kosten und kaufen kannst. Über das afrikanisch anmutende Dorf Uga gelangst du auf der LZ 704 nach El Golfo, wo sich ein Fischlokal ans nächste reiht. Hier sitzt du am Meer und genießt frischen Fisch – am schönsten bei Sonnenuntergang! Falls es noch zu früh ist, fährst du weiter zum Charco de los Clicos, der mit seiner smaragdgrünen Farbe fast außerirdisch wirkt. Zwei weitere Highlights beschließen die Tour: In Los Hervideros brodelt das Meer in Felslöchern, und die Salinas de Janubio faszinieren mit ihren geometrischen Salzbecken. Auf der LZ 701 kehrst du nach Playa Blanca zurück.

Speis & Trank: Das beste Preis-Leistungs-Verhältnis unter den hervorragenden Fischrestaurants von El Golfo bietet Casa Rafa (Av. Marítima, restaurantecasarafa.com) mit kleiner Karte, großen Portionen und gutem Hauswein! Probier auf jeden Fall auch die Desserts: das hausgemachte Eis in ausgefallenen Geschmacksrichtungen sowie die luftig-zarte Käsetorte (tarta de queso).

Übernachten: Das Hotel Iberostar Selection Lanzarote Park (Urbanización Montaña Roja, iberostar.com) thront in Playa Blanca auf einem Kap wenige Schritte vom Flamingo-Strand. Viele Zimmer haben Meerblickbalkone, du hast die Auswahl zwischen mehreren Pools, Restaurants und Bars.

Tag 3

- **23** Arrecife
  - 25 km
- **24** La Geria
  - 4 km
- **25** El Golfo
  - 700 km
- **26** Charco de los Clicos
  - 4 km
- **27** Los Hervideros
  - 4 km
- **28** Salinas de Janubio
  - 12 km
- **29** Playa Blanca

Schau hinter die Fassade: Im Castillo de San José in Arrecife wartet moderne Kunst

AM WEGESRAND:
HÖHEN UND HÖHLEN

Playa Blanca

Wo einst das Fischerdörfchen Playa Blanca im Ödland lag, türmen sich heute weiß getünchte Feriensiedlungen. Die Architektur der Hotels und Bungalows kann sich sehen lassen, und auch die üppigen Gärten mit Tausenden leuchtend roter Bougainvilleen haben Playa Blanca (10 000 Ew.) gutgetan. Der weitläufige, flach angelegte Ort ist als Ferienziel ideal für alle: für junge Familien ebenso wie für Senioren.

Parque Nacional de Timanfaya

Mondlandschaft? Höllentrip? Erdgedärme? Im Nationalpark Timanfaya fühlst du dich wie auf einem anderen Stern gelandet. Die Montañas del Fuego, die Feuerberge, lösen wohl bei jedem eine gewisse Beklemmung aus. Von der LZ 67 zweigt bei Km 13,8 eine schmale Asphaltstraße zu einem Wachhäuschen aus dunklem Lavastein ab. Nach Bezahlen des Eintritts fährst du 3 km weiter bis zum Islote de Hilario. Dort starten die im Eintritt enthaltenen Touren entlang der Ruta de los Volcanes.
Das exotischste Lanzarote-Erlebnis: auf dem Rücken eines Dromedars durchs schwarze Lavameer des Timanfaya-Nationalparks reiten. 100 Tiere warten auf Kundschaft am Echadero de los Camellos – dem „Liegeplatz der Kamele".

Teguise

Wenn du nach Teguise (17 000 Ew.) kommst, dann ist das wie eine Reise in die Vergangenheit: Adelshäuser mit hohen Holzportalen grüßen, durch enge Gassen gelangst du zu ehrwürdigen Kirchen und weiten Plätzen. Wenig deutet darauf hin, dass fast 600 Jahre seit der Gründung der Real Villa de Teguise,

der königlichen Stadt von Teguise, vergangen sind. Bis 1852 blieb Teguise Inselhauptstadt, seit 1973 steht der historische Ortskern mit seiner einmaligen Architektur unter Denkmalschutz. Heute lebt Teguise zwei Leben. Wochentags ist es gemütlich, sonntags platzt es aus allen Nähten. Dann ist Markttag. Der mercadillo ist eine der großen Attraktionen Lanzarotes.

Haría

Afrikanisch mutet es an, wenn plötzlich vor dir das Tal der 1000 Palmen am Fuß der Famara-Berge auftaucht: Unzählige breitkronige Kanarische Palmen stehen zwischen weißen, flachen Häusern. Haría (5000 Ew.) ist der freundlichste Ort Lanzarotes, hier leben die Menschen wie einst. Wer sich durch das Dorf treiben lässt, entdeckt in verträumten Gassen alte Villen mit üppig begrünten Patios, kleine Geschäfte und Bars.

Jameos del Agua & Cueva de los Verdes

Wie die Cueva de los Verdes gehören die Jameos del Agua zum Tunnelsystem Atlántida. César Manrique gestaltete die Höhlen zu Landschaftskunstwerken um. Die Gänge und Hohlräume der Cueva de los Verdes entstanden beim Ausbruch des Monte Corona vor 5000 Jahren. Auf einer geführten Tour fühlst du dich wie in einer begehbaren Riesenskulptur, dazu kommen raffinierte Lichteffekte und sphärische Klänge.

Fundación César Manrique

Ein großer Teil der Werke Manriques ist im ehemaligen Wohnhaus von Lanzarotes größtem Künstler ausgestellt. Allein schon

Die Urkraft des Meeres spürst du, wenn das Wasser bei Los Hervideros durch Löcher und Spalten nach oben schießt

das ungewöhnliche Haus in Tahiche ist den Besuch wert: Ein Teil der unterirdischen Salons wurde in futuristisch wirkende Lavablasen hineingebaut.

Charco de San Ginés

Im Hafen im Zentrum Arrecifes dümpeln bunte Fischerboote, die zusammen mit dem auffallenden Blau-Weiß der Häuser einen hübschen Gesamteindruck ergeben. Ringsum verläuft eine Promenade, auf die die Lokale bei gutem Wetter ihre Tische nach draußen stellen.

Salinas de Janubio

Lange Reihen kleiner und großer rechteckiger Felder in schillerndem Braun, Rot, Grau und Schwarz – wie ein riesiger Setzkasten liegt die Saline von Janubio unterhalb der Straße nach Playa Blanca. Kaufen kannst du das grobkörnige, wohlschmeckende Meersalz am Rand der Salzfelder in der Bodega de Janubio (salinasdejanubio.com).

Los Hervideros

Die Hervideros (wörtlich „Sprudelnde") sind vom Meer ausgewaschene Löcher und Kanäle im spitzen, porösen Lavagestein, durch die bei hohem Wellengang das Wasser mit großem Druck nach oben ins Freie schießt. Verwinkelte Pfade und Treppen führen auf eine Plattform mitten hinein ins Geschehen.

Charco de los Clicos

Sichelförmig liegt die tiefgrüne Lagune im Bogen eines zur Hälfte im Meer versunkenen Kraterkessels. Die Färbung des Wassers wird durch eine besondere Algenart bewirkt. Der Kontrast zum pechschwarzen Lavasand und dem dunkelblauen Atlantik mit der weißen Gischt ist ein unvergesslicher Anblick.

¡HASTA LUEGO!

Üppig grün ist
Madeira auch an
seiner Westspitze
in Ponta do Pargo

AUF DER SONNENSEITE

Auf Madeira

OLÁ
AUF DEM NATURSCHATZ MITTEN IM ATLANTIK

Blumeninsel, Perle des Atlantiks, Insel des ewigen Frühlings – was lässt man sich für Madeira nicht alles einfallen! Eines ist sicher: Ein Urlaub reicht gar nicht aus, um die irre Vielfalt an Landschaften und Wanderwegen und die tolle Mischung aus Kultur, Action, Kulinarik und Natur auszuschöpfen. Nicht zu vergessen die vielen Blumen ...

Alles Banane in Madalena do Mar – ein Plantagenbesuch inklusive

oder an goldgelben Sandstränden (aufgeschüttet mit Sand aus Marokko). Auf Madeira begegnen dir vor allem Urlauber, die wegen der Naturschönheiten der Insel, wegen der freundlichen Inselbewohner und wegen des guten Essens kommen. Doch wer glaubt, in Funchal wäre „nichts los", der soll mal am Abend durch die Altstadt ziehen – die Madeirer wissen nämlich ganz genau, wie man ordentlich feiert.

Und wie ist das mit dem ewigen Frühling?

Nun ja, ganz so einfach ist es mit dem wohl nicht. Inzwischen sind die Sommer ziemlich heiß und trocken (der Klimawandel lässt grüßen – die Waldbrände leider auch). Im Winter ist es aber meistens angenehm mild, du kannst durchaus Glück haben und viele Tage mit Temperaturen um die 15 bis 20 Grad und Sonnenschein erleben. Doch irgendwann muss es auch mal regnen, sonst wäre die Perle im Atlantik ja nicht grün. Das kann dir im Herbst, Winter und Frühling leider auch jederzeit passieren. Nimm's gelassen! Wenn es auf einer Seite der Insel schüttet und windet, kann es auf der anderen Seite durchaus schön sein! Die nassen Passatwolken regnen sich eben gerne an der Nordseite des Inselgebirges ab, gleichzeitig kann es auf der Südseite oder in tieferen Gefilden schönstes Wetter geben. Die saftige Natur, vor allem im Norden der Insel, kommt also nicht von ungefähr. Der Lorbeerwald

Berge, Blumen, gutes Essen – und so viel Meer

Madeira hat viel mehr zu bieten als Blumenbeete (obwohl die tollen Parks und Gärten sehr schön sind!): Die Insel ist ein Paradies für alle, die das Meer und die Berge lieben, die gerne durch pittoreske Ortschaften schlendern und sich auf rauschenden Festen unters Volk mischen. Die wandern, golfen, Drachen fliegen, surfen, tauchen, klettern, Canyoning- oder Mountainbiking-Touren machen wollen. Nach dem Sport lockt immer ein Sprung ins kühle Nass des Atlantiks – über Kieselstrände oder schwarzen Sand, in natürlichen Lavapools

2500 km lang ist das Netz der Levadas, der künstlichen Wasserläufe, und ihrer Wartungspfade. Exemplare wie die Levada do Moinho machen Madeira zur idealen Wanderinsel

Madeiras ist etwas derart Besonderes, dass die Unesco ihn 1999 zum Welterbe erklärte.

Wander an Wasserläufen entlang ins grüne Herz der Insel

Die ersten Siedler, die im 15. Jh. auf die Insel kamen, schlugen abenteuerliche Wasserläufe in den Fels, um das wertvolle Regen- und Quellwasser von A nach B zu transportieren – das System der Levadas war geboren! Und so entpuppt sich Madeira heutzutage als großartige Wanderinsel. Denn mit den Wartungspfaden entstand ein weitverzweigtes Netz von Wegen, die nicht nur Levada-Arbeiter, sondern auch begeisterte Wandertouristen tief hinein ins grüne Herz der Insel mit seinen wilden Schluchten und Jahrmillionen alten Gesteinsformationen führen. Nach jeder Biegung blickt man auf ein neues, atemberaubendes Panorama.

Es regnet? Dann wechsel doch einfach die Seiten!

Dank der neuen Straßenverbindungen erreichst du inzwischen schnell die verschiedenen Ecken der Insel. Und du erkennst: Madeira ist ein Archipel voller Gegensätze und Überraschungen. Trockene Hänge und ein endloser Sandstrand auf Porto Santo, unbewohnte Felsplateaus auf den Ilhas Desertas. Die Hauptinsel ist an vielen Stellen mit zahlreichen EU-Geldern zubetoniert. Du siehst eine massiv bebaute Südseite, aber auch riesige Naturpark-Areale im Inselinneren und eine in vielen Teilen noch ursprüngliche Nordseite. Du erlebst starke Regenschauer – doch kurz danach scheint die Sonne wieder vom wolkenlosen Himmel. Lass dich beeindrucken von der Naturpracht des Archipels, von seinen herzlichen Bewohnern und ihren leckeren Rezepten. Und nicht vergessen: Wenn dir das Wetter nicht passt, versuch es einfach noch mal auf der anderen Seite der Insel.

1 TAG IN MADEIRAS SÜDWESTEN

Auf den Straßen zur Sonne

Strecke & Dauer

- von Ribeira Brava nach Porto Moniz
- etwa 70 km mit dem Auto
- reine Fahrzeit 2 Stunden

Beste Zeit

- Es herrscht ganzjährig mildes Klima, selbst im Januar und Februar liegen die Tagestemperaturen an der Küste im Süden nur ausnahmsweise unter 15 Grad.
- Die wärmsten Monate sind Juli, August und September mit bis zu 25 Grad an der Südküste.
- Trotz der grundsätzlich milden Temperaturen kann das Wetter auf Madeira sehr wechselhaft sein, Regenschauer und Stürme inklusive. Es gibt zahlreiche Mikrowitterungen, sodass Webcams für die Planung des Urlaubstags hilfreich sind.

Gut zu wissen

- An den Flughäfen, in den beiden Hauptstädten von Madeira und Porto Santo sowie in Caniço de Baixo sind (inter-)nationale Mietwagenfirmen vertreten.
- Achte auf gute Bremsen und ausreichend PS, damit du die steilen Berghänge der Insel erklimmen kannst.
- Die Höchstgeschwindigkeit auf Madeira liegt in allen Orten bei 50 km/h, auf Landstraßen bei 90 km/h, und auf der via rápida, der „Autobahn" Madeiras, herrscht ein Tempolimit von 100 km/h.
- Die Hauptstraßen Madeiras und Porto Santos sind asphaltiert und weitgehend in gutem Zustand; viele verlaufen inzwischen in Tunnels.

- Bei starkem Regen ist auf den Bergstraßen Vorsicht geboten: Steine und Geröll fallen von den Hängen auf die Fahrbahn, nicht selten sind Straßen gesperrt (procivmadeira.pt).
- Die Parkplätze im Zentrum von Funchal sind rar und gebührenpflichtig.

---

1 Ribeira Brava

5,5 km

2 Ponta do Sol

Auf in die sonnigen Gefilde!

Der sonnige Südwesten Madeiras wird bei vielen Rundtouren über die Insel ausgelassen. Mach nicht den gleichen Fehler! Die Tour startet am Morgen in Ribeira Brava, der Handelsstadt an der Mündung des gleichnamigen Flusses. Nach einer süßen Stärkung in einer der Pastelarias an der Uferpromenade und einem Blick in die barocke Kirche São Bento geht es los, immer gen Westen. Die Küstenstraße ist allerdings auf den ersten drei Kilometern nicht mehr befahrbar, sodass du ein kurzes Stück zurück Richtung Schnellstraße fahren musst, um dann am Ortsausgang im Kreisverkehr in den Tunnel

Der Name verrät's: Ponta do Sol hat auf Madeira die meisten Sonnenstunden – und die schönste Abendröte

Richtung Ponta do Sol/Calheta (VR3) abzubiegen. Du durchfährst den Bananenanbauort Lugar de Baixo, der durch die fehlgeplante Marina traurige Berühmtheit erlangt hat. Die halb fertige Bauruine ist noch immer zu sehen, auch wenn das Meer schon am Beton kratzt. Nach einem weiteren Tunnel ist das hübsche Städtchen Ponta do Sol erreicht. Die ausgebaute Schnellstraße darfst du nun verlassen, es geht direkt am Meer entlang, über die alte Regionalstraße ER101. Dafür musst du am Kreisverkehr von Ponta do Sol links in Richtung Kirche abbiegen. Halt an und spazier durch den liebevoll hergerichteten Ortskern.

Bananen, Zucker und goldener Sand aus Afrika

Der folgende Straßenabschnitt ist mit Sicherheit einer der spektakulärsten der Insel: durch alte Felstunnel, links das Meer, rechts die Steilwand, und dazu eine kostenlose Autowäsche. Madalena do Mar lebt hauptsächlich vom Bananenanbau, man sieht auf jedem noch so kleinen Quadratmeter Bananenplantagen. Weiter geht es Richtung Calheta. An der Abzweigung zur Schnellstraße (VR3) wählst du die alte Regionalstraße (ER101), die direkt zur Praia da Calheta führt. Hier ist eine Badepause angesagt, der goldene Sand wurde schließlich extra aus Afrika hier angeliefert. Schau dir die alte Zuckermühle an. Calheta ist bis heute eine der wichtigsten Regionen für den Zuckerrohranbau auf Madeira, auch wenn aus Zucker heute fast nur noch Aguardente für die Poncha gebrannt wird.

2 Ponta do Sol

4,5 km

3 Madalena do Mar

5 km

4 Praia da Calheta

Eingezwängt zwischen Meer und Klippen: das herrlich ursprüngliche Fischerdorf Paúl do Mar

4 Praia da Calheta

11 km

5 Jardim do Mar

2,5 km

6 Paúl do Mar

Schnupper Surferatmosphäre im Wellenparadies

Nach Calheta schlängelt sich die Regionalstraße ER 222/223 durch die höher gelegene Ortschaft Estreito da Calheta und dann wieder hinunter zum Meer. In Jardim do Mar trifft sich die Surferszene, hier gibt es die besten und anspruchsvollsten Wellen der Insel. Der Ort ist daher geprägt von der Präsenz der Wellenreiter, es gibt loungige Cafés wie Joe's Bar (Vereda do Poco Velho), ein gemütliches Kneipenlokal an der Hauptgasse mit urwaldähnlichem Innenhof, köstlichen Natursäften und leckeren Fisch- und Fleischgerichten, von denen auch die hungrigsten Surfer satt werden. Ein langer Tunnel führt ins Fischerdorf Paúl do Mar. Zeit fürs Mittagessen, vielleicht direkt am Fischerhafen?

6 Paúl do Mar

5,5 km

7 Fajã da Ovelha

11,5 km

8 Ponta do Pargo

13,5 km

9 Achadas da Cruz

In Schlangenlinien tief in den Westen

Am westlichen Ortsausgang beginnt eine steile Serpentinenstraße, die sich hinauf nach Fajã da Ovelha schlängelt. Ab hier führt der Weg in vielen Kurven durch die Ortschaften auf den höher gelegenen Plateaus, bis schließlich der westlichste Ort Madeiras, Ponta do Pargo, erreicht ist. Mächtig erhebt sich der Leuchtturm an der Westspitze – Zeit für eine Fotosession, bevor es auf die Kurvenstrecke der ER101 zurückgeht. In Achadas da Cruz verbindet eine Seilbahn den Ort mit den Feldern auf der an der Küste gelegenen Fajã. Besonders romantisch ist es hier, wenn die Sonne im Meer versinkt.

Stürz dich zum Plantschen in die Naturpools!

9 Achadas da Cruz

12 km

10 Porto Moniz

Zurück auf der Hauptstraße stößt nach kurzer Zeit die ER110 von Paúl da Serra kommend dazu. Es geht aber weiter geradeaus, über Santa mit seinem schönen Aussichtspunkt, hinunter nach Porto Moniz. Wenn du magst, erfrischst du dich noch in den Meeresschwimmbecken des Orts, oder du beendest den Tag mit einer großen Portion lapas grelhadas (gegrillte Napfschnecken) in einem der Restaurants.

Speis & Trank: Natürlich kannst du zu Mittag in Paúl do Mar Fisch essen. Im Lokal The Beach Bar (Rua do Cais 12) am Fischerhafen schmeckt allerdings auch das vegane Menü superlecker – und richtig chillig ist es hier auch.

Übernachten: Wie wär's mit High-End-Zelten, zwischen Bananenstauden, Obstbäumen und Wasserfall? Auf dem tropischen Mini-Glamping-Platz Canto das Fontes (Caminho dos Anjos, cantodasfontes.pt) nahe Ponta do Sol schlummerst du im luxuriösen Tipi und chillst in der Hängematte oder im Badebecken. 100 m unterhalb der Ökoplantage rollen derweil die Wellen auf den Kiesstrand der Praia dos Anjos – was für ein Soundtrack!

Wenn die Lava den Pool baut: Bei Porto Moniz kannst du entspannt im Meer plantschen

AM WEGESRAND: RUND UM DEN SCHÖNSTEN INSELLEUCHTTURM

Ribeira Brava

Der „wilde Fluss" (ribeira brava) hat ein dramatisches Tal geschaffen. Das hübsche Städtchen öffnet sich mit einer schattigen Uferpromenade und einer runden Mini-Festung zum Meer hin. Viele Cafés buhlen um die Gunst der Ausflugsbus-Gruppen, manch einer wirft auch einen Blick in die Igreja de São Bento, die zu den ältesten Kirchen der Insel gehört. Am Kiesstrand gibt es im Sommer Sonnenschirme aus Palmwedeln, Holzbohlenwege, Umkleiden, Toiletten und sogar ein paar Badebecken für Kinder.

Ponta do Sol

Sonnenpunkt. In einem Ort, der so heißt (und der noch dazu die meisten Sonnenstunden der Insel verzeichnet), kann man's wohl aushalten. Der alte Kern des insgesamt 4250 Einwohner zählenden Städtchens schmiegt sich malerisch in das Flusstal zwischen zwei Felsenkaps und umfasst nur knapp zwei Dutzend Häuser und die Kirche, die im 18. Jh. der lieben Frau vom Licht geweiht wurde. Etwas weiter oben beginnen auch schon die terrassierten Bananenfelder. Einen wunderbaren Ausblick auf die palmengesäumte Bucht hast du von dem vorgelagerten Felsen hinter dem Restaurant Sol Poente, den du über eine gemauerte Bogenbrücke erreichst. Ziemlich romantisch wird's hier übrigens zum Sonnenuntergang.

Madalena do Mar

Schon der Weg von Ponta do Sol nach Madalena ist grandios, die alte Küstenstraße führt durch historische Tunnel und direkt am Meer entlang – inklusive Gratisdusche für den Mietwagen unter einem der Wasserfälle. Wenn du mal in eine Bananenplantage schauen möchtest, ist der kleine Küstenort (500 Ew.) der perfekte Spot: Der schmale Pfad Vereda da Vargem führt dich von der Uferstraße aus hinein in den Bananendschungel.

Praia da Calheta

Calheta ist der Inbegriff des Beachfeelings auf Madeira! Hier wurde vor einigen Jahren der erste künstliche Sandstrand der Insel angelegt (natürlich mit dazugehörigem Strandhotel), seitdem tummeln sich an Madeiras Sonnenküste während der Sommermonate Urlauber und Einheimische im goldgelben – afrikanischen – Sand.

Jardim do Mar

Einfach malerisch, wie sich das Fischerdörfchen (215 Ew.) über das halbmondförmige Küstenplateau unterhalb der Steilwände verstreut! Vom

Schwindelfrei sollte sein, wer in der Seilbahn von Achadas da Cruz fast senkrecht 450 m in die Höhe überm Meer schwebt

kleinen Hafen (Portinho) schlenderst du über die moderne, etwa 700 m lange Promenade. Dabei siehst du vielleicht schon die ersten Surfer, die sich in den Profiwellen vor der Küste mit den Gewalten messen. Über steile Treppen und verwinkelte Gassen geht es dann hinauf zur Kirche. Die Praia do Portinho gehört im Sommer zu den besten Stränden der Südwestküste, schließlich kommt man hier über den Bootsanleger super ins kristallklare Wasser.

Paúl do Mar

Das noch ziemlich ursprüngliche Fischerdorf (635 Ew.) drängt sich dicht ans Meer, fast senkrecht ragen dahinter die Klippen auf. Am Hafen erinnern eine Statue und die bunten Fischerbooten daran, dass die Menschen vom Fischfang lebten, manche bis heute. Die durchnummerierten Gässchen im historischen Ortskern wurden mit tollen Pflastersteinen aufgehübscht. Für Badefreunde im tiefen Südwesten bietet die grobsteinige Praia da Ribeira das Galinhas die letzte, aber ziemlich coole Möglichkeit, im Inselwesten ins Meer zu gelangen.

Eine der coolsten Bars Madeiras: das Surfercafé Maktub in Paúl do Mar

Ponta do Pargo & Farol

Tief im Westen steht der schönste Leuchtturm (farol) Madeiras – Hauptsehenswürdigkeit der über sechs Ortsteile verstreuten Gemeinde Ponta do Pargo (800 Ew.). An diesem verschlafenen Ende der Insel geht tatsächlich einmal im Jahr die Post ab, wenn im September das legendäre Apfelfest (Festa do Pêro) gefeiert wird. Kein Leuchtturm in Portugal wurde auf einer so hohen Klippe erbaut wie der bei Ponta do Pargo: Das 15 m hohe Gebäude thront seit 1922 auf einer Steilküste, die hier 312 m ins Meer hinabfällt – was für eine Aussicht! Ein kleiner Pfad führt bis auf die Felsnase, von wo aus du spektakuläre Ausblicke auf die einsamen grünen Hänge hast. Im Sockelbau wartet eine Dauerausstellung mit Fotos zum Thema Leuchttürme auf der Insel.

Achadas da Cruz

Die Seilbahn (teleférico) ist die Hauptattraktion des ansonsten total verschlafenen Örtchens

(120 Ew.). Fast senkrecht schwebt die Kabine 451 Höhenmeter hinab zu den einsamen Feldern der Fajã da Quebrada Nova am von Felsen gesäumten Meer.

Porto Moniz

Die Lavazungen, die nach Vulkanausbrüchen langsam ins Meer flossen, formten die schönste Naturpoolanlage der Insel. Wenn du dir das im 16. Jh. von einem Ritter namens Francisco Moniz gegründete Porto Moniz (1600 Ew.) aus der Vogelperspektive anschauen möchtest, nimm die Bergstraße Richtung Westen und halte am Miradouro da Santa – was für ein Blick!

Blick auf den Krater(see):
Aussichtspunkt Boca do
Inferno auf São Miguel

HOCHGEFÜHLE im OZEAN

Auf den Azoren

OLÁ IN DER SYMPATHISCHSTEN WETTERKÜCHE DER WELT

Vergiss all die Vergleiche, die man inzwischen an vielen Stellen liest: „Das Hawaii Europas", „Eine Mischung aus dem Allgäu, Irland, Island und den Kanaren", „Ein bisschen Neuseeland so nah". Nein, die Azoren sind einzigartig. Vielfältig, blau, grün und bunt. Weltoffen und dörflich, traditionell und modern. Einfach wunderbar! Ein Hoch auf die Azoren!

Ein Naturparadies im Meeresblau wartet auf dich

Einige Zeit hast du nur das Blau des Meeres unter dir oder um dich, je nachdem ob du mit dem Flugzeug oder mit dem Schiff zu den Azoren reist. Dann plötzlich erscheinen wie aus dem Nichts kleine grüne Eilande, beim Näherkommen werden schroffe Felsküsten, einladende Buchten, pittoreske Ortschaften mit schwarz-weißen Dorfkirchen, Kühe und Kraterseen sichtbar. Wenn du das sogenannte

triângulo ansteuerst, das Inseldreieck Faial, Pico und São Jorge, wirst du bei wolkenfreiem Himmel von Portugals höchstem und beeindruckendstem Berg begrüßt: dem Pico. Die Landung kann schon mal etwas wackeliger ausfallen: Die Azoren liegen nun mal mitten im Atlantik, und hier hat immer das Wetter das letzte Wort.

Alle Jahreszeiten im Sommer, Einsamkeit im Winter

Das in Mitteleuropa so beliebte Hochdruckgebiet entsteht zwar in der Nähe der Azoren, macht sich dann aber mit den Westwinden auf den Weg, um das schöne Wetter nach Deutschland zu schicken – auf den Inseln bleibt das typische, wechselhafte Azorenwetter zurück. Manche sagen sogar, auf den Azoren finde man alle Jahreszeiten an einem Tag. Na ja, fast alle. Schnee gibt es nur in den Wintermonaten auf den Höhen des Pico. Ansonsten erwarten dich dank der Lage inmitten des Atlantiks und am Südrand des Golfstroms ganzjährig milde Temperaturen. Für unbeliebte Überraschungen sorgen manchmal kräftige Winterstürme, starke Regenfälle und Nebelwolken. Die winterlichen Wetterkapriolen führen dazu, dass sich die Hauptreisesaison – abgesehen von São Miguel, das mit seinen heißen Badestellen auch im Winter attraktiv ist – auf die Sommermonate konzentriert. Im Winter stellen viele Fähren den Betrieb ein, einige Sehenswürdigkeiten sind geschlossen, und

Süße Früchte: Manche Ananasplantagen auf São Miguel öffnen dir ihre Gewächshäuser

Wenn du mal nicht in den Wolken stehst, eröffnet sich dir ein toller Blick auf die Kraterseen bei Ponta Delgada – einer ist grün, der andere blau

so mancher Wanderweg versinkt im Matsch. Dafür hast du manche Inseln dann fast für dich allein! Wenn du aber Hortensien blühen sehen, ein Bad im einigermaßen warmen Atlantik nehmen und dich bei den unzähligen Dorffesten unter die feiernde Bevölkerung mischen möchtest, dann reise zwischen Mai und Oktober auf die Azoren.

Alle Inseln freuen sich auf dich

Die meisten Besucher steuern nur São Miguel an. Die Hauptinsel ist dank der internationalen Flugverbindungen nicht nur am besten angebunden, sie bietet aufgrund ihrer Größe und der vielfältigen Landschaft auch genügend Programm für einen Urlaub: die Hauptstadt Ponta Delgada, Kraterseen, heiße Quellen, üppige Gärten aus den Zeiten der Orangenbarone, schwarze Sandstrände – und neben unzähligen Viehweiden viele exotische Anbauprodukte. Doch besuch unbedingt auch noch weitere Inseln, denn jede hat ihre Besonderheiten. Oder komm einfach noch mal wieder!

Grün und Blau – gute Gründe für die Azoren

Auf den Azoren gibt's weder All-inclusive-Hotels noch Sangria-Eimer unter Palmen. Die Inseln sind kein billiges Reiseziel, die Hotel- und Mietwagenpreise entsprechen in etwa den deutschen, und die Flüge sind ziemlich teuer, vor allem wenn du zwischen mehreren Inseln hin- und herfliegen möchtest. Dafür sind Essen und Trinken, Fährtickets und viele Eintritte erstaunlich günstig. Und tatsächlich unbezahlbar ist die fantastische Natur. Es gibt sehr, sehr viel Grün. Ein schier unendliches Netz von gut markierten Wanderwegen durchzieht die mal lieblichen, mal schroffen vulkanischen Landschaften. Immer wieder gibt es Bademöglichkeiten: in den heißen Quellen São Miguels, unter kühlen Wasserfällen auf São Jorge oder Flores, an den Sandstränden Santa Marias und Faials oder in einem der vielen natürlichen Meeresschwimmbecken aus Lavagestein. Taucher kommen aus dem Staunen nicht mehr heraus, und wenn du immer schon mal Wale und Delfine beobachten wolltest, findest du hier die besten Bedingungen.

2 TAGE AUF SÃO MIGUEL

Vulkane, Fernsicht & ein Ananaslikörchen

Strecke & Dauer

- von Ponta Delgada und zurück
- etwa 265 km mit dem Auto
- reine Fahrzeit 7 Stunden

Gut zu wissen

- Mietwagen sind im Sommer stark nachgefragt, reserviere also rechtzeitig vor deiner Reise. Inklusive Vollkaskoversicherung und Steuern kosten sie bei unbegrenzter Kilometerzahl ca. 45 Euro pro Tag, bei mehrtägiger Miete weniger.
- Führerschein und Kreditkarte müssen vorgelegt werden. Zweitfahrer kosten extra.
- Beachte, dass die auf den Inselkarten eingezeichneten Nebenstraßen auch schmale, ungeteerte Feldwege sein können, die manchmal auch als Wanderwege markiert sind und dann wirklich nicht befahren werden sollten.
- Die Verkehrsregeln entsprechen im Wesentlichen denen in Mitteleuropa, auch auf den Azoren liegt die Promillegrenze bei 0,5.

Beste Zeit

- Richtig kalt oder richtig heiß wird es selten auf den Azoren. Heftige Stürme (vor allem im Winter) und häufige, unvorhersehbare Schauer (auch im Sommer) gehören jedoch dazu.
- Generell ist der Sommer wetterstabiler als der Winter und gilt somit als Hauptreisezeit, vor allem der August kann trubelig werden.

- Der Archipel ist vom großen Massentourismus verschont geblieben, auch wenn São Miguel einen Touristenboom erlebt (hat).
- Wenn du es einsam magst, komm im Winter – nicht selten erwischst du prächtiges Wanderwetter, und in den heißen Thermalpools ist es viel angenehmer als im Sommer.

Tag 1

1 Ponta Delgada

6 km

2 Miradouro do Caminho Novo

14 km

3 Miradouro Vista do Rei

Die Aussicht? Sagenhaft! Das Baden? Meer davon!

Vielleicht bist du gerade erst auf der größten der Azoreninseln angekommen und möchtest in die unbekannte Inselwelt hineinschnuppern. Da bietet sich eine Rundfahrt über São Miguel geradezu an. Nach dem Frühstück in der Inselhauptstadt Ponta Delgada fährst du in westlicher Richtung hinaus aus der Stadt. Es geht vorbei am Flughafen und zum küstennahen Miradouro do Caminho Novo – dein erster Stopp –, und dann hinauf zum Miradouro Vista do Rei. Hier vom Kraterrand von Sete Cidades gibt es bei hoffentlich schönem Wetter

Ideales Badewetter? Herrscht an der Ponta da Ferraria immer, denn hier mischt sich Thermalwasser äußerst angenehm mit Meerwasser

eine sagenhafte Aussicht über den grünen und blauen See. Leg unten im gleichnamigen Ort Sete Cidades noch eine Kaffeepause im Esplanadencafé São Nicolau neben der hübschen Kirche ein. Danach locken in Ferraria ein warmes Meerbad und in Mosteiros ein Spaziergang entlang der spektakulären, aber oftmals atlantisch rauen Felsküste. Im alten Walfängerort Capelas lohnt sich ein Abstecher in die idyllische Fischerbucht und zum Meeresschwimmbad, danach geht es zur Praia de Santa Bárbara. Wenn du am malerischen Sandstrand nicht schon wieder baden willst: Schau einfach den wagemutigen Wellenreitern zu!

Entspann dich – bei heißem Tee und in heißem Badewasser

Danach hast du dir ein Mittagessen verdient, z. B. in Ribeira Grande, der zweitgrößten Stadt der Insel. Mach vorher einen Spaziergang über den hübschen Hauptplatz mit den riesigen Eisenholzbäumen und über die Ponte dos Oito Arcos (achtbogige Brücke). Genug

3 **Miradouro Vista do Rei**

8 km

4 **Sete Cidades**

10 km

5 **Ferraria**

9 km

6 **Mosteiros**

22 km

7 **Capelas**

18,5 km

8 **Praia de Santa Bárbara**

2,5 km

9 **Ribeira Grande**

Die neogotische Igreja São Nicolau in Sete Cidades erreichst du über eine idyllische Allee

2 TAGE AUF SÃO MIGUEL

9 Ribeira Grande

13,5 km

10 Lagoa do Fogo

5 km

11 Caldeira Velha

9 km

12 Miradouro de Santa Iria

4,5 km

13 Teefabrik Chá Porto Formoso

12 km

14 Pico do Ferro

5,5 km

15 Furnas

Kraft zum Weiterfahren getankt? Wieder im Auto ist nach rund 20 Minuten der Aussichtspunkt der Lagoa do Fogo erreicht, wo dein Blick über den unberührten, oft karibisch blauen Kratersee schweift. Auf dem Rückweg ein Stopp an der Caldeira Velha? Der idyllisch in einem Tal gelegene Wasserfall speist ein von Baumfarnen gesäumtes Thermalbecken – ein kleines Naturparadies! Wieder auf der inselumrundenden Straße EN1–1a, die ab Ribeira Grande zur Schnellstraße wird, gibt es am Miradouro de Santa Iria atemberaubende Aussichten entlang der Nordküste. Nun ist es Zeit für die Tea Time: In der Teefabrik Chá Porto Formoso (chaportoformoso.com) kannst du den milden Broken Leaf Tea probieren und dir die fast schon musealen Maschinen erklären lassen. Kurz hinter São Brás verlässt du die EN1–1a und biegst nach Furnas ab. Am Pico do Ferro, direkt neben dem Golfplatz, hast du eine tolle Aussicht auf das Furnastal. In Furnas ist die Zeit zur Erholung von dem erlebnisreichen Tag gekommen. Dafür gibt es keinen besseren Ort als die heißen Becken der Poça da Dona Beija.

Speis & Trank: In einer Seitenstraße nahe dem Arquipélago in Ribeira Grande kannst du dich im Já Agora (Rua Cidade de Laval 22, facebook: jáagora Take-away) unter die zahlreichen Einheimischen mischen, die den schnellen Buffet-Service und die schmackhaften Tagesgerichte zu schätzen wissen.

Übernachten: Die Zimmer im Hotel Vale Verde (Rua das Caldeiras 3, hotelvaleverde.com) sind zwar einfach, doch die familiäre Pension punktet mit dem sympathischen Personal, der Lage mitten in Furnas und dem guten Preis-Leistungs-Verhältnis.

Zu Fuß geht's an die Ufer des Lagoa do Fogo, ein naturbelassenes Vogelschutzgebiet

Paradiesische Badewanne: Die Caldeira Velha bei Ribeira Grande ist 37 Grad warm

Tag 2

15 Furnas

18,5 km

16 Salto do Cavalo

10 km

17 Miradouro do Salto da Farinha

18 km

18 Nordeste

5,5 km

19 Miradouro do Sossego

22,5 km

20 Povoação

Blumen und Fernsicht: dein Instagram-Highlight

Spazier vor dem Frühstück zu den nach Schwefel stinkenden und blubbernden Caldeiras in Furnas! Verlass danach das Tal zunächst in Richtung Nordküste, nach ein paar Kilometern biegst du rechts in Richtung Salto do Cavalo ab. Das ist der Name eines atemberaubenden Aussichtspunkts auf über 800 m Höhe, bei schönem Wetter hast du eine tolle Fernsicht. Wieder an der Nordküste erwartet dich bei Salga der Miradouro do Salto da Farinha. Über die Schnellstraße Richtung Osten bist du ruckzuck in Nordeste, der einst so abgelegenen Kreisstadt am Ende der Insel. Nach einem Kaffee am Dorfplatz lohnt sich auf der Weiterfahrt ein Fotostopp am Miradouro do Sossego, dem mit viel Blumenliebe angelegten Aussichtspunktgarten an der Ostküste. Nun liegen viele Kurven vor dir, hinter jeder Biegung gibt es neue Landschaftsblicke.

Na dann, ein ausgefallenes Prosit mit Ananaslikör

Du erreichst Povoação, die erste Siedlung der Insel. Die Cafés in der lauschigen Altstadt verkaufen die süßen fofas – ein optimaler Nachtisch nach deinem Mittagssnack in einem der Cafés oder Einheimi-

Dampfen erwünscht: Die Fumarolen der Lagoa das Furnas gehören zu den Touri-Hotspots der Insel

schenrestaurants im Zentrum. Vorbei an Furnas erreichst du den romantischen See Lagoa das Furnas. Hier blubbern und fauchen die Caldeiras und der cozido gart in der heißen Erde. Wie wäre es mit einem Spaziergang durch Vila Franca do Campo? Dich erwarten ein hübscher Stadtgarten an der Kirche und eine Uferpromenade bis zur lebhaften Marina. Dann geht es über die Schnellstraße weiter Richtung Westen, bis du bei Água de Pau die Abzweigung nach Caloura nimmst. In dem lauschigen Fischerörtchen auf der Lavazunge gibt es die besten Drinks in der Bar da Caloura (facebook.com/barcaloura). Nächste Station ist Lagoa, berühmt für seine Keramikfabrik. Wo Lagoa endet, beginnt auch schon Ponta Delgada. Den östlichen Stadtteil São Roque besucht man wegen seiner Stadtstrände. In Fajã de Baixo gibt es die meisten Ananasplantagen, bei Arruda kannst du bis 20 Uhr die Gewächshäuser besichtigen, Früchte kaufen oder Ananaslikör kosten. Zum Abendessen bist du zurück auf der Ausgehmole der Portas do Mar in Ponta Delgada.

Speis & Trank: In dem an die Hotelschule angeschlossenen Restaurant Anfiteatro (Portas do Mar, restauranteanfiteatro.com), das sich in Ponta Delgada hinter der Tribüne am Kreuzfahrtterminal versteckt, hast du einen tollen Blick aufs Meer. Gekocht wird erfrischend innovativ und mit regionalen Produkten. In der Lounge im Erdgeschoss gibt's Snacks.

Übernachten: Mit Sorgfalt wurde das mitten im Zentrum gelegene Stadthaus Casa Hintze Ribeiro (Rua Hintze Ribeiro 62, casahintzeribeiro.com) renoviert, mit Liebe zum Detail und zur Poesie dekoriert. Hier übernachtest du stilvoll und zentral in Apartments.

20 Povoação

14,5 km

21 Lagoa das Furnas

16,5 km

22 Vila Franca do Campo

11 km

23 Caloura

10 km

24 Lagoa

5,5 km

25 Stadtstrände São Roque

4,5 km

26 Fajã de Baixo

5 km

1 Ponta Delgada

AM WEGESRAND: HAUPTSTADTFLAIR UND HEIßE QUELLEN

Ponta Delgada

Zwar hat die Stadt selbst nur ca. 20 000 Einwohner, doch da die nächste richtige Metropole (Lissabon) zwei Flugstunden entfernt liegt, hat sich Ponta Delgada zum urbanen Zentrum der Azoren entwickelt. Wenn du mal wieder richtig ausgehen und etwas Auswahl beim Shoppen oder Speisen haben möchtest, dann bist du hier richtig! Wenn du eine Pause brauchst oder dir die schmalen Bürgersteige zu mühsam zum Spazieren sind, besuch einen der schönen Gärten, setz dich in eine der Kirchen oder schau dir die Stadt von oben an: Von der Anhöhe Ermida da Nossa Senhora da Mãe de Deus hast du einen wunderbaren Ausblick. Nirgendwo sonst auf den Azoren spürst du urbanes Flair so wie an der Uferfront Ponta Delgadas: Der portugiesische Stararchitekt Manuel Salgado baute 2008 die postmoderne Anlegestelle für Kreuzfahrtschiffe und Fähren. Jetzt kannst du auf zwei Ebenen am Ufer entlangflanieren, die Yachten in der Marina bestaunen, in Cafés, Restaurants und Bars einkehren, die Aussichtstreppe der Zuschauertribüne erklimmen oder in der Badeanlage abtauchen.

Praia de Santa Bárbara

Sonnenbaden, Strandspaziergänge machen und surfen kannst du an dem herrlichen, weitläufi-

Einsam wartet der Leuchtturm Ponta do Arnel bei Nordeste auf die Nacht und seinen Arbeitsbeginn

gen Strand im Ortsteil Ribeira Seca, einem der schönsten der Azoren. Das Meer ist manchmal etwas rau, im Sommer passen Rettungsschwimmer auf. In den Piscinas Municipais das Poças, der Salzwasserbadeanlage direkt am Meer, bist du vor Wellen sicher.

Lagoa do Fogo

Nicht selten siehst du hier oben nichts als Wolken, doch bei Sonnenschein sorgt der naturbelassene Kratersee auf 610 m Höhe mit seinem türkisblauen Wasser und dem hellen Sandstrand aus zermahlenem Bimsstein für karibische Gefühle. Vom unteren Aussichtspunkt aus kannst du hinunterwandern (Fußweg ca. 45 Min.) – sofern das Gebiet zwischenzeitlich noch nicht komplett zum Naturschutzgebiet erklärt wurde. Unterhalb des 947 m hohen Pico Barrosa mit seinen Antennenmasten gibt's einen weiteren miradouro. Ein schöner Wanderweg (PR2, 11 km, ca. 4 Std.) führt von Água d'Alto zum Steg am Südufer. Pass auf, See und Ufer sind Vogelschutzgebiet, zur Brutzeit können die Möwen in Hitchcock-Laune sein.

Furnas

Feucht – fröhlich – Furnas! Das wildromantische Furnastal steht in vollem Saft, dafür sorgen die gar nicht so seltenen Regenschauer von oben, die hohe Luftfeuchtigkeit in dem lange erloschenen Kraterkessel und die 22 (!) Quellen im Ort. Auch wenn Furnas (1400 Ew.) dank seiner dampfenden Fumarolen, des berühmten, mit Erdwärme gegarten Eintopfs, und vor allem dank der herrlichen heißen Pools inzwischen zu den meistbesuchten Touri-Hotspots der Insel gehört, lässt sich am malerischen Furnassee oder in einer der tiefgrünen Parkanlagen immer ein ruhiges Plätzchen finden. Ende des 18. Jhs. kamen hier die Reichen: Sie genossen die Sommerfrische, legten großartige Parks an und ent-

Wenn du mal wieder
richtig ausgehen,
shoppen oder eine
Restaurantauswahl haben
möchtest, dann bist du in
Ponta Delgada richtig

spannten sich in den Thermalquellen – geboren war das erste und bis heute edelste Kurbad der Azoren. Die interessante Mischung aus altehrwürdigen Anwesen der einstigen Inselbarone und einfachen Bauernhäusern ist noch immer im Ortsbild zu bewundern.

Nordeste & Ostküste

Aufgrund ihrer Abgeschiedenheit wurde die kleine Kreisstadt Nordeste (1150 Ew.) bis vor ein paar Jahren „die 10. Insel" genannt. Heute brauchst du von Ponta Delgada knapp eine Stunde bis hierher. Im adretten Ort sorgen die steinerne Brücke, die Igreja de São Jorge (1796) und ein kleiner Stadtgarten für Fotomotive. Entlang der Ostküste jagt ein Aussichtspunkt den nächsten: Einfach wunderhübsch (vor allem zum Sonnenaufgang!) ist der Miradouro an der Ponta do Sossego. Unterhalb der Ponta da Madrugada findest du mit der Praia do Lombo Gordo eine tolle einsame Badestelle, zu der eine steile, abenteuerliche Straße hinabführt. Es gibt sogar WCs und Duschen.

Ribeira Grande

Baden an einem der schönsten Strände der Azoren, sehenswerte Museen und hübsche Kirchen besuchen – in Ribeira Grande kannst du sogar bei Regen einen abwechslungsreichen Tag verbringen. Die zweitgrößte Stadt der Insel (9000 Ew.) und die wichtigste an der Nordküste liegt auf beiden Seiten des Flusses Ribeira Grande. Die Ende des 19. Jhs. gebaute achtbogige Brücke Ponte dos Oito Arcos gilt als Wahrzeichen der Stadt. Spazier an stattlichen Häusern aus dem 18. und 19. Jh. vorbei oder an der Küstenpromenade entlang – Ribeira Grande ist ein adrettes Flanierstädtchen!

Fajã de Baixo

Im nordöstlichen Vorort Ponta Delgadas siehst du viele weiß gekalkte Ananasgewächshäuser. Die erste Plantage entstand, als 1864 die Orangenproduktion durch Schädlingsbefall zum Erliegen kam. In den Tropen geht die Zucht sehr viel schneller und ohne Gewächshaus – insofern musst du für die Azorenananas mehr bezahlen als für die im deutschen Supermarkt. Schau dir eine Plantage an: Arruda (Rua Dr. Augusto Arruda, ananasesarruda.com) ist umsonst zu besichtigen – inklusive süßem Ananaslikör zum Probieren.

Ciao!

Auf dem Segelboot durch die Wunderwelt der Karibik, mit dem Zug hinauf in die Hochebenen Sri Lankas oder dem Motorroller einmal rund um Ko Samui – Inselabenteuer warten auf der ganzen Welt auf dich. An Tropentraumstränden unter Palmen lässt du schließlich endgültig los …

IN ALLER WELT

Wo Sri Lankas grünes Gold gedeiht: Teepflückerin in einer Plantage im Hochland am Adam's Peak

TEE MIT BUDDHA

In Sri Lankas Hochland

SUBÄ DAWÄSAK IN DER FREUNDLICH-BUNTEN WELT DER TROPENSCHÖNEN

„Ehrwürdige Schöne" heißt die Insel Sri Lanka. Und das zu Recht, denn bei all dem Tropenflair kommst du schnell ins Schwärmen. Hier vermischt sich das satte Grün der Palmen und Dschungelwälder mit dem leuchtenden Grün der Reisfelder und Teeplantagen. Und an der Küste? Verteilen sich hübsche Traumbuchten und wilde Strände.

Schwimmen und Baden unter wispernden Kokospalmen

Sri Lankas landschaftlicher Reichtum erstaunt immer wieder. Entlang der über 1300 km langen Küste locken endlose Sandstrände und einsame Buchten, sich im Wind wiegende Kokospalmen und steile Felsenkliffs. Hier herrscht Badespaß das ganze Jahr: zwischen November und April im Westen und tiefen Süden, von Mai bis Oktober an der Ostküste, an der seit Ende des Bürgerkriegs immer mehr Unterkünfte entstehen. Ob schlichte Hostels, noble Kolonialvillen oder schicke Resorts – an den kilometerlangen Stränden rund um das Eiland wird jeder fündig.

Na, wenn das mal kein Bilderbuchstrand ist: Tangalle Beach tief im Süden Sri Lankas

Hier wird jeder glücklich

Badeurlaub nach jedem Geschmack machen Touristen entlang der Goldenen Küste zwischen Colombo und Galle. Jene, die tropenmäßig einfach abhängen wollen, werden ebenso glücklich wie jene, die sportlich durchs Wasser toben. Im Hinterland wartet so manche Inselschönheit, sei es ein hübscher Tropengarten, ein stiller See oder eine vogelreiche Lagune. Die Arugam Bay im Osten wiederum wirkt wie ein Magnet für Wellenreiter aus aller Welt, die Surfspots zählen in der Szene zu den besten Asiens. Taucher finden in den Tiefen des Indischen Ozeans fischreiche Riffs und geschichtsträchtige Wracks.

In den Bergen empfängt dich endloses, frisches Grün

Doch damit nicht genug. In den vielen üppiggrünen Gärten haben Kardamomsträucher, Pfefferranken und Zimtbäume Sri Lankas Ruf als Gewürzinsel begründet, während Palmhaine, Reisfelder und Kautschukplantagen noch heute eine wichtige Rolle in der Landwirtschaft spielen. „Wir finden hier das Paradies, die Fülle und Üppigkeit aller natürlichen Gaben", notierte euphorisch Hermann Hesse 1911 bei seinem Spaziergang in den Bergen. Wie der berühmte Dichter des „Siddharta" kommen auch heute noch Reisende bei ihrer Fahrt durch das kühlere Hochland ins Schwärmen: Teeplantagen,

Ob der Seetha-Amman-Tempel nahe Nuwara Eliya wirklich 5000 Jahre alt ist, wie das Hindu-Epos Ramayana nahelegt? Eindrucksvoll ist die Gebetsstätte in jedem Fall

die sich wie ein grüner Teppich über die Berghänge legen, urige Bergorte wie Ella und Haputale, von denen sich herrliche Panoramablicke ergeben, erfrischende Wasserfälle wie die Dunhinda Falls oder wilde Flüsse wie in Kitulgala.

Mit den Wolkenmädchen in die Götterwelt reisen

Im Kulturdreieck erinnern die antiken Stätten an eine hochentwickelte, über 2300 Jahre alte Zivilisation. Sie brachte nicht nur steinerne Zeugnisse des Buddhismus hervor, sondern aufgrund der geringen Niederschläge in der Trockenzone auch ein ausgefeiltes Bewässerungssystem. Von den mehr als 33 000 Stauseen stammen noch viele aus der Zeit der alten Könige. Wer durch die Ruinenfelder der einstigen Königsstädte Anuradhapura und Polonnaruwa wandelt oder die atemberaubende Bergfeste Sigiriya erklimmt, staunt beim Anblick der Monumente über die Kunstfertigkeit der frühen Inselbewohner. Bauchige Stupas erheben sich aus der weiten Ebene,

filigran gearbeitete Buddhastatuen verströmen innere Ruhe und Gelassenheit. Mit ihren leuchtenden Farben begeistern die barbusigen Wolkenmädchen von Sigiriya schon seit über 1500 Jahren die Besucher. Einen völlig anderen, weniger kontemplativen Eindruck hinterlassen die kunterbunten Tempel der Hindus. Hier tummeln sich Götter und Göttinnen neben Dämonen und Fabeltieren aus der reichen hinduistischen Mythenwelt und wirken wie ein Bilderbuch im 3-D-Format.

„Mögest du lange leben!"

Es sind aber vor allem die Menschen, die dich mit ihrer Offenheit und Neugier schnell für sich gewinnen. Denn egal, ob im hohen Norden oder im tiefen Süden, ob an der Küste oder im Hochland – überall trifft man auf freundliche Tamilen, Singhalesen oder muslimische Moors, die stolz auf ihre Heimat sind und sie anderen auch gerne zeigen. Ihre Grußworte – Aayubowan, „Mögest du lange leben", oder Vannakam, „Ich verbeuge mich" – sind nicht nur Lippenbekenntnisse.

5 TAGE DURCH SRI LANKAS GRÜNE HÜGEL

Mit dem Zug in die Berge

Strecke & Dauer

- von Colombo-Fort nach Badulla
- etwa 410 km mit dem Zug, Tuk Tuk und Taxi
- reine Fahrzeit 10 Stunden Zug, 3,5 Stunden Tuk Tuk und Auto

Beste Zeit

- Nass wirst du immer, denn in Sri Lanka gibt es zwei Regenzeiten: an der West- und Südküste von Mai bis Oktober, im Norden, Osten und Kulturdreieck von Oktober bis Februar.
- In Kandy ist es etwas kühler, die Luftfeuchtigkeit erheblich geringer, dennoch ist Regen immer möglich.
- Im Hochland kann es im Dezember und Januar empfindlich kalt werden, pack also unbedingt eine warme Jacke ins Gepäck.

Gut zu wissen

- Das Zugticket kostet etwa 15 Euro. Zug Nr. 1005 (Podike Menike) startet täglich in Colombo-Fort um 5.55 Uhr, Nr. 1007 um 8.45 Uhr und Nr. 1009 (Udarata Menike) um 9.45 Uhr.

- Das öffentliche Verkehrsnetz Sri Lankas ist hervorragend ausgebaut und extrem günstig – dafür äußerst komfortarm. Wartung und Neukauf scheinen Fremdworte zu sein. Mit den staatlichen, meist rostroten SLTB-Bussen kommst du fast überall hin.
- Die beliebten Motordreiräder (Tuk Tuk oder Three-Wheeler genannt) sind allgegenwärtig. Preise vor Fahrtantritt aushandeln. Frage Hotelportiers oder andere vertrauenswürdige Einheimische, was die Fahrt ungefähr kosten darf. Sei misstrauisch, wenn der Fahrer „tolle Tipps" bezüglich Geschäften und Unterkünften parat hat. Da geht es ihm meist nur um eines: die teilweise saftige Provision zu kassieren.

Schöner – und abenteuerlicher – kannst du Sri Lankas kühles, grünes Hochland nicht besuchen als mit dem Zug ab Colombo

Ratternd, stampfend und schaukelnd geht es in die Berge

Bahnhof Colombo-Fort, am frühen Morgen: großes Gedränge überall. Aus den Pendlerzügen strömen Tausende zur Arbeit, vor den Zügen bilden sich Trauben drängelnder Passagiere. Du wartest darauf, dass es mit dem „Kleinen Mädchen" losgeht, der Podi Menike, jenem Zug, der frühmorgens zur Fahrt über Kandy nach Badulla aufbricht. Es geht los, die Landschaft wirkt zunächst etwas zersiedelt. Nach etwa zwei Stunden wird sie hügeliger, üppiger: Reisfelder gehen in Terrassen über, Reste von Dschungel auf beiden Seiten der Gleise. Der Pass von Ihalakotte, etwa auf der Hälfte der Strecke von der Hauptstadt in die ehemalige Königsstadt, verlangt den Diesellok einiges ab. Zwei, drei Tunnel, dann wächst rechter Hand der 798 m hohe Bible Rock (Bibelfelsen) aus dem dicht bewaldeten Hügelland, eine Art Tafelberg, der wie ein aufgeschlagenes Buch aussieht. Nach insgesamt drei Stunden rollt der Zug in Kandy ein. Doch unsere Fahrt geht weiter. In Hatton schweift der Blick über den hellgrünen Teeteppich, unterbrochen nur durch gelb blühende Akazien, die als Schattenspender zwischen den Teesträuchern wachsen. In der 1271 m hoch gelegenen Stadt lohnt es sich, die Bahnfahrt zu unterbrechen und hier zu übernachten.

Tag 1

1 Colombo-Fort

97 km

3 Pass von Ihalakotte

24 km

3 Kandy

66 km

4 Hatton

Die ganze Fülle der Natur erlebst du auf dem Markt in Nuwara Eliya

5 TAGE DURCH SRI LANKAS GRÜNE HÜGEL

Speis & Trank/Übernachten: Der Tea Hills Bungalow (Lynd Hurst Fruit Hill, Hatton, teahillsbungalow.com) bietet schöne Zimmer, ein Restaurant mit landestypischen Gerichten und wunderbare Ausblicke auf die grünen Hügel der Umgebung.

Tag 2

4 **Hatton**

5 km

5 **Kirche von Warleig**

25 km

6 **Dalhousie**

5 km

7 **Adam's Peak**

Durch Teefelder rollen und dann auf den Pilgerberg wandern

Von Hatton aus führt die Straße über Dickoya und die Stauseen Castlereigh und Maussakelle durch eine bildhübsche Teelandschaft nach Dalhousie am Fuß des Pilgerbergs Adam's Peak. Wagen mit Fahrer oder Tuk Tuks kannst du am Bahnhof organisieren. Für die 30 km lange Strecke solltet du dir Zeit lassen, etwa um von der Kirche von Warleigh den Blick auf den Stausee zu genießen. Wenn am späten Nachmittag Dalhousie erreicht ist, mach doch noch einen Rundgang im Pilgerort – auch um dich fit zu machen für den nächtlichen Aufstieg zum Adam's Peak.

Speis & Trank/Übernachten: Eine sehr einfache, angenehme Herberge bietet sich als Ausgangs- und Zielort für die Wanderung zum Adam's Peak an: Das Green House (green-house-sripada.bed-sandhotels.com) liegt in Dalhousie kurz vor der ersten Treppe: Hier locken nach dem Abstieg ein duftendes Kräuterbad, dann ein deftiges Frühstück. Beides kannst du vorbestellen.

Unvergesslich ist der Sonnenaufgang nach dem Aufstieg auf den Adam's Peak

Die Götter sind immer nah: tamilischer Hindu-Tempel inmitten von Teeterrassen

Lass Retro-Feeling in der Sommerfrische der Engländer aufkommen

Am dritten Tag geht es zurück nach Hatton, wo am frühen Nachmittag die Züge aus Colombo eintreffen. Bei der Weiterfahrt schnauft der Zug durch den 562 m langen Poolbank-Tunnel und dann wird's spannend, denn hinter Kotagala, das nur 8 km nördlich von Hatton liegt, hast du schöne Ausblicke auf die Wasserfälle St. Clair's und Devon, die umgeben von Teeplantagen in die Tiefe stürzen. Nach knapp 1,5 Stunden hält der Zug in Nanu Oya etwas länger, denn hier warten Busse, Taxis und Tuk Tuks auf Kundschaft für das nur 8 km entfernte Nuwara Eliya. Auch du solltest dir die alte Sommerfrische der Engländer mit viel Retro-Feeling nicht entgehen lassen. Du kannst die bunten Gemüseberge im Markt bestaunen und dann zur Tea Time ins stilvolle Jetwing St. Andrew's (jetwinghotels.com/jetwingstandrews) gehen.

Speis & Trank/Übernachten: Ein gelungenes Beispiel für die Umwandlung einer alten Fabrik in ein sehr komfortables Hotel ist die Heritance Tea Factory (heritancehotels.com/teafactory) in Nuwara Eliyas Vorort Kandapola. Zum Spa-Bereich gehört eine Sauna, die man hier, auf 2200 m Höhe, schätzen lernt. Das Hotel engagiert sich sozial und in ökologischen Projekten.

Tag 3

7 **Adam's Peak**

37 km

8 **Poolbank-Tunnel**

31 km

9 **Nanu Oya**

8 km

10 **Nuwara Eliya**

Achtung, Achtung, rund um Haputale kommt dir dichter Wolkenverkehr entgegen

Tag 4

🔟 **Nuwara Eliya**

51 km

⓫ **Haputale**

10 km

⓬ **Teefabrik in Damba-tenne**

Tiefe Schluchten und auf Gleisen durch den Gemüsemarkt

Wenn du in Nanu Oya wieder in den Zug gestiegen bist, beginnt nun die landschaftlich interessanteste Fahrt. Zwischen Pattipola und Ohiya erklimmt die Bahn den mit 1897 m höchsten Punkt der Strecke. Bald erstreckt sich die eigentümliche Landschaft der Horton Plains. Immer aufregender wird das Naturschauspiel vor den Fenstern: tiefe Schluchten, dann wieder Dörfer, in denen die Waggons quasi quer durch den lokalen Gemüsemarkt schnaufen. Gern in Wolken hüllt sich der auf einem Bergrücken gelegene Ort Haputale. Von Reisenden oft links liegen gelassen, bietet er sich angesichts der Ausflugsmöglichkeiten zu einem weiteren Zwischenstopp an. Hier kannst du durch die Teeplantagen stiefeln und bei Sri Lankas größter Teefabrik in Dambatenne vorbeischauen.

Speis & Trank/Übernachten: *Die Kelburne Mountain View Cottages (kelburnecottage.hotelonia.com) sind in Haputale eine schöne Übernachtungsoption und machen ihrem Namen alle Ehre: Die Ausblicke auf die grünen Hügel sind fantastisch.*

Balanceakt über neun Bögen à la Harry Potter: Die Fahrt über die Nine Arches Bridge ist ein tolles Fotomotiv

Achtung, Achterbahn: Zugkapriolen für Fotofans

Am nächsten Tag steht die letzte Etappe mit dem Zug an. Der rauscht zunächst durch Bandarawela und die wegen ihrer tollen Hanglage beliebte Traveller-Hochburg Ella. Zum Endspurt müht sich der Zug über gewaltige Brücken, darunter die fotogene Nine Arches Bridge. Schließlich folgt eine gewaltige Kurve, die einzige Achterbahnschleife der srilankischen Eisenbahn. Dieser Demodara Loop bietet die beste Gelegenheit, den hinteren Zugteil aus dem Abteilfenster zu fotografieren. Badulla ist schließlich die Endstation der Fahrt. Hier kannst du entscheiden, ob's per Bus weiter an die Ostküste geht oder nach Kandy, denn sehr viel hat die Verwaltungsstadt nicht zu bieten.

Speis & Trank: The Empire Café (21 Temple Street, auf Facebook) liegt in den einladenden Räumen im Erdgeschoss des altehrwürdigen Olde Empire Hotel in Kandy. Nur einen Steinwurf vom Zahntempel gibt's günstigen Reis & Curry, aber auch Burger und Pasta.

Übernachten: Das Villa Rosa (71/18 Dodanwela-Passage, Asgiriya, villarosa-kandy.com) liegt über dem Fluss, 15 Autominuten vom Zahntempel in Kandy entfernt. Das kleine Hotel ist einfach traumhaft, die Einrichtung dezent und geschmackvoll, der Garten ein Traum. Tipp: Es gibt einen kleinen, aber feinen Ayurveda-Bereich.

Tag 5

12 **Teefabrik in Dambatenne**

21 km

13 **Bandarawela**

12 km

14 **Ella**

3 km

15 **Nine Arches Bridge**

5 km

16 **Demodara Loop**

14 km

17 **Badulla**

AM WEGESRAND: HÖHEPUNKTE IN DEN HÜGELN

Betörend, anregend, überwältigend für alle Sinne ist ein Spaziergang über einen der vielen Märkte von Colombo

Colombo

Mehr als 2 Mio. Menschen leben in Colombo und den Vororten, also fast jeder zehnte Einwohner von Sri Lanka. Nein, sogenannte „Must sees" bietet Colombo nicht. Alles recht unspektakulär und das ist ja erstmal gar nicht so schlecht. Hier eine Brise Kolonialflair, dort ein paar stattliche Wolkenkratzer und viele trubelige Gassen. Und nach etwas Shopping geht es auf eine der Rooftop-Bars oder in ein angesagtes Café. In der Summe ist Colombo also ein guter Einstieg oder Ausklang einer Sri-Lanka-Reise. Der Zug ins Hochland startet am Bahnhof Colombo-Fort.

Adam's Peak

Nicht der höchste, aber bei Weitem der heiligste Berg der Insel: In der Saison – Dezember bis März – nehmen Nacht für Nacht einige Hundert Pilger die mehr als 4500 Stufen auf sich, um rechtzeitig zum Sonnenaufgang auf dem Gipfel zu sein. Dort oben, in 2243 m Höhe, wird eine Vertiefung im Felsen verehrt, die wie ein Fußabdruck aussieht. Für die Buddhisten ist es ein Fußabdruck des Erleuchteten, für die Hindus ein Zeichen Shivas, für Muslime und Christen eine Erinnerung an Adam. Der Aufstieg dauert je nach Kondition drei bis vier Stunden (von Dalhousie aus). Auf dem Weg stehen Teestuben für kurze Pausen zur Verfügung. Wichtig: Taschenlampe und Pullover mitnehmen (auf dem Gipfel sind es vor 6 Uhr oft nur 0 Grad). Steig gleich nach Sonnenaufgang wieder ab, sonst wird es zu heiß.

Nuwara Eliya

Britische Verhältnisse in den Bergen. Wettermäßig geht's hier zu wie in London. Ein Grund, warum die Hochlandstadt bei den Sri Lankern ziemlich angesagt ist. Die „Stadt des Lichts", wie Nuwara Eliya (43 000 Ew.) übersetzt heißt, liegt auf 1900 m Höhe und ist oft wolkenverhangen. Der Golfplatz von 1889 zieht sich mitten durch die Stadt. Beim Bummel durch das belebte Zentrum kommst du auch am roten Postamt im englischen Landhausstil vorbei. Die Hatton-Bank nebenan könnte ebenso in der Grafschaft Kent stehen. Zum gepflegten High Tea bist du im Grand Hotel (thegrandhotelnuwaraeliya.com) richtig, zum abendlichen Drink in der Road Hole Bar (jetwinghotels.com/jetwingstandrews).

Horton Plains

Wo einst die Kolonialherren Elefanten und Leoparden jagten, kannst du heute durch eine eigentümliche Berglandschaft mit im Juni/Juli rot blühenden Rhododendren, mannshohen Baumfarnen und knorrigen Kinabäumen wandern. Starte früh, denn am späten Vormittag zieht meistens der Nebel auf. Proviant und eine warme Jacke sollten mit auf die gut dreistündige Wanderung. Zu den Höhepunkten des 9 km langen Rundwegs zählen neben den tosenden Baker's Falls das World's End und das Small World's End: zwei 900 bzw. 270 m hohe Steilwände mit Panoramablick.

Raus aus den Tropen: In rund 1000 m Höhe liegt die wunderbar kühle Umgebung des bei Reisenden angesagten Örtchens Ella

Haputale

Schon die Lage des 1400 m hoch auf einem Bergkamm gelegenen Örtchens hat es in sich. Wabert nicht mal wieder zu viel Nebel, dann bietet der Lipton's Seat oberhalb der Teefabrik von Dambatenne einen tollen Panoramablick. Du kannst dich mit dem Tuk Tuk hochfahren lassen und dann zu Fuß wieder 6 km bis zur Teefabrik hinunterspazieren. Als Wanderziel bietet sich auch das 3 km entfernte, in einer alten Pflanzervilla untergebrachte Adisham-Kloster an.

Bandarawela

Eine geschäftige Stadt mit busy Märkten und Geschäften. Nach der Tuk-Tuk-Tour durch schöne Teefelder zum Ausguck am Lipton's Seat (15 km) lohnt sich die Tea Time im Bandarawela Hotel (bandarawelahotel.com), wo einst die britischen Plantagenbesitzer beim Arrack Sour abhingen.

Ella

Aus dem Kaff auf 1000 m Höhe mit tollem Ausblick weit in den Süden ist ein hipper Traveller-Treff mit Chill-Out-Bars und zahllosen Gästehäusern geworden. Wenn du vom Reggae-Gedudel und den Cocktails genug hast, kannst du dich in den umliegenden Bergen austoben – etwa beim Erklimmen des Little

Adam's Peak (45 Min. hoch) oder des etwas anspruchsvolleren Ella Rock (2 Std. hoch). Abkühlung verschaffen hingegen die berauschenden Rawana Ella Falls, 6 km südöstlich an der Straße nach Wellawaya. Wie aus der Modeleisenbahn entsprungen wirkt die Nine-Arches-Brücke, die mit ihren neun Bögen ein Tal 2 km östlich von Ella überspannt.

Kandy

Der erste Eindruck ist zugegebenermaßen wenig berauschend: In Kandy (150 000 Ew.) herrscht Verkehrschaos, Lärm und dicke Luft. Das soll wirklich die schönste Stadt der Insel sein? Der zweite Eindruck, mit Blick (vom Aussichtspunkt am Royal Palace Park) über den See und auf den weltberühmten Zahntempel, das meistverehrte Heiligtum der buddhistischen Singhalesen, auf die grünen Hügel, die die Stadt einrahmen und aus denen eine gigantische weiße Buddhastatue ragt: Es ist doch hübsch hier. Die Stadt auf den fünf Hügeln (auf Singhalesisch Kanda uda pas rata – daraus haben die Briten Kandy gemacht) hat sich trotz mancher Bausünden ihren Zauber bewahrt.

AAYUBOWAN!

Seidenweich sind
Wasser und Luft:
Sonnenaufgang
am Lamai Beach

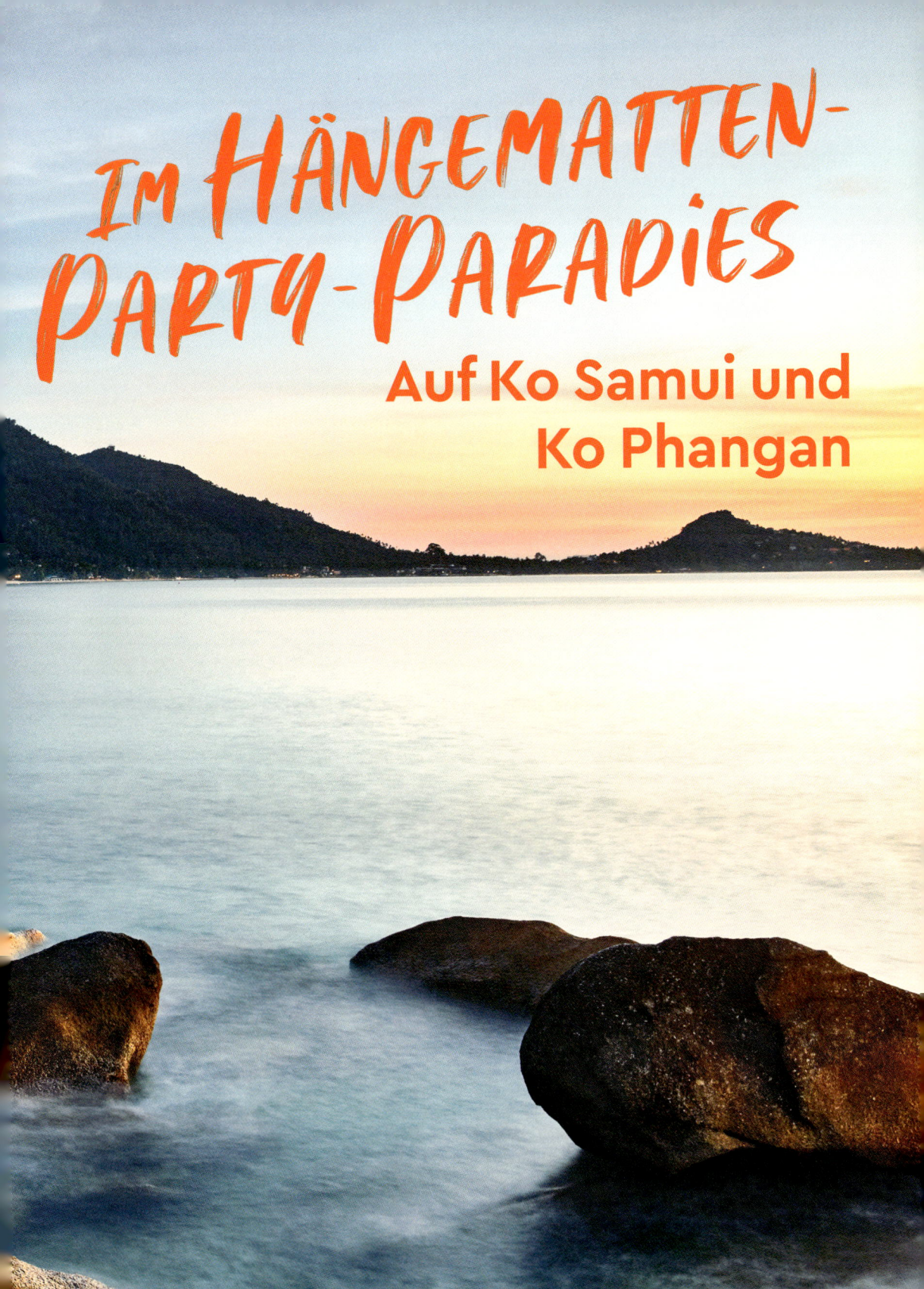

Im Hängematten-Party-Paradies

Auf Ko Samui und Ko Phangan

SAWADII
AUF DEM WEICHEN SAND
DER INSELSCHWESTERN

Schon die Ankunft auf Ko Samui macht Urlaubslaune. Wo sonst auf der Welt landet der Flieger mitten in einem Palmenwald? Fahrer in papageienbunten Hemden holen die Passagiere in Elektrowagen ab, die mit der Blütenpracht der Tropen bemalt sind, und kutschieren sie ins luftige Terminal, das wie ein Strandresort aussieht. Willkommen auf Ko Samui!

Der Traum vom Tropenparadies lebt

Die Befürchtungen waren groß, dass der Traum vom Tropenparadies bald ausgeträumt sein würde, als 1988 der Flughafen gebaut wurde. Jedenfalls bei den Rucksackreisenden, die schon mit Fischerbooten nach Ko Samui und Ko Phangan übergesetzt sind, als es hier noch keine klimatisierten Unterkünfte gab. Es stimmt, erst der Airport hat den internationalen Tourismus mit Hotels und Bungalows

Die thailändische Küche halten viele für die beste der Welt – einfach probieren!

aller Preisklassen so richtig angekurbelt. Aber der Boom hat Ko Samui zwar verändert, den Charme der Palmeninsel aber nicht zerstört. Noch immer gibt es paradiesische Strände und Plätzchen, an denen man ziemlich allein ist.

Unendlich lange Strandspaziergänge warten auf dich

Ko Samui ist Thailands drittgrößte Insel nach Phuket und Ko Chang. Die 70 000 Insulaner sind überwiegend Buddhisten, etwa 20 Prozent beten zu Allah. Aber der unterschiedliche Glaube entzweit sie nicht. Der Inselhauptort Nathon mit seinen 6000 Einwohnern ist die mit Abstand größte Siedlung. Der Tourismus konzentriert sich an den wunderschönen Stränden Chaweng, Lamai und Mae Nam. Im Norden der Insel schwappt der Golf von Thailand an kilometerlange Streifen feinen Sands. Selbst in der Hochsaison hast du hier mindestens 100 Strandmeter ganz für dich. Wesentlich belebter sind dagegen die Strände an der Ostküste. Vom Tourismus noch nicht sehr berührt ist die Küste im Süden und Westen, allerdings ist das Wasser hier meist sehr flach. Der Kahlschlag früherer Zeiten hat auf Ko Samui keine Einöde hinterlassen. Sekundärdschungel überzieht nun die bis zu 635 m hohen Berge im Inselinneren. Die Insulaner wissen, dass die Natur ihr einziges Kapital ist. Und so zerstören keine Bettenburgen die Idylle, auch nicht am Chaweng Beach, dem Hauptstrand.

Immer wartet irgendwo ein Longtailboot, das dich zum nächsten einsamen Strand bringt

Und zum Aufwachen Meeresrauschen

Die Ringstraße umzirkelt das bergige Insel-innere und hält zu den Stränden eine ange-nehme Distanz: Die Wahrscheinlichkeit ist also hoch, dass ihr eher vom Meeresrauschen als von einer Autohupe geweckt werdet. Das gilt ganz besonders für die Nordküste, etwa am Mae Nam Beach, wo sich locker verteilte Resorts unter Palmen ducken. Wer es leb-hafter mag, zieht weiter an die Ostküste. Die meisten Resorts säumen den schneeweißen, 6 km langen Chaweng Beach. Er ist das touris-tische Zentrum Ko Samuis, abends wird er zum zauberhaften Freiluftrestaurant. Nur entlang der Beach Road verdrängt der touristische All-tag die Strandromantik. Restaurants, Shops, Schneiderläden und Bars reihen sich anein-ander. Ständig wird umgebaut, neu gebaut. Auch der Lamai Beach weiter südlich an der Ostküste ist vom Bauboom erfasst, tagsüber hat der Ort aber immer noch einen angenehm verschlafenen Charme.

Die wilde Schwester lockt

Ko Samui und die 20 km entfernte Nachbar-insel Ko Phangan sind ungleiche Schwestern. Ko Samui ist eher lieblich, Ko Phangan eher wild. Die Berge auf Ko Phangan sind schroffer, flaches, nutzbares Land ist rar, und hinter fast allen Stränden wuchert der Dschungel. Erst seit ein paar Jahren sind die wichtigsten Stre-cken mit Asphaltstraßen erschlossen; einige Buchten sind nach wie vor nur mit dem Boot zu erreichen. Immer noch werden für ein paar Euro einfache Hütten vermietet, die denen gleichen, die einst den ersten Ko-Samui-Ruck-sacktouristen als Unterkunft dienten, aber es gibt auch zunehmend Luxusresorts. Denn es kommen immer mehr Kurzzeiturlauber auf das einstige Aussteigerrefugium. Berühmt-berüchtigt ist die Full Moon Party am Hat Rin. Angeheizt vom Technosound, der aus riesigen Boxentürmen wummert, feiern hier Partyfreaks aus der ganzen Welt. Sieht man mal von den megalauten Mondpartys ab, ist Ko Phangan immer noch eine urwüchsige Insel der Ruhe.

2 TAGE AUF KO SAMUI UND KO PHANGAN

Einmal Insel-Duo komplett, bitte

Strecke & Dauer

- von Chaweng Beach und zurück
- etwa 150 km mit dem Auto, Moped und Boot
- reine Fahrzeit 5 Stunden

Beste Zeit

- Die ideale Reisezeit beginnt im Februar und dauert bis Oktober, denn von den landesweiten Monsunregen bleiben die Inseln im Golf weitgehend verschont.
- Ko Samui und Ko Phangan haben ein eigenes Mikroklima, das geprägt ist von den Ausläufern des Nordostmonsuns. Besonders im November und Dezember kann daher wetterbedingt der Fährbetrieb zwischen den Inseln und dem Festland unterbrochen sein.
- Um Weihnachten/Neujahr herrscht absolute Hochsaison, aber es ist um diese Zeit nicht ungewöhnlich, dass es auch mehrere Tage ohne Unterlass regnet.

Gut zu wissen

- Nimm deinen Reisepass für die Mopedausleihe mit.
- Bei Vollmond solltest du die Unterkunft am Hat Rin unbedingt im Voraus buchen.
- Zwischen Ko Samui und Ko Phangans Hauptort Thong Sala pendeln viele Fähren hin und her. Am schnellsten (20 Minuten) ist der High-Speed-Katamaran von Lomprayah (lomprayah.com) ab dem Pier am Mae Nam Beach.
- In Thailand wird links gefahren. Auf den schmalen Straßen und Pisten ist größte Vorsicht erforderlich. Auf Ko Samui kannst du in Nathon, an den Stränden und in vielen Resorts Autos oder Motorräder (Helmpflicht) mieten (internationaler Führerschein).
- Auf Ko Samui fahren von frühmorgens bis etwa gegen 21 Uhr die songtaeo (Pick-ups) bestimmte Strecken zu Festpreisen. Sie sind in der Regel deutlich billiger als Taxis.

Sind die Felsen Hin Ta und Hin Yai wirklich ein sagenhaftes, zu Stein gewordenes Ehepaar? Sei's drum, wunderschön sind sie allemal

Von bunten Fischerbooten und emsigem Markttreiben

Du bist komplett überwältigt vom thailändischen Tropentraum und weißt gar nicht, wohin zuerst? Dann schau dir doch erstmal beide Inseln im Schnelldurchlauf an – und kehr dorthin zurück, wo du deinen persönlichen Favoriten gefunden hast. Starte frühmorgens am Chaweng Beach, wo du den Tag in einem der vielen Restaurants an der Hauptstraße mit einer leckeren thailändischen Reissuppe beginnen kannst. Im Taxi geht es kurvig vom Chaweng aufwärts, die Flanke eines Bergs entlang mit spektakulären Ausblicken auf die Ostküste. Hinter dem Lamai Beach warten Oma und Opa aus Stein: Hin Ta & Hin Yai, zwei natürliche Felsen, die laut einer Sage ein Ehepaar darstellen sollen. Kurz danach schwimmt Kunst auf dem Wasser: Im Fischerdorf Hua Thanon haben die Fischer ihre Boote bunt bemalt. Der Fang wird jeden Morgen auf dem Markt verkauft. Schlender kurz zwischen den Ständen entlang und staun über das, was das Meer hier zu bieten hat.

Nimm den Segen der Mönchsmumie mit auf die Reise

Weiter geht es auf der Ringstraße inseleinwärts. Nach knapp 2 km kommst du zum linker Hand liegenden Wat Khunaram, wo du dem

Tag 1

❶ Chaweng Beach

14 km

❷ Hin Ta & Hin Yai

3 km

❸ Hua Thanon

3 km

❹ Wat Khunaram

4 **Wat Khunaram**

3 km

5 **Na Muang II**

12 km

6 **Nathon**

25 km

7 **Thong Sala**

8 km

8 **Chao Pao Beach**

9 km

9 **Mae Hat Bay**

300 m

10 **Ko Ma**

1973 verstorbenen Mönch Loung Pordaeng einen Besuch abstattest. Lass dir ein Glücksbändchen um das Handgelenk binden und nimm einen Segen mit – ganz wie die Thais. Etwa 1 km weiter geht's rechts ab in den Dschungel zum Wasserfall Na Muang II, der 80 m in die Tiefe rauscht. Im natürlichen Pool darfst du baden. Zurück auf der Ringstraße geht es nach Nathon. Achte auf die alten Holzhäuser in der Angthong Road und probier im Restaurant Mumthong (Ecke Amphoe Road/Padki Tawat) den süßen Klebreis mit Mango. Aber verpass nicht die Fähre nach Ko Phangan! Um 12.15 Uhr legt die „Lomprayah" in Nathon ab und bringt dich in 30 Minuten auf Ko Samuis kleine Schwesterinsel.

Mit dem Moped geht's zum Schnorchelstopp

Im Inselhauptort Thong Sala mietest du ein Moped und fährst zwischen Meer und grünen Hügeln die Westküste hoch, von Bucht zu Bucht. Am Chao Pao Beach kannst du nicht nur zu Mittag essen, sondern dich auch massieren lassen. Die Küstenstraße führt bis zum Hat Salad; dort geht es rechts den Berg hoch und oben links ab Richtung Norden. Nach einigen Kilometern biegst du links ab zur Mae Hat Bay. Hier lockt bei Ebbe ein Spaziergang auf der Sandbank zum Inselwinzling Ko Ma. Die Bucht ist außerdem eines der besten Schnorchelreviere der Region! Die vordere Riffkante erreichst du durch einen Kanal, der etwa in der Mitte des Strands vor der Tauchbasis durch die Korallen führt.

Einfach auf die Ebbe wart
und dann übers Meer zum
Inselchen Ko Ma wandern

Wo die Göttin wohnt:
Herrlich ist die Aussicht
vom Kuan-Yin-Tempel

Und plötzlich hast du den Bogen raus!

Zurück nach Thong Sala fährst du über das Fischerdorf Chalok Lam, indem du an der Kreuzung, wo du die Straße zur Mae Hat genommen hast, links abbiegst. Am Ortsausgang kannst du eine Pause einlegen und im First Bow & Arrow Club Bogenschießen üben. Einen schönen Blick auf das Dorf und die Bucht hast du etwa 2 km weiter vom chinesischen Kuan-Yin-Tempel aus, in dem die Göttin der Gnade verehrt wird. Von dort aus geht es auf der gleichen Straße in 20 Minuten zurück in die Hauptstadt der Insel.

Wilde Party und mildes Yoga am Strand

Nun gibst du das Moped wieder ab und steigst in eines der Sammeltaxis (an der Hauptstraße etwa 100 m vom Pier) in den Süden der Insel, denn Ko Phangan ohne Hat Rin ist wie Paris ohne Eiffelturm. Den Strand muss man gesehen haben, auch wenn nicht Vollmond ist, denn irgendwo ist immer Party. Such dir eine Unterkunft – und feier mit!

10 Ko Ma

4 km

11 First Bow & Arrow Club

2 km

12 Kuan-Yin-Tempel

18 km

13 Hat Rin

12 m hohe, goldglänzende Sanftmut: Staunen über die Statue des Big Buddha

Speis & Trank: *Ausgezeichnete thailändische Küche serviert das Restaurant der Seaflower Bungalows (seaflowerbungalows.com) am Chao Pao Beach.*

Übernachten: *Das Sarikantang (Leela Beach, sarikantang.com) ist eine traumhaft schöne Anlage an einem Strand aus weißem Sand. Die Bungalows sind von luxuriös bis einfach, aber alle mit Klima-anlage, TV, Minibar, dazu Pool, Spa und Gym. Obwohl der Party-strand nur ca. sieben Fußminuten entfernt ist, findest du hier eine andere Welt vor.*

Tag 2

13 Hat Rin

4 km

14 Hat Yuan

19 km

15 Big Buddha Beach

Gut erholt zum Großen Buddha

Schnapp am nächsten Morgen am Strand ein Longtailboot für einen Abstecher zum benachbarten Hat Yuan (15 Min. Fahrt), von wo aus du zu Fuß in knapp 10 Minuten das Yoga-Refugium The Sanctuary (thesanctuarythailand.com) erreichst und deinem Körper die letzten Spuren der Partynacht beim morgendlichen Yoga austreibst. Aber mach dich nicht zu spät auf den Rückweg: Um 12.30 Uhr legt am Sunset Beach am Hat Rin deine Fähre zurück nach Ko Samui ab! Diese bringt dich in 30 Minuten an den Big Buddha Beach, wo der Namensgeber des Strands würdevoll auf einem Hügel thront. Hier hast du Gelegenheit, als kleines Dankeschön für die vergangenen Erlebnisse ein paar Räucherstäbchen zu Füßen der großen Buddha-statue anzuzünden.

Zehen im Sand, Köstlichkeiten auf dem Teller: Kein Dinner ist schöner als das auf weißem Sand am Chaweng Beach

Immer weiter am Strand entlang ...

Die nächsten Etappen legst du im Sammeltaxi zurück. Die Nordküste ist das Revier für Strandwanderer. Am 6 km langen Mae Nam Beach kannst du dir die Beine vertreten, ohne dabei über Liegestühle zu stolpern. Zeit, noch einmal die Badesachen auszupacken. Anschließend solltest du im Dorf Bo Phut haltmachen; hier ist das Fisherman's Village einen Besuch wert. Hippe Cafés, Restaurants und Boutiquehotels reihen sich aneinander. Gönn dir einen Eiskaffee im stylischen Karma Sutra. Zurück zum Chaweng Beach ist es dann nur noch ein Katzensprung.

Speis & Trank: Das Happy Elephant (Strandstraße, facebook.com/HappyElephantRestaurant) ist der Oldtimer unter den Toprestaurants in Bo Phut: luftig, immer noch trendy und mit den berühmten Holzelefanten am Eingang. Wenn du zum Dinner einen der besten Plätze direkt am Meer ergattern willst, dann solltest du auf jeden Fall vorbuchen.

Übernachten: Im OZO Chaweng (de.ozohotels.com/chaweng-samui) stimmt einfach alles: die Toplage am zentralen Strandabschnitt, die Umgebung an der Beach Road mit vielen Restaurants und Geschäften, der Service, das Frühstücksbuffet ...

15 **Big Buddha Beach**

10 km

16 **Mae Nam Beach**

6 km

17 **Bo Phut**

8 km

18 **Chaweng Beach**

AM WEGESRAND: UND AN JEDER ECKE LIEGT EIN STRAND

Chaweng Beach

Der 6 km lange, weiße Sandstrand zwischen blauem Meer und Palmenspalier begeistert auch verwöhnte Strandkenner. Kein Wunder, dass der Chaweng Beach sich zum Tourismuszentrum auf Ko Samui entwickelt hat. Hier findest du alles: Resorts jeder Preisklasse und Restaurants mit den Küchen der halben Welt, Reisebüros, Shops, Supermärkte, Bierbars, Pubs und eine hippe Clubszene, in der internationale Top-DJs auflegen. Trotzdem ist dieser Strand kein betonierter Sündenfall – dank strikter Auflagen: Kein Strandresort darf höher sein als die Palmen. Und um viele Anlagen wurden üppige Tropengärten angelegt.

Hin Ta & Hin Yai

Der „Großvaterfelsen" und der „Großmutterfelsen" (so die wörtliche Übersetzung) am südlichen Ende des Lamai Beach sind die berühmtesten Sehenswürdigkeiten auf Ko Samui, die von der Natur erschaffen wurden. Direkt am Strand und bei Flut vom Meer umspült, erinnern sie an männliche und weibliche Genitalien. Der Legende nach stellen sie ein Ehepaar dar, das hier vor der Küste Schiffbruch erlitt und nach seinem Tod versteinert wurde.

Ban Hua Thanon

Das Fischerdorf ist wegen seiner bunten Boote bemerkenswert. Die go lae gehören muslimischen Fischern, deren Vorfahren Anfang des 20. Jhs. vom tiefen Süden Thailands nach Ko Samui übersiedelten.

Wasserfälle von Na Muang

Von der Ringstraße beim Dorf Ban Durian zweigen im Abstand von ca. 100 m Stichstraßen zu den Wasserfällen Na Muang II und Na Muang I ab. Nimm Badesachen mit und genieß die Abkühlung in den natürlichen Pools. Achtung: Am Ende der Trockenzeit (April und Mai) sind die Wasserfälle eher enttäuschend.

Mae Hat Bay & Ko Ma

Am Nordwestzipfel von Ko Phangan liegt diese Bucht mit feinstem Sand und türkisgrünem Wasser. Zum vorgelagerten Inselwinzling Ko Ma kannst du bei Ebbe über eine Sandbank waten. Die Schnorchelausrüstung solltest du dabeihaben: Die unbewohnte Insel ist bekannt für ihre farbenprächtigen Korallenriffe ringsum! Der Strand eignet sich wunderbar zum Entspannen: Nach schattigen Plätzchen im Sand muss man entlang der vielen Palmen nicht lange suchen. Aber dabei nicht die Zeit vergessen: Die Flut schneidet dir sonst den Rückweg ab!

Auf keinen Fall die Badesachen vergessen! Traumpools an den Na-Muang-Wasserfällen

Kuan-Yin-Tempel

Der Tempel im chinesischen Stil mit weißen Mauern, glänzend orangeroten Dachziegeln, verzierten Giebeln und Drachenreliefs an roten Säulen ist der Göttin der Gnade (Kuan Yin) geweiht, die sowohl von Taoisten als auch von Buddhisten verehrt wird. Ein ruhiger Ort bei Chalok Lam an der Straße nach Thong Sala mit herrlicher Aussicht aufs Meer.

Hat Rin

Als Schauplatz der legendären Vollmondpartys hat der Hat (Strand) Rin bei den Ravern in aller Welt längst Kultstatus erreicht. Der Hat Rin East ist ein erstklassiger, breiter Strand, eingerahmt von grünen Hügeln – und Schauplatz der Partys. Aber keine Oase der Ruhe: Alles ist eng bebaut, bunt zusammengewürfelt und sieht aus wie Wildwest in Fernost. Aber wer an den Rin Beach zieht, tut dies ja auch nicht wegen Land und Leuten, sondern weil er feiern und Spaß haben will.

Big Buddha Beach & Big Buddha

Der 2 km lange Strand wird auch Bang Rak Beach oder Phra Yai Beach genannt. Die meisten Anlagen sind klein und familiär. Die geschützte Bucht ist Ankerplatz von Fischer- und Ausflugsbooten. Ein Besuch am namensgebenden „großen Buddha" gehört zum „Pflichtprogramm". Die goldglänzende Statue thront auf einem Hügel, und wenn du die 80 Stufen hinaufsteigst, hast du eine herrliche Sicht auf die Nordküste.

Mae Nam Beach

Die 6 km lange Bucht mit ihrem gelben Sandband ist der beste Badestrand an der Nordküste und eine Traumstrecke für Strandwanderer. Das Meer ist flach, aber auch bei Ebbe kann man hier schwimmen. Im Dorf Mae Nam in der Mitte der Bucht werdet ihr mehr Einheimische als Touristen treffen.

Longtailboote bringen dich in die überwältigend schöne Natur der Inselwelt des Mu Ko Ang Thong Marine National Park

Bo Phut Beach & Fisherman's Village

Auch dieser Strand in der ca. 2 km langen Bucht ist immer noch eine Ruheoase. Unmittelbar vor dem Dorf Bo Phut und am östlichen Ende ist er zwar sehr schmal und bei Ebbe teilweise schlammig, aber der Ort selbst wiegt das auf. Die schmale Strandstraße im alten Fisherman's Village ist nicht länger als ein Fußballfeld, doch nirgendwo sonst auf Ko Samui reihen sich auf engstem Raum so viele trendige Pubs und Cafés, Restaurants, Boutiquen und Boutiquehotels. Der Klassiker unter den exzellenten Restaurants ist das Happy Elephant: Die besten Dinnerplätze liegen direkt am Meer.

SAWADII!

Pralinen im Urwald:
Die Chocolate Hills
machen ihrem Namen
alle Ehre

Auszeit im Filipino Style

Auf den Visayas-Inseln

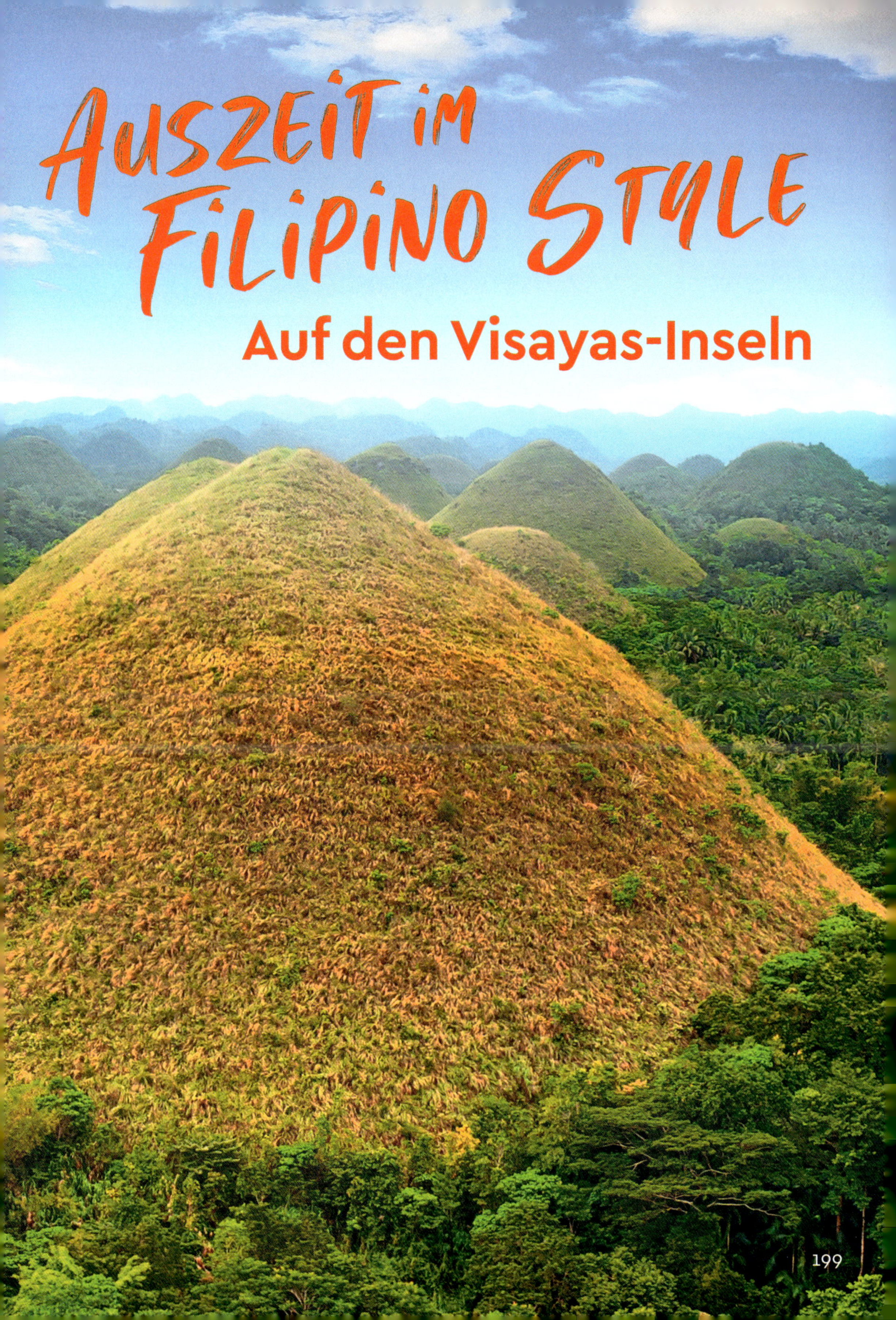

MABUHAY im INSELREICH DES LÄCHELNS

Auf den Philippinen hast du vor allem eins: die Qual der Wahl – zwischen Strand, Tauchen oder Trekkingtouren. Wenn du das Meer liebst, sind die Visayas perfekt für dich. Doch ihr Charme liegt nicht nur in den vielleicht schönsten Strandhotels der Philippinen. Auf ihnen lebt auch das spanische Erbe weiter, und das türkis schillernde Meer konkurriert mit dem üppigen Tropengrün dschungelbewachsener Vulkangipfel. Nimm dir Zeit und geh auf Entdeckerreise!

„Wir freuen uns, dass du gekommen bist"

In kaum einem Land Asiens triffst du auf eine größere Vielfalt kultureller Einflüsse als hier: Die Filipinos sind malaiischen Ursprungs, haben spanische oder chinesische Nachnamen und sprechen Englisch, das neben Tagalog die zweite offizielle Landessprache ist. Die westliche Prägung ist unverkennbar. 333 Jahre spanische Kolonialherrschaft, vor allem aber fast 50 Jahre Besatzung durch die USA haben dem Inselstaat ihre Stempel aufgedrückt. Die häufig kritisierte Amerikanisierung der Filipinos macht ihre Heimat zum idealen Einstiegsland für Asienreisende. Es sind kaum Sprachbarrieren zu überwinden, der Kulturschock fällt weniger hart aus als in anderen Ländern des Kontinents. Mabuhay ist mehr als nur ein Willkommensgruß. Er drückt auch aus: „Wir freuen uns, dass du gekommen bist."

Verlieb dich in diese Natur!

Die Natürlichkeit und Freundlichkeit der Filipinos sind sicher Gründe, warum Reisende sich in den 7107 Inseln umfassenden Archipel verlieben, und das immer wieder. Der Reichtum an Naturschönheiten ist die andere Trumpfkarte. Der Regenwald auf Palawan lädt zum Trekking ein, das Apo Reef und das Tubbataha Reef gehören zu den weltweit besten Tauchrevieren, die Reisterrassen der Cordillera Central werden als achtes Weltwunder gerühmt. Viele Traumstrände ziehen Sonnenhungrige an, volle Strände gibt es aber selbst zur Hauptsaison nur an wenigen Hotspots. Kein Wunder: Der Inselstaat bietet mehr als 35 000 km Küste.

**Körbeweise Schärfe:
Chilis auf dem Markt
von Dumaguete**

Es gibt aber nicht nur Sonnenseiten

Du solltest dich aber auch darauf einstellen, neben den vielen schönen Seiten der Inselwelt mit der massiven Armut konfrontiert zu werden.

Treppen in den Himmel: die Reisterrassen von Cadapdapan

Ein Drittel der etwa 114 Mio. Filipinos lebt unterhalb der Armutsgrenze. Ein explodierendes Bevölkerungswachstum von knapp zwei Prozent pro Jahr verschärft dieses Problem noch. Demgegenüber stehen immens reiche Familienclans. Das an Naturschönheiten so reich gesegnete Land ist leider weit davon entfernt, ein Paradies für alle seine Bewohner zu sein. Kaum zu glauben, dass die Philippinen einmal in der südostasiatischen Region eine führende Wirtschaftsnation waren. Doch die 20 Jahre während autokratische Herrschaft von Ferdinand E. Marcos hat das Land ausgeblutet.

Wie sieht die Zukunft aus?

Einen schweren Rückschlag für die Demokratie auf den Philippinen bedeutete 2016 die Wahl von Rodrigo Duterte zum Präsidenten. Beobachter werfen dem „philippinischen Trump" vor, während seiner Amtszeit keines der großen Probleme – Armut, Infrastruktur, Gesundheitswesen und Korruption – gelöst zu haben.

Die Präsidentschaftswahlen 2022, bei denen Duterte laut Verfassung nicht mehr antreten durfte, gewann mit großem Vorsprung der Diktatorensohn Ferdinand „Bongbong" Marcos Jr. Angetreten war er mit dem Versprechen, dem Land eine „einigende Führung" zurückgeben zu wollen.

Don't worry, be happy!

Doch die liebenswürdigen Bewohner des Inselstaats lassen sich nicht unterkriegen. „Bahala na" ist ihr Motto, was so viel bedeutet wie „Es wird schon irgendwie gut werden" oder „Gott wird es richten". Filipinos neigen nicht dazu, mit ihrem Schicksal zu hadern. Über sich selbst sagen sie, sie seien wie Bambus: biegsam, aber von keinem Sturm zu zerbrechen. So lässt sich erklären, dass Feiern, Lachen und Musik trotz aller Probleme den Alltag prägen. Allein die überbordende und ansteckende Lebensfreude der Einheimischen ist Grund genug, auf die Philippinen zu reisen.

11 TAGE INSELHOPPING IM HERZEN DER VISAYAS

Goldgelbe Sandstrände und laue Tropennächte

Strecke & Dauer

- von Bacolod nach Cebu City
- etwa 1100 km mit Bus, Boot, Jeepney, Tricycle
- reine Fahrzeit etwa 30 Stunden

Beste Zeit

- Die beste Reisezeit ist die Trockenzeit von Dezember bis April.
- Von Dezember bis Februar steigen die Temperaturen selten über 31 Grad, ab März kann es sehr heiß (bis 38 Grad) werden.
- Von Mai bis Ende November ist schwülwarme Taifunzeit (bis 33 Grad), besonders die östlichen Landesteile sind von Tropenstürmen betroffen. Wettervorhersagen (Englisch) und Taifunwarnungen findest du auf pagasa.dost.gov.ph.

Gut zu wissen

- Mit Autobussen erreichst du auf den Hauptinseln beinahe jeden Ort. Auf Fernstrecken verkehren komfortable, klimatisierte Fahrzeuge.
- Der Stadtverkehr und Kurzstreckenbereich ist die Domäne der poppigen Jeepneys und Tricycles. Diese für die Philippinen typischen Verkehrsmittel sind zwar billig, aber oft unbequem, überfüllt, quälend langsam – und ein Revier für Taschendiebe.
- Fähren und Boote sind für die meisten Filipinos die wichtigsten Transportmittel im interinsularen Verkehr. Bequem und zuverlässig sind die im Bereich der Visayas und im nördlichen Mindanao verkehrenden, bis zu 65 km/h schnellen, klimatisierten Katamarane. Die Preise sind sehr niedrig. Aktuelle Infos: schedule.ph

Tag 1

1 Bacolod

29 km

2 Silay

Bummel durch den Bilderbuchort

Los geht die Reise in Bacolod auf der Insel Negros, wo du im L'Fisher Hotel eincheckst und die Vormittagsstunden mit Sightseeing verbringst. Am Nachmittag unternimmst du per Taxi einen Ausflug nach Silay, dem Bilderbuchstädtchen mit seinen Herrenhäusern der einstigen Zuckerbarone.

Schon klar, was man von einem Strand, der Sugar Beach heißt, erwarten kann: das süße Nichtstun

Speis & Trank/Übernachten: Das L'Fisher Hotel (Lacson St./14th St., lfisherhotelbacolod.com), das beste Hotel in Bacolod, bietet geräumige und modern eingerichtete Zimmer in zentraler Lage. Dazu gehören ein Coffeeshop, ein großes Restaurant und ein Swimmingpool.

② **Silay**

29 km

① **Bacolod**

Absolut Zucker, dieser Strand!

Am nächsten Morgen steigst du in Bacolod City in einen Bus (5 Std. Fahrt) zur südlich gelegenen Kleinstadt Sipalay, von wo aus dich ein Boot (15 Min.) zum Sugar Beach bringt, einem goldgelbenen Strand zum Baden und Relaxen. Du übernachtest hier, um auch am nächsten Tag das tropische Beachlife auszukosten.

Tag 2–3

① **Bacolod**

202 km

③ **Sipalay**

Speis & Trank/Übernachten: Im Takatuka Beach Resort (Sugar Beach, sipalay.net) in Sipalay sind die Zimmer kunterbunt wie Pippi Langstrumpfs Villa – vom Bett im Leopardendesign über die Schlafstätte im pinkfarbenen Cadillac bis zur Zebradusche.

Hey Flipper, klatsch mal die Flosse ab!

Am vierten Tag brichst du mit einem Bus (6 Std.) auf zum beschaulichen Dumaguete an der Südostküste von Negros, das mit viel Charme punktet und wo du die nächsten drei Tage verbringst. Wirf dort unbedingt einen Blick in das Anthropology Museum. Abends

Tag 4–6

③ **Sipalay**

188 km

④ **Dumaguete**

Und zur Abwechslung mal ein bisschen Vulkansand: Spaziergang unter Palmen am Strand von Dauin

4 Dumaguete

28 km

5 Twin Lakes National Park

72 km

6 Bais

45 km

4 Dumaguete

geht's zum Rizal Boulevard: An der Schlemmermeile der Stadt kannst du einen kulinarischen Streifzug durch viele Küchen der Welt unternehmen. Am Morgen von Tag 5 buchst du bei Harold's Mansion (205 Hibbard Ave., haroldsmansion.com) einen Tagesausflug zum Twin Lakes National Park, wo du Kajak fahren oder wandern kannst. An Tag 6 gelangst du per Jeepney (1 Std.) nach Bais. Flipper ruft: Geh dort auf eine Dolphin Watching Tour (dumaguete.com/dolphin-watching-bais) per Boot. Abends kehrst du nach Dumaguete zurück.

Speis & Trank/Übernachten: Das hippe The Bricks Hotel (thebrickshotel.ph) liegt direkt am Rizal Boulevard – so hast du das Meer immer im Blick und jede Menge Restaurants und Nightlife-Adressen in der direkten Nachbarschaft.

Tag 7–9

4 Dumaguete

19 km

7 Dauin

41 km

8 Siquijor

Wenn dich das Hausriff in die Tiefe lockt

Heute fährst du in einem Minibus (1 Std.) ins südlich gelegene Dauin. Das Hausriff ist ideal für Schnorchler und Taucher. Dein Quartier wird später das Atlantis Dive Resort am schwarzsandigen Vulkanstrand von Dauin sein. Am nächsten Morgen lässt du dich im Minibus zurück nach Dumaguete bringen und wählst von dort aus die Schnellfähre (50 Min.) auf die kleine Nachbarinsel Siquijor, die auf angenehme Art rückständig geblieben ist.

Dass auf der Insel
Siquijor besondere
Zauber wirken sollen,
kann man sich beim
Anblick der Cambuga-
hay Falls gut vorstellen

Das Meer, deine Hütte und
du: Inselromantik überm
klaren Wasser auf Siquijor

8 Siquijor

Mit dem Motorrad einmal um die Insel cruisen

Dort geht's per Tricycle weiter: Check für zwei Nächte im Coco-grove Beach Resort ein und miete im Hotel ein Motorrad. Freu dich auf die Fahrt um die Insel auf der 72 km langen Küstenstraße, die einer nicht enden wollenden Aussichtsterrasse gleichkommt. Leg unbedingt einen Stopp beim feinsandigen Sandugan Beach an der Nordspitze ein, geh schwimmen und schnorcheln am vorgelagerten Korallenriff. An Tag 9 erkundest du das Inselinnere um den Mt. Bandilaan, den höchsten Berg der Insel, und erforschst die Cantabon Cave, die schönste Tropfsteinhöhle der Insel.

Speis & Trank/Übernachten: Das Atlantis Dive Resort (atlantishotel. com/dumaguete-resort) ist eine kleine Oase in Dauin: mit schönem Garten, sonnigem Pool, schwarzsandigem Strand und Tauchschule. Vom Restaurant aus hat man abends einen wunderschönen Blick auf die Fischerboote, die sich wie eine Lichterkette vor der Küste aufreihen.

Speis & Trank/Übernachten: Der fast 1 km lange Strand beim weitläufigen, gepflegten Cocogrove Beach Resort (cocogrovebeachresort.com) ist weiß und wunderschön. Jede Menge Wassersportaktivitäten sorgen für Abwechslung.

Fahrspaß beim Ausflug: mit dem Zweirad durch die Chocolate Hills

Echter Leckerbissen: Hoch auf die Schokohügel

Nimm ab Siquijor eine Schnellfähre (1,5 Std.) nach Tagbilaran auf Bohol. Dort steigst du in ein Taxi zu den berühmten Chocolate Hills. Auch wenn der Aufstieg Puste kostet, der Blick über die „Schoko-hügel" ist unvergesslich. Auf dem Rückweg bringt dich das Taxi zum Alona Beach auf Panglao Island und zum Amorita Resort (amorita-resort.com), deinem Übernachtungsziel. Per Taxi fährst du an Tag 11 wieder nach Tagbilaran und von dort aus per Schnellfähre (1,5 Std.) nach Cebu City. Nutz den Nachmittag für einen Streifzug durch die Altstadt der umtriebigen Metropole.

Speis & Trank: Der beliebte Larisan Food Court in Cebu City erwacht erst ab dem frühen Abend zum Leben. Dann duftet es hier nach gegrilltem Fisch und Fleisch. Ohne den Geldbeutel großartig zu belasten, kannst du hier die traditionelle Küche der Visayas genie-ßen, eine Portion Lokalkolorit beim Leute-Beobachten gibt's dazu.

Speis & Trank/Übernachten: Das Marco Polo Plaza Hotel (Cebu Veterans Drive, Lahug, marcopoloplazacebu.com) in Cebu City ist modern und technisch auf dem neuesten Stand. Am Pool spenden Mangobäume Schatten. Buch am besten Zimmer in einem höheren Stockwerk mit Blick auf die Stadt und Meerenge.

Tag 10–11

8 Siquijor

300 km

9 Chocolate Hills

60 km

10 Panglao Island

106 km

11 Cebu City

AM WEGESRAND: ZUCKERINSELN UND SCHOKOLADENHÜGEL

Negros

Wenn du nach Negros reist, kannst du dich mancherorts noch als Pionier fühlen, denn zu den Massenzielen des Philippinen-Tourismus zählt die im Westen der Visayas gelegene Insel nicht. Dabei bietet sie Naturfreunden genügend Raum für Abenteuer im wilden Bergland oder für Entdeckungen entlang herrlicher Küstenstreifen. Die von drei Vulkanen dominierten, tropisch überwucherten Gebirgszüge im Inneren der Insel teilen Negros in das östliche Oriental und das westliche Occidental. Wie keine andere Region des Landes hat sich Negros über ein Jahrhundert lang auf einen Wirtschaftszweig konzentriert – die Zuckerindustrie. Auf der „Zuckerinsel der Philippinen" bedecken Plantagen über ein Drittel der Landfläche, erzeugen rund ein Dutzend großer Raffinerien mehr als zwei Drittel der Landesproduktion an Rohzucker.

Silay

Was für ein süßes Leben die Zuckerbarone Ende des 19. Jhs. geführt haben, wird in diesem 13 km von Bacolod entfernten, malerischen Städtchen (25 000 Ew.) sichtbar. Rund drei Dutzend der balay negrense genannten Herrenhäuser im spanischen Kolonialstil haben die Zeitläufe fast unbeschadet überstanden. Sie verleihen dem „Paris von Negros", wie Silay auch bezeichnet wird, ein einmaliges historisches Flair. Antikes Mobiliar, kostbare Accessoires und Originalfotos vom Beginn des 20. Jhs. kannst du in der 1898 erbauten Residenz von Don Victor Gaston y Fernandez (Cinco de Noviembre St.) betrachten – oder im Bernardino Jalandoni Ancestral Home (Rizal St.). Knapp 10 km entfernt hat die Hawaiian Philippine Sugar Company ihren Sitz. Dort transportieren noch immer einige der um 1920 gebauten Dampfloks die Zuckerernte über das 180 km lange Schienennetz der Plantage.

Immer im Flow: Auf dem Danao-See bei Ormoc auf der Insel Leyte isst du beim Schaukeln der Wellen

Twin Lakes National Park

20 km nordwestlich von Dumaguete findest du ein tropisches Paradies. Die Natur des dicht bewaldeten, 80 km² großen Nationalparks ist nahezu unberührt. Eine 15 km lange Wanderung zu den Kraterseen Balinsasayao und Danao ist zwar anstrengend, aber ein großartiges Naturerlebnis. Reisebüros in Dumaguete vermitteln Führer. Du kannst dich auch in geländegängigen Fahrzeugen oder auf einem habal-habal (einem kleinen Motorrad) zum Eingang des Nationalparks bringen lassen. An den Kraterseen warten Bootsleute, es gibt einfache Verpflegung zu kaufen.

Siquijor

Die Spitznamen „Hexeninsel" oder „Voodoo-Insel" sprechen Bände: Sie verraten bereits, was an Siquijor (100 000 Ew.) so speziell ist. Die dicht bewaldeten Hügel des Eilands sind Wirkungsstätten einheimischer Geistheiler, die angeblich mit Kräutern, Handauflegen oder mystischen Formeln ihre Patienten heilen. Vor allem aber ist es eine landschaftlich äußerst reizvolle, zauberhaft ursprüngliche Insel mit ausnehmend freundlichen, hilfsbereiten und zugleich zurückhaltenden Bewohnern. Ein Manko gibt es aber auch, nämlich dass die Strände nicht gerade zu den attraktivsten der Philippinen gehören. Du erreichst die Insel von Dumaguete (Negros) aus per Schnellfähre in einer knappen Stunde.

Bandilaan Nature Center & Cantabon Cave

Auf dem mit 557 m höchsten Berg Siquijors, dem Mt. Bandilaan, gibt es ein kleines Besucherzentrum. Die Anfahrt erfolgt am besten von Siquijor Town aus. Oben angekommen, kannst du eine schöne Wanderung durch ursprüngliche Vegetation mit einem Abstecher zu einigen begehbaren Höhlen verbinden. Die bekannteste und wohl schönste ist die Cantabon Cave mit fantastischen Tropfsteinen. Guides für die gut einstündige Höhlenforschung, die auch Taschenlampen und Helme bereithalten, findest du vor Ort.

Schönheitswettbewerb zwischen Schmetterling und Blüte im Butterfly Sanctuary auf Siquijor

Chocolate Hills

Vom Flugzeug aus wirkt die mysteriöse Hügelformation wie ein Heer von gigantischen Schokopralinen. Exakt 1268 braune Kuppeln erheben sich aus der vor Urzeiten noch unter Wasser stehenden Ebene im Zentrum Bohols. Die meisten Hügel sind um die 40 m hoch, einige auch bis zu 120 m. Während der Name leicht durch die schokoladenbraune Farbe in der Trockenzeit (Dezember bis April) zu erklären ist, rätseln Forscher immer noch über die Entstehungsgeschichte dieses geologischen Phänomens. Möglicherweise sind es abgeschliffene Überreste uralter Unterwasserformationen. Die Insulaner halten es lieber mit einer Legende. Danach weinte der Riese Arogo bitterlich, als seine große Liebe Aloya starb. Seine Tränen erstarrten zu jenen Hügeln, die heute Chocolate Hills heißen.

BYE-BYE!

Ikonische
Landschaft: die
Reisterrassen
von Tegallalang

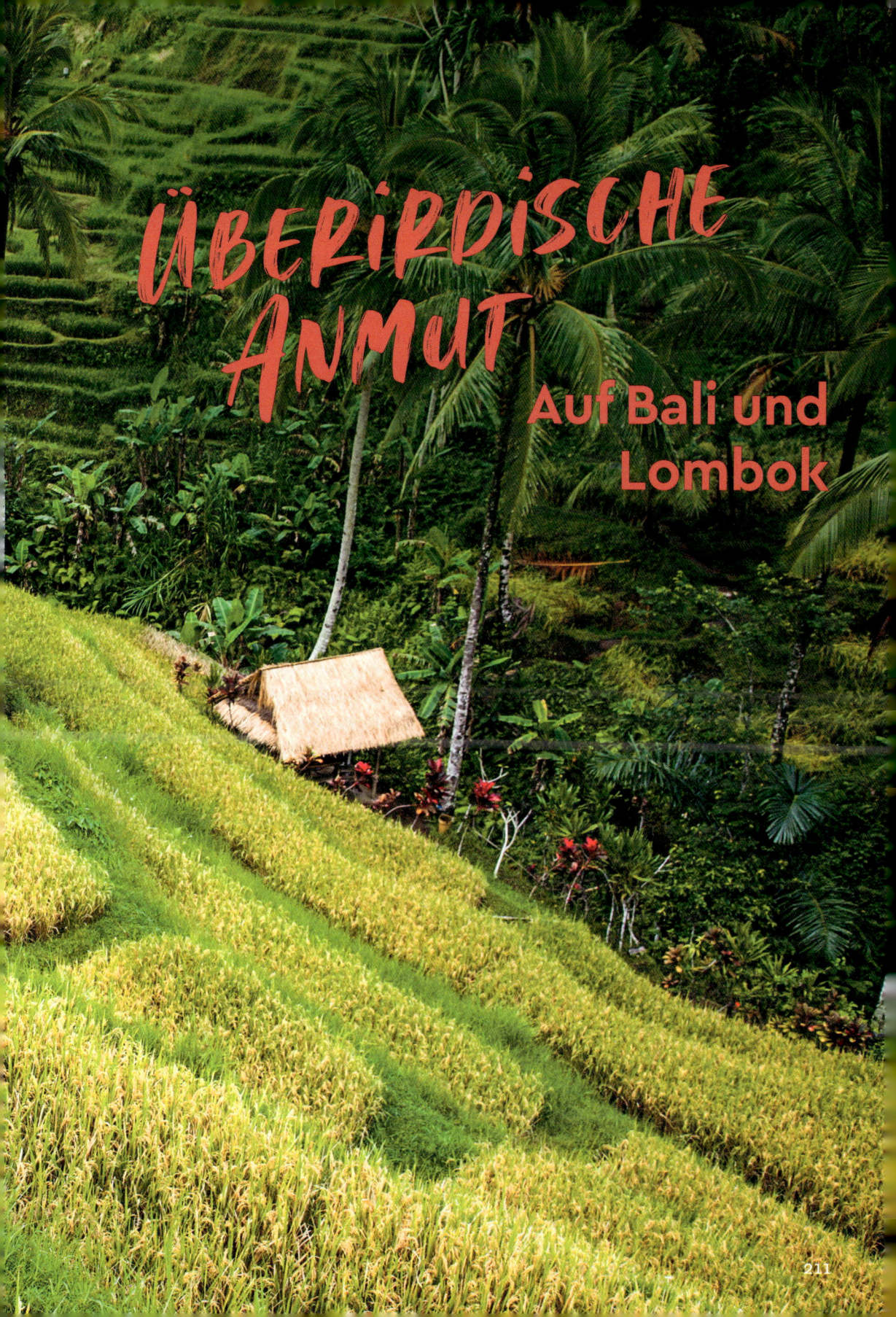

ÜBERIRDISCHE ANMUT

Auf Bali und Lombok

HALO
AN DEN KÜSTEN DER HARMONIE
UND STRANDRESORTS

Allen modernen Verlockungen zum Trotz: Was Bali in der Welt so einzigartig macht, ist seine unverwechselbare, überall spürbare Kultur. Dank ihr hat sich die Insel im Indischen Ozean trotz Massentourismus bis heute ihren ganz eigenen Charme bewahrt. Der die entspannten Strandtage erst so richtig veredelt.

Insel der Götter

Schon am Flughafen wirst du vom sanften Klang der Gamelanmusik und dem Duft von Nelkenzigaretten begrüßt. Auf der Fahrt ins Hotel siehst du am Straßenrand kunstvoll geflochtene Bastkörbchen mit Blumen und Reis, die die Häuser vor Dämonen schützen. Festliche Prozessionen sind noch beeindruckender: Elegant gekleidete Balinesinnen balancieren zu dröhnenden Gongklängen kunstvoll aufgetürmte Gestecke aus Früchten und Blumen auf ihren Köpfen.

Insel der Touristen

Diese Rituale sind Teil des balinesischen Alltags und keineswegs nur inszeniert, doch natürlich gedeiht die hinduistische Kultur auch dank des Tourismus, von dem mehr als 80 Prozent der Balinesen leben. Bali ist nicht nur die letzte hinduistische Provinz Indonesiens, des Landes mit der größten islamischen Bevölkerungsgruppe der Welt, sondern auch ausgesprochen weltoffen. Fast jeder Balinese spricht etwas Englisch, du kommst schnell in Kontakt mit Einheimischen und bist bei den meisten

Über und unter Wasser voller Schönheit: Schnorcheltrip im Meer vor den Gili-Inseln

Zeremonien als Zuschauer willkommen. Balis Beliebtheit bedeutet aber auch: mehrere Millionen ausländischer Besucher jährlich. Aber keine Sorge, es gibt sie noch, die idyllischen Rückzugsräume, tourifreien Dörfer und authentischen Begegnungen. Bei aller Kommerzialisierung ist es doch bewundernswert, wie harmonisch viele Balinesen ihre traditionelle Lebensweise damit in Einklang bringen.

Wunderschöne Natur im Schatten des Vulkans

Nur an wenigen Flecken der Erde trifft eine solch anmutige Lebensart auf so viel Naturschönheit. Im Süden von Bali rollt die für Surfer perfekte Brandung an malerische Steilklippen und weiße Sandstrände. Ein mächtiges Gebirge mit tiefen Schluchten und tosenden Wasserfällen erhebt sich in der Mitte der Insel, gekrönt vom 3148 m hohen Gunung Agung. Dieser Vulkan ist nicht nur heilig, sondern auch ziemlich aktiv. Aber keine Angst, bei Ausbrüchen ist nur ein kleiner Teil der Insel direkt betroffen, für die meisten Urlauber beschränkt sich das Risiko auf Einschränkungen im Flugverkehr. Im trockenen Norden ziehen sich schwarze Lavasandstrände entlang der ruhigen Küste mit fantastischen Unterwasserwelten.

Das zentrale Bergmassiv ist von großen Seen durchsetzt, die das Grün der Reisterrassen speisen. Das ausgeklügelte Bewässerungssystem der Bauern und die damit verbundene Sozialstruktur und Kulturlandschaft sind sogar immaterielles UNESCO-Weltkulturerbe.

Auf zu neuen (Insel-)Ufern

Wenn du Touri-Orte eher meidest, kannst du jede Menge abseitige Ziele entdecken, auch auf den beiden vorgelagerten Inseln Nusa Lembongan und Nusa Penida. Auf Balis östlicher Nachbarinsel kannst du dem ganzen Rummel noch leichter entfliehen, denn auch an die Gestade des muslimisch geprägten Lombok schwappen die Trends und Besuchermassen aus Bali nur punktuell. Die Insel ist nur in Senggigi und Kuta Lombok vom Massentourismus geprägt. Da der Rest der Insel von diesem weitgehend ignoriert wird, kannst du die Reisfeldidylle von Tetebatu in Ruhe genießen und findest im Süden mit etwas Glück noch menschenleere Strände. Die drei nordwestlich vorgelagerten Gilis sind dagegen Besuchermagnete par excellence: Ob Familienurlaub auf Gili Air, eine Robinsonade auf Gili Meno oder der Partytrip auf Gili Trawangan – auf den einst unbewohnten Inseln kannst du alles erleben.

12 TAGE
BALI, LOMBOK UND DIE GILIS

Ein bisschen was von allem

Strecke & Dauer

- von Seminyak nach Selong Belanak
- etwa 485 km mit Auto und Boot
- reine Fahrzeit etwa 15 Stunden

Beste Zeit

- Die beste Reisezeit ist in der Trockenzeit von März/April bis Oktober/November.
- In der Regenzeit regnet es zwar selten durchgehend, aber die heftigen Tropenschauer führen manchmal zu Überschwemmungen und schränken die Aktivitäten ein.
- Die Temperatur bewegt sich ganzjährig um 30 Grad, wobei es in den Bergen deutlich kühler sein kann.

Gut zu wissen

- Wenn du dir den wuseligen und relativ locker geregelten Verkehr zutraust, kannst du Bali und Lombok prima als Selbstfahrer erkunden. Fast überall kannst du Autos leihen (internationaler Führerschein). Ein Auto mit ortskundigem Chauffeur macht die Fahrt erholsamer.
- Einen Motorroller kannst du ebenfalls mit dem internationalen Führerschein mieten. Achtung: Auch hier gilt die Helmpflicht!
- In Touristenorten werden an jeder Straßenecke Fahrdienste angeboten; der Fahrpreis ist auf Listen ausgeschrieben, aber manchmal verhandelbar.

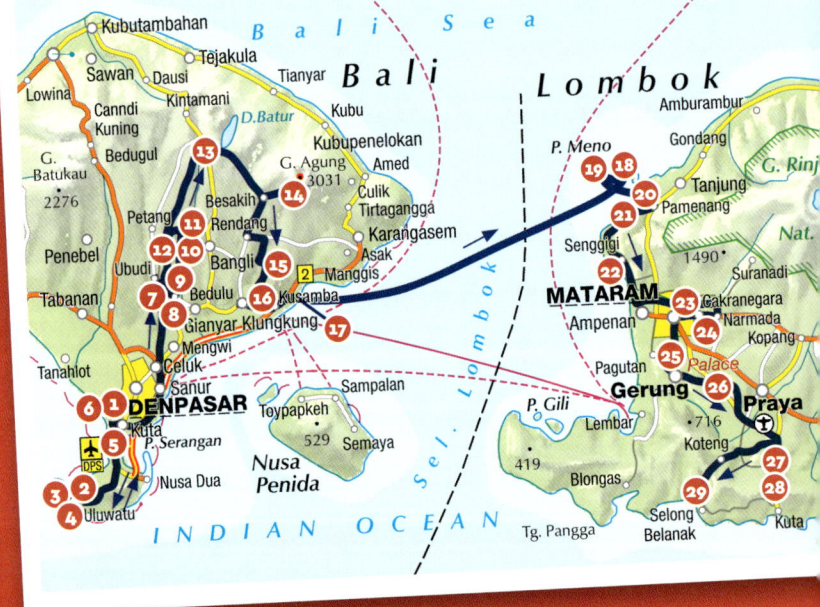

- Auf den Gilis gibt es einspännige Pferdewagen (cidomo oder dokar), die sich für kürzere Strecken eignen. Die Preise sind festgelegt.
- Zwischen den Inseln pendeln Fährschiffe, Schnellboote fahren von Sanur, Padang Bai, Nusa Lembongan oder Amed auf die Gilis (gili-fastboat.com oder gilitickets.com).

Atmosphäre schnuppern beim ersten Sundowner

Um anzukommen auf Bali, ist Seminyak ideal. Kurier deinen Jetlag bei einem Bummel entlang der Boutiquen und Cafés in der Jl. Kayu Aya, saug die Atmosphäre bei einem Strandspaziergang ein und genieß deinen ersten Sundowner im legendären Ku De Ta. Neben erstklassiger Musik gibt es dort vorzügliches Essen. Richtig ausschlafen kannst du dich in Tony's Villas & Resort, wo du für zwei Nächte eincheckst.

Am nächsten Tag machst du einen Ausflug auf die Bukit-Halbinsel zu den Buchten Padang-Padang und Suluban, wo du von der Steilküste aus den besten Surfern der Insel zusehen kannst. Vor Sonnenuntergang solltest du den Tempel Pura Luhur Uluwatu ansteuern, der spektakulär auf den Klippen thront. Hier lässt du dich vom allabendlichen Kecak-Tanz vor dem Hintergrund der untergehenden Sonne in den Bann ziehen – falls es nicht zu voll ist und du einen guten Sitzplatz ergattert hast. Auf dem Rückweg schlenderst du in Kuta über die Souvenirmeile und erkundest später die Clubs und Bars in Petitenget.

Speis & Trank: In der gediegenen Strandlounge des Oberoi-Hotels kannst du im Ku De Ta (Jl. Kayu Aya 9, kudeta.com) schon tagsüber Stunden damit zubringen, auf einer Liege zu chillen, exzellente Cocktails zu schlürfen, Häppchen oder ganze Gerichte zu ordern und zu cooler Musik auf den Sonnenuntergang zu warten.

Übernachten: Tony's Villas & Resort (Jl. Petitenget, Kerobokan, balitonys.com) ist eine versteckte, strandnahe Hotelanlage im modernen Bali-Stil mit Bungalows, Poolvillen, Restaurant, Bar, Pool und Spa.

Tag 2–3

1 **Seminyak**

35 km

2 **Padang-Padang**

2 km

3 **Suluban**

3 km

4 **Pura Luhur Uluwatu**

24 km

5 **Kuta**

8 km

6 **Petitenget**

Tag 3-4

6 **Petitenget**

32 km

7 **Ubud**

14 km

8 **Goa Gajah**

3 km

9 **Pura Penataran Sasih**

13 km

10 **Gunung Kawi**

2 km

11 **Tirta Empul**

7 km

12 **Tegallalang**

Wo das spirituelle Herz Balis schlägt

Ubud, Balis Kultur- und Wellnesszentrum, erreichst du mit den Öffis oder per Taxi. Nach einem Besuch im Museum Puri Lukisan (puriluki-sanmuseum.com) und einem Mittagessen im Joglo Organik führt dich ein Rundweg zum Ubud Sari Health Resort (Jl. Kaleng 35, ubudsari. com), wo du dich in einem Gartenpavillon massieren lassen kannst. Sichere dir in der Touristeninformation Karten für eine abendliche Tanzvorführung oder eine der anderen Veranstaltungen im Puri Saren, dem Palast von Ubud an der zentralen Kreuzung, bevor du dein Zimmer für die kommenden beiden Nächte im Tjampuhan Hotel beziehst. Am nächsten Tag steuerst du mit einem fahrbaren Unter-satz die Elefantenhöhle Goa Gajah, den Tempel Pura Penataran Sasih in der alten Königsstadt Pejeng, die mystische Grabstätte Gunung Kawi und schließlich die heiligen Quellen Tirta Empul an. Zurück fährst du über die Reisterrassen von Tegallalang, die als Fotospot berühmt geworden sind. Hier kannst du dich und andere an diversen Requisiten fotografieren und auf einen Kaffee einkehren.

Speis & Trank: Wunderschön inmitten von Reisterrassen liegt das Joglo Organik (Jl. Subak Sok Wayah). Das Tüpfelchen auf dem i sind die köstlichen Biogerichte, die du hier schlemmen kannst.

Übernachten: Das ehemalige Haus des Malers Walter Spies mit Ausblick auf eine Schlucht ist Teil des traditionsreichen, eleganten Tjampuhan Hotels (Jl. Raya Campua, tjampuhan-bali.com), zu dem zwei Pools, ein luxuriöses Spa und ein edles Restaurant gehören. In der Walter-Spies-Lounge sind Originale des Malers zu sehen.

Ist noch Platz im Koffer? Souvenirs bis der Holzschnitzer kommt auf dem Kunsthandwerkermarkt von Ubud

Friedvolle Stille am Kratersee
des Gunung Batur, eines immer
noch aktiven Vulkans

Wirf einen Blick ins Innere des Vulkans

Tag 5

Ein Auto mit Fahrer bringt dich am nächsten Tag nach Penelokan. Ein Ort mit vielen Straßenbistros, von denen du einen tollen Blick auf die Caldera des aktiven Vulkans Gunung Batur hast. Über Bergstraßen geht es zum Pura Besakih am Hang des Gunung Agung. Eine kurvenreiche Straße führt von hier nach Sidemen, wo du im Warung Ume Anyar zu Mittag isst. Weiter südlich solltest du dir bei einem Bummel durch Klungkung die alte Gerichtshalle Kertha Gosa mit ihren schaurig-fantastischen Deckenmalereien ansehen. Entspann dich am Abend in Spa und Restaurant deiner Unterkunft, des bei Padang Bai gelegenen Bloo Lagoon Eco Village.

Speis & Trank: *Beim rustikalen, landestypischen Mittagessen im Warung Ume Anyar (Jl. Raya Sidemen Ogang) in Sidemen genießt du auf der luftigen Terrasse traumhafte Blicke über tiefgrüne Reisterrassen.*

Übernachten: *Das familienfreundliche Resort Bloo Lagoon Eco Village (bloolagoon.com) liegt direkt über dem Blue-Lagoon-Strand und punktet mit geräumigen Villen, Pool, Spa und einem Biorestaurant.*

7 Ubud

30 km

13 Penelokan

20 km

14 Pura Besakih

21 km

15 Warung Ume Anyar

15 km

16 Klungkung

17 km

17 Padang Bai

Lass dich fallen – gerne auch ins Meer

Tag 6–7

Am Morgen setzt du vom Fährhafen mit einem Schnellboot nach Gili Meno über. Hier lässt es sich wunderbar entspannen, besonders schön in der Villa Sayang, wo du zwei Nächte bleibst. Schließ dich am nächsten Tag einer Tauchtour an: Die Skipper wissen, wo es die schönsten Korallen oder Meeresschildkröten gibt.

Speis & Trank: *Im liebevoll mit Treibholz, Muscheln und Korallen dekorierten Strandbistro Diana Café (Weststrand) hat man den allerbesten Blick auf den Sonnenuntergang, dazu gibt's kühles Bier, gegrillten Fisch und Reggae.*

Übernachten: *Zwei liebevoll eingerichtete Villen mit getrenntem Wohnbereich, Küche, Open-Air-Bad und Putzservice in einem weitläufigen Garten landeinwärts bilden das Herz der Villa Sayang (villasayanggilimeno.com).*

17 Padang Bai

68 km

18 Gili Meno

Genug vom Trubel auf Bali und den Gilis? Dann auf nach Senggigi auf Lombok – und mal so richtig chillen

Tag 8

18 Gili Meno

5 km

19 Gili Trawangan

Erst schaukeln, dann Party!

Zur Nachbarinsel Gili Trawangan nimmst du am nächsten Morgen das Fährboot. Check in der La Cocoteraie Ecolodge ein. Bevor du am Abend durch die Bars tingelst, kannst du um die Insel radeln und zum Sonnenuntergang an der Westseite einen Schnappschuss von dir auf einer der berühmten Meeresschaukeln machen.

Speis & Trank/Übernachten: Glamping ist angesagt, und zwar in der La Cocoteraie Ecolodge (lacocoteraiegili.com), die in einer üppigen Kokosplantage liegt: Du übernachtest in luxuriösen Safarizelten (mit Klimaanlage!).

Tag 9

19 Gili Trawangan

12 km

20 Bangsal

6 km

18 Autore

20 km

22 Senggigi

Glücklich werden mit Perlen und Livemusik

Nächstes Ziel: Lombok. Die Boote laufen Bangsal an, wo du in ein Taxi steigst. Die mit Taxameter operierenden Taxis von Blue Bird sind auf Kurzstrecken günstiger als die Privatfahrer am Hafen. Du findest sie ein paar Gehminuten die Straße hinunter. Alles über die Zucht von Südseeperlen erfährst du bei der Besichtigung der Perlenfarm Autore, bei der du auf der Fahrt nach Senggigi einen Zwischenstopp einlegst. Verbring den Nachmittag am Strand oder am Pool und spendier dir zum Sonnenuntergang ein Abendessen in den edlen Qunci Villas, wo du auch übernachtest. Noch nicht müde? Gute Livemusik gibt's im Happy Café (Jl. Raya Senggigi) an der Hauptstraße.

Speis & Trank: Das Square (Jl. Raya Senggigi, km 8, squarelombok. com) ist das wohl schickste Restaurant in Senggigi. Es liegt mitten im Zentrum und serviert dir in gediegenem Ambiente leckere indonesische und lomboktypische Kreationen von einem der besten Köche Lomboks.

Übernachten: Die Qunci Villas (Jl. Raya Mangsit, quncivillas.com) liegen direkt am Strand. Das stylishe Boutiquehotel punktet mit drei Pools, Spa, Strandbar und zwei sehr guten Restaurants mit asiatischer und westlicher Fusionsküche.

Lerne Lomboks Traditionen kennen

Der Chauffeur, den du samt Auto anheuerst, bringt dich heute zum Hindutempel Pura Lingsar und zum einstigen Wasserpalast Taman Narmada. Von dort geht es erst zu den Kunsthandwerkerdörfern Banyumulek und Sukarara, wo du an die Mitbringsel denken und günstig Tonwaren sowie Webstoffe kaufen kannst, dann weiter zu den traditionellen Sasak-Dörfern Rambitan und Sade. Dort erfährst du, wie bescheiden Lomboks Ureinwohner einst lebten. Von hier lässt du dich wieder Richtung Norden fahren, bis hinter Sengkol eine Straße in Richtung Selong Belanak abgeht. Ziel erreicht: Freu dich an diesem Traumstrand auf ein leckeres Abendessen, zwei ruhige Nächte und relaxte Strandtage in den Sempiak Villas.

Speis & Trank/Übernachten: Die Bucht von Selong Belanak bietet zum Sonnenuntergang ein atemberaubendes Klippenpanorama. In den sehr schönen Sempiak Villas (sempiakvillas.com) kannst du es genießen – zusammen mit dem köstlichen Essen im dazugehörigen Restaurant Laut Biru.

Tag 10–12

- **22** Senggigi
- 29 km
- **23** Pura Lingsar
- 5 km
- **24** Taman Narmada
- 16 km
- **25** Banyumulek
- 16 km
- **26** Sukarara
- 18 km
- **27** Rambitan
- 1 km
- **28** Sade
- 24 km
- **29** Selong Belanak

Kauf bei den Herstellerinnen: Die schönen Stoffe aus Sukarara namens Songket bekommst du nirgendwo günstiger als in dem Weberdorf selbst, Werkstattführung inklusive

AM WEGESRAND: ABWECHSLUNGSREICHES INSEL-QUINTETT

BALI
Kuta/Legian

Bevor die Hippies und Surfer in den 1960ern den kilometerlangen Sandstrand mit der ewig rollenden Brandung für sich entdeckten, war Kuta ein Fischerdorf mit zwischen Palmen verstreuten Häusern und ungepflasterten Wegen. Heute zeugen nur noch die engen Gassen um die Poppies Lane von der alten Dorfstruktur. Entlang der Strandpromenade und der Jalan Legian, die Kuta mit Legian verbindet, drängen sich Autos, Mopeds und Geschäfte. Hotels, Restaurants und Läden reihen sich dicht an dicht, und die Übergänge zu den Nachbarorten Tuban im Süden und Seminyak im Norden sind fließend. Doch gerade diese pulsierende Dichte scheint Surfer und Partyfans anzuziehen, die tagsüber Strand, Sonne und Wellen genießen und abends ins Nachtleben abtauchen.

Und immer ist auf Bali irgendwo eine Prozession samt Opfergaben...

Seminyak

Als Kuta noch ein Dorf und Denpasar weit weg war, bauten die Reichen und Schönen ihre schmucken Villen in die Reisfelder des Örtchens Seminyak. Auch heute noch ist vieles auf diese internationale Klientel eingestellt. Inzwischen geht der Ort (8000 Ew.) im Norden nahtlos in Denpasars Vororte über, während die Ausgeh- und Shoppingmeile Jalan Arjuna die ungefähre Grenze zu Legian bildet. Dennoch ist Seminyak völlig anders als Kuta und Legian – die Hotels, Resorts und Beachclubs sind exklusiver, die Klientel erlesener und abgeschotteter. Immerhin: Strand und Wellen sind dieselben, und wenn du mal schick ausgehen willst, kannst du auch einfach von Kuta oder Sanur aus rüberfahren oder von Legian hierher spazieren.

Ubud

Das kulturelle und spirituelle Zentrum Balis (75 000 Ew.) liegt eingebettet zwischen saftigen Reisterrassen, kleinen Schluchten und friedlichen Dörfern. Dieser Reiz blieb dem Massentourismus nicht verborgen, trotzdem solltest du hier ein paar Nächte verbringen und die Umgebung erkunden. Kaum etwas hat den Tourismus in Ubud so gehypt wie Elizabeth Gilberts Buch „Eat, Pray, Love" und der gleichnamige Film. Unzählige machten sich daraufhin auf in das vermeintlich idyllische Örtchen. Zahllose Geschäfte säumen heute die Hauptstraßen, durch die asiatische Tagesbesucher mit Einkaufstüten eilen. Auch das Angebot für die westliche Klientel hat sich merklich ins Luxussegment aufgefächert, und Ubuds professioneller Wohlfühlbetrieb läuft gut geölt wie eine balinesische Massage. Allerdings gibt es noch immer charmante Ecken, familiäre Gästehäuser am Reisfeld und das typische, schlecht in Worte zu fassende Ubud-Flair.

Tropentraum mit Palmen: An den Stränden von Senggigi auf Lombok finden sich noch viele menschenleere Abschnitte

LOMBOK

Lange lag Lombok im Schatten der Nachbarinsel Bali, doch mittlerweile interessieren sich immer mehr Touristen für eine der vielfältigsten Inseln Indonesiens. Sie erwarten – auch dank der Höhenlagen am Vulkan Rinjani, dessen Massiv die nördliche Hälfte einnimmt – nahezu alle Schattierungen einer tropischen Landschaft. Fruchtbare Reisterrassen, Palmen-, Bambushaine und Bergwälder ziehen sich die steilen Hänge hinauf – ein starker Kontrast zur trockenen Südküste. Aufeinander treffen nicht nur Regenwald und Savanne, sondern auch Religionen. Die Sasak sind konservative Muslime, die außerhalb der Touristenorte kaum Verständnis für Bikinis oder Alkohol aufbringen. Im dicht besiedelten Westen leben balinesische Hindus. Nach Osten hin wird es nahezu untouristisch, ursprünglich und, ja, auch ärmlich. Alles in allem also ein faszinierendes Ziel für Entdecker.

Gili Meno

Gili Meno, die kleinste der drei Inseln, ist ein Ruhepol. Ein Ort, an dem es buchstäblich nichts zu tun gibt (außer Tauchen und Schnorcheln natürlich) und zwischen locker verteilten Bungalowanlagen noch ein Hauch von Robinson-Atmosphäre aufkommt. Shopping? Nacht-

leben? No can do. Weniger ist manchmal eben mehr: In einer guten Stunde hast du die Insel umschritten. Für Taucher und Schnorchler ist die Gili-Meno-Wand im Nordwesten mit seltenen Korallen, Fischen und Meeresschildkröten die Attraktion. Der schönste Strand breitet sich direkt vor der Ruine des Gazebo Meno im Südosten aus, wo der Sand besonders hell und fein und der Meeresgrund nicht zu steinig ist.

Gili Trawangan

Viele landen als Erstes auf der größten und betriebsamsten Gili. Sie wird am Oststrand mit ihren Tauchschulen, Restaurants und Shops dem Ruf als Partyinsel gerecht, hat aber auch ruhige Plätzchen fernab vom Trubel. Im Inselinneren und an den übrigen Stränden reift dann doch die Erkenntnis, dass du auch auf Trawangan problemlos Ruhe findest. Im Süden und Westen drehen die Strandbars zum Sonnenuntergang die Musik auf – einmal Sundowner mit Blick auf Bali ist schon ein Muss. Auf dem 72 m hohen Bukit Trawangan im Süden genießt du einen tollen Panoramablick ganz ohne Instagram-Schaukeln und Bestellzwang.

Das Paradies besteht
aus Granit, Sand, Palmen
und Meer: Anse Source
d'Argent

Kunstwerke aus Sand und Fels

Auf den Seychellen

HELLO im irdischen Garten Eden

Finis coronat opus: „Das Ende krönt das Werk", so steht es auf dem Staatswappen der Seychellen. Und tatsächlich – es scheint, als wäre ganz zum Schluss der göttlichen Schöpfung ein Meisterstück entstanden: die 115 Inseln des seychellischen Archipels, jede einzelne ein Kunstwerk aus Sand, Granit und Palmen.

Fast ausgestorben: Der Bestand der Riesenschildkröten erholt sich langsam wieder

Zauberhaftes aus Sand und Stein

Die Seychellen haben etwas Magisches an sich, nicht zuletzt deswegen, weil ihre Entstehungsgeschichte ein wenig geheimnisvoll klingt. Der Urkontinent Gondwana, der einst Afrika, Asien und Europa umfasste, soll der Vater des Archipels sein: Als er vor Millionen Jahren zerbrach und die einzelnen Kontinente ihre neuen Positionen suchten, entstanden dabei mehr oder weniger als Abfallprodukte die Seychellen. Zeuge dieser ungewöhnlichen Inselgeburt sind die sogenannten „Inneren Inseln" – insgesamt 32, darunter Mahé, Praslin

und La Digue mit den benachbarten Eilanden. Aber sind die nicht bekannt wegen ihrer zauberhaften Sandstränden? Ja, gewiss, und dennoch sind sie nicht auf Sand gebaut. Sie sind nämlich die Gipfel des Mahé-Plateaus, was nichts weiter ist als ein Gebirge unter Wasser. Viel weiter draußen schlängelt sich ein Basaltmassiv durchs Meer, auf dessen Rücken es sich die sehr kleinen „Äußeren Inseln" bequem gemacht haben. Platt wie Pfannkuchen liegen sie mit ihren Puderzuckerstränden nur wenige Meter über dem Wasserspiegel.

Über das bunte Paradies auf Erden staunen

Die Seychellen treiben es bunt: das selbstverständliche Blau des Meeres und des Himmels, zig unterschiedliche Schattierungen von Grün, dazwischen jede Menge knallige Blüten, Obst in leuchtenden Farben und prächtig schillernde Fische! Genau diese Kombination war es, die bereits 1609 die Gerüchteküche anheizte – der irdische Garten Eden war endlich gefunden: Zwei Schiffe der englischen East India Company ankerten vor der damals noch als „Sieben Brüder" bzw. „Sieben Schwestern" bekannten Inselgruppe, und ihre Besatzungen kamen aus dem Staunen nicht mehr heraus.

Wo dich charmante Multi-Kulti-Atmosphäre erwartet

Es waren dann schließlich die Franzosen, die Profit mit den Inseln machen wollten.

Coco de Mer? Seychellen! Die poförmige größte Nuss der Welt, die bis zu 20 kg schwer werden kann, wächst nur auf diesen Inseln

Eine Expeditionsgruppe landete auf der Hauptinsel Mahé und baute auf der kleinen Insel Sainte Anne ihre erste Plantage – die Wiege der seychellischen Nation, die mittlerweile 93 000 Seselwa (frz. Seychellois) zählt, wie die Bewohner der Seychellen in der Landessprache heißen. Unter ihnen herrscht ein buntes Durcheinander, was die Hautfarbe anbelangt. Von Ebenholzschwarz bis Kakaobraun, von Karamell bis Elfenbein, und ja, es gibt sie tatsächlich: komplett weißhäutige Seselwa, die Nachfahren der sogenannten Grand Blancs, der „Großen Weißen", wie die mächtigen französischen Plantagenbesitzer genannt werden, die einst auf den Seychellen das Sagen hatten. Dazu Nachfahren der Sklaven aus Mozambique, Madagaskar und Guinea, später kamen noch Arbeiter und Händler aus Indien und China dazu: ein kreolisches Vielvölkervolk, das heute für die einzigartige Multikulti-Atmosphäre und den ganz eigenen Charme der Seychellen sorgt.

Und überall: die Magie des Meeres

Auf den Seychellen dreht sich das gesamte Leben rund ums Meer – egal, ob es nun am, unter oder auf dem Wasser stattfindet. Strände sind mehr als nur perfekte Badeparadiese, sie sind an den Werktagen Landeplatz für Fischerboote, Umschlagplatz für frisches Meeresgetier, Sport- und Pausenplatz für Schulkinder. Doch es geht auch anders: hier eine einsame Bucht, da ein fast menschenleerer Strand. Wer mit dem Leihwagen über Mahé oder Praslin gondelt, wer mit dem Drahtesel auf La Digue nicht nur mit den Touristenmassen mitradelt, findet idyllische Fleckchen zum Schwimmen und Sonnenbaden, zum Strandwandern und Schnorcheln. Etwas tiefer eintauchen gewünscht? Aber gerne doch: Die faszinierende Unterwasserwelt bietet den Liebhabern des Tauchsports Meeresschildkröten, Mantarochen oder gar Walhaie.

2 TAGE INSELHOPPING

Seychellen im Schnelldurchlauf

Strecke & Dauer

- von Victoria (Mahé) zum Hotel Patatran Village (La Digue)
- Landstrecke ca. 20 km
- ca. 1,5 Stunden Schiffspassagen

Beste Zeit

- Generell gilt: Auf den Seychellen gibt es keine Sonnenscheingarantie, und schon gar nicht für 365 Tage im Jahr!
- Auch vor den Seychellen macht der Klimawandel nicht halt. Daher wird eine Empfehlung für die beste Reisezeit immer schwieriger. Grundsätzlich gilt aber: Die durchschnittliche Temperatur beträgt tagsüber ca. 28 Grad, nachts ca. 25 Grad.
- In den Monaten April/Mai und Oktober/November gibt es verhältnismäßig wenig Regen, die höchste Regenwahrscheinlichkeit herrscht in der sogenannten klassischen Regenzeit (Dez.–Feb.).

Gut zu wissen

- Fahrpläne für die Fähren findest du unter catcocos.com.
- Das wichtigste Fortbewegungsmittel auf den Inseln Mahé und Praslin sind die Busse – allesamt blau, Marke Tata (Indien). Busfahrten sind ein echtes Abenteuer, Fahrpläne sucht man vergebens.
- Taxifahren auf den Seychellen ist teuer, unbedingt vorher nach den Fahrtkosten fragen! Meist wird ein Fantasiepreis angegeben, aber zum Handeln besteht wenig Chance.
- Auf La Digue ist das Hauptfortbewegungsmittel das Fahrrad. Bereits am Fähranleger kommen eifrige Fahr-

radverleiher auf die Tagestouristen zu, um ihnen ihre Drahtesel zu vermieten.
- Sowohl auf Mahé als auch auf Praslin gibt es zahlreiche Autoverleiher (car hire). Die Straßen sind z. T. sehr eng und schlecht ausgebaut, es herrscht Linksverkehr. Achtung: Es gibt nur wenige Tankstellen!

Tag 1

 Victoria

50 km

② Jetty von Praslin

Gigantische Nüsse warten im Palmenwald

Natürlich verlocken die Seychellen-Strände zum süßen Nichtstun. Dennoch solltest du dir zwei Tage Zeit nehmen, um auf Mahé, Praslin und La Digue ein Gefühl für die anderen 112 Inseln zu bekommen. Dafür geht es am ersten Tag ganz früh morgens in Victoria (Mahé) zum Inter Island Key und ab auf die Fähre „Cat Cocos". Die erste des

Auf angelegten Pfaden durchstreifst du den Vallée-de-Mai-Nationalpark und entdeckst sicher eines der 6000 Coco-de-Mer-Exemplare

Tages flitzt bereits um 7.30 Uhr nach Praslin (tgl. außer So); bitte äußerst pünktlich sein und ausreichend Zeit für den Fahrkartenkauf einplanen! Bei der Überfahrt kann es bisweilen heftig schaukeln. Nach gut einer Stunde dann die Ankunft am Anleger von Praslin, der hier nur Jetty genannt wird. Von dort aus läufst du einfach wenige Minuten zur Hauptstraße und dort zur nächsten Bushaltestelle. Dann nimmst du den Bus zum Vallée-de-Mai-Nationalpark. Denn: ein Muss – die Nuss! Also ausgiebig durch den urtümlichen Palmenwald streunen, so ist man mit der sagenumwobenen Coco de Mer am besten auf Augenhöhe.

2 Jetty von Praslin

4,5 km

3 Vallée-de-Mai-National-park

13,5 km

4 Anse Lazio

7 km

5 Anse Volbert

Und jetzt: Baden und Buchtenzauber

Am späten Vormittag geht es mit dem Bus weiter an die Anse Lazio. Von der letzten Haltestelle führt ein kurzer Fußweg ans Meer. Nach einem Mittagessen gehört der Nachmittag dieser zauberhaften Bucht, dem Badeparadies schlechthin! Zum Abschluss des Tages geht es mit dem Bus zurück zur Anse Volbert an der Côte d'Or, der „Goldküste" von Praslin, wo du auch übernachtest.

Speis & Trank: Nachdem das legendäre Strandrestaurant Bonbon Plume für immer geschlossen ist, bietet sich das Mabuya Beach Restaurant an der Anse Lazio direkt am Meer als Alternative an.

Übernachten: An der Côte d'Or erwartet dich im freundlichen Les Lauriers Eco Hotel & Restaurant (laurier-seychelles.com) ein reich-haltiges kreolisches Buffet.

Sieht auch aus der Luft ziemlich spektakulär aus: das Sand-Felsen-Palmen-Ensemble der Anse Source d'Argent

Granit fürs Foto und Sonnenuntergang an der Reling

Gleich um 9 Uhr geht das Fährboot von Praslin nach La Digue. Nach einer halbstündigen Fahrt legt es am Anleger im kleinen Hafen an. Hier nimmst du gleich ein Leihfahrrad und radelst nach rechts Richtung Süden die Küste entlang bis zur Plantage L'Union Estate. Hier gibt es ein tierisches Rendezvous mit Riesenschildkröten in einem Gehege und mit einem Ochsen in einer alten Kokosnussmühle. Danach einfach weiterradeln, bis der Weg am Wasser endet. Von dort aus schlängeln sich Pfade durch die wohl schönsten Granitfelsen der Seychellen in die berühmte Anse Source d'Argent, wo erst mal Fotos gemacht werden und anschließend Erholung im seichten Wasser bei einem ausgiebigen Bad ansteht. Den gleichen Weg wie am Morgen geht es nun zurück, sodass du am frühen Abend in der Hafenbar Tarosa den verdienten Sundowner genießen kannst. Die kleine Bar ist eigentlich nichts wirklich Besonderes; kein attraktives Ambiente, kein übermäßig gutes Essen, kein allzu flotter Service. Doch hier in der ersten Reihe an der Reling den Sonnenuntergang zu genießen ist sensationell! Anschließend radelt es sich schnell zum feinen Abendessen bei Chez Jules: vom Hafen aus nach Norden um die Nordspitze herum bis in die Anse Banane. Der himmlische Tagesabschluss: eine Übernachtung direkt am Meer an der Anse Patates. Am nächsten Morgen geht's dann wieder an den Hafen, dort Rad abgeben und mit der Fähre über Praslin zurück nach Mahé.

Speis & Trank: Genieß zum Abendessen bei Chez Jules (facebook.com/ChezJulescafe) an der Anse Banane exquisite, wenn auch nicht ganz billige Meeresfrüchte.

Übernachten: Das Patatran Village (patatranseychelles.com/en) ist ein hübsches Hotel mit Bungalows, die an der Anse Patates idyllisch über einer kleinen, verträumten Bucht liegen.

Tag 2

- **5** Anse Volbert
  - 13 km
- **6** Hafen von La Digue
  - 2 km
- **7** L'Union Estate
  - 800 m
- **8** Anse Source d'Argent
  - 2,5 km
- **9** Hafenbar Tarosa
  - 3,5 km
- **10** Anse Banane
  - 3 km
- **11** Anse Patates

Frischer Fisch fürs Buffet: an der Anse Volbert, eine Bucht an der Côte d'Or in Praslins Nordosten

AM WEGESRAND: DIE BERÜHMTESTEN GRANITFELSEN DES UNIVERSUMS

Mahé

Granitgebirge, üppige Vegetation, weitläufige Strände und die wuselige Hauptstadt Victoria – auf Mahé pulsiert das Tropenleben in seiner vielfältigsten und ursprünglichsten Art. Etwa drei Viertel der ca. 90 000 Seselwa wohnen auf der Hauptinsel, die zwei Gesichter hat: Der Norden punktet mit einem aufregenden Panorama rund um den 905 m hohen Morne Seychellois und reichlich Abwechslung mit touristischen Hotspots an der weiten Bucht von Beau Vallon. Ganz anders der rauere Süden: dünn besiedelt mit Fischerdörfern neben Stränden von atemberaubender Schönheit. An Mahé geht kein Weg vorbei, schon allein, weil sich hier der einzige internationale Flughafen der Seychellen befindet. Plan ein paar Tage ein, um dich vom Alltagstreiben in Victoria mitreißen zu lassen und auf einer abenteuerlichen Busfahrt von Nord nach Süd zu gondeln. Oder um auf schneeweißem Sand unter Palmen abzuhängen und zwischen den vorgelagerten Inseln im Sainte-Anne-Nationalpark ein- und abzutauchen.

Praslin

Wer nicht unter dem immergrünen Dach der mystischen Coco-de-Mer-Palmen gewandelt ist, wer nicht selbst einmal eine dieser sagenumwobenen Riesennüsse in den Händen gehalten hat, der war nicht auf den Seychellen. Deshalb auf nach Praslin! Mit 12 km Länge und maximal 5 km Breite scheint die Insel eigentlich recht klein, ist aber doch immerhin die zweitgrößte des Archipels. Und hier dreht sich alles nur um die Nuss! Warum? Weil sie eine Nuss der Superlative ist und weil sie die schönsten Pobacken der Welt symbolisiert. Denn genauso sieht sie aus, die Coco de Mer, wie ein aufreizender weiblicher Unterleib. Sex sells, das war schon immer so, und so zieht die Heimat der Meganuss – das Vallée de Mai – täglich mehrere Hundert Besucher an. Heute stehen die fast völlig ausgerotteten Coco-de-Mer-Palmen unter strengem Naturschutz.

Erst der schweißtreibende Aufstieg, dann der Traumausblick: Lohn der Mühen am Morne Blanc auf Mahé

Anse Lazio

Perfekte Kombination aus allerweißestem Sand und türkis flimmerndem Meer, das von zwei hohen Granitufern umarmt wird. In den Monaten des Nordwestmonsuns (Mitte Okt.–Mitte Mai) ist das Baden allerdings alles andere als entspannend, denn heftige Wellen wirbeln dann alles durcheinander. Angenehmer ist es in der restlichen Zeit. Wer mit dem Bus auf Praslin unterwegs ist, steigt an der Endstation (Guesthouse Manoir) aus und muss die letzten ca. 1,5 km zu Fuß an den Strand laufen. Mit dem Leihwagen geht es einfacher, denn direkt am Wasser gibt es einen Parkplatz. Leider ist der Strand vor allem zur Hochsaison der Kreuzfahrtschiffe (Nov.–März) alles andere als eine scheue Schönheit.

Nicht nur der Markt von Victoria, der einzigen Stadt der Seychellen, ist eine Erkundung wert

La Digue

Das Schmuckkästchen der Inneren Inseln! Kleine, lauschige Buchten, eingerahmt von imposanten Granitfindlingen, sonnendurchflutete Palmenhaine, heiteres Treiben in bunten Siedlungen. Ein Postkartenidyll, wie es schöner nicht sein könnte, mit putzigen bunten Häuschen, gepflegten Vorgärten, schnuckeligen Restaurants. Die Natur gibt sich freundlich. Waldige Berge, ein schattiges Inselinnere mit Vogelreservat für den seltenen Paradise Fly Catcher, Bilderbuchstände. Das Fahrrad dominiert noch immer das Inselbild, nix geht ohne den Drahtesel. Das gilt auch für Touristen, besonders dann, wenn man nur einen Tagesausflug nach La Digue unternimmt und in kurzer Zeit möglichst viel von der Insel kennenlernen will.

L'Union Estate

L'Union Estate ist ein großer, weitläufiger Park, der sich im Südwesten von La Digue zwischen Felsen und Meer erstreckt und der traditionelle Landwirtschaft wie Vanilleanbau und Kokosölproduktion mit Natur und Kultur geschickt verbindet. Wie ein Zeuge aus der Kolonialzeit wacht das alte, einfühlsam renovierte Pflanzerhaus über diese Idylle. Es lohnt sich, durch das Kellergeschoss zu stöbern – dort ist heute nämlich ein schnuckeliger Shop mit sehenswerter Gemäldegalerie einheimischer Künstler untergebracht. Genauso lohnend ist die winzige Souvenirbude, die etwas versteckt dahinter liegt.

Anse Source d'Argent

Die Bucht mit dem größten Wow-Effekt! Obwohl – eigentlich ist es gar keine einzelne Bucht, sondern es sind viele kleine Strandabschnitte, die sich zwischen den wohl berühmtesten Granitfelsen des Universums eingegraben haben. Zu diesem vielleicht malerischsten Fleck der Seychellen dringt man nur vor, wenn man vorher das eintrittspflichtige Farmgelände von L'Union Estate passiert hat. Und wenn es dann auch noch heißt „Baden oder Schwimmen – Fehlanzeige!", kommt schon mal Enttäuschung auf. Maximal Dümpeln im seichten Wasser ist möglich. Und doch – nirgendwo sonst auf den Seychellen trifft der Begriff Paradies mehr zu als auf dieses Szenario aus Granit, Sand, Palmen und Meer.

BYE-BYE!

Sindbad der Seefahrer war auch hier: traditionelle Dhow am Strand von Stone Town

Im Reich der Gewürze

Auf Sansibar

HELLO AUF DEN INSELN ZWISCHEN AFRIKA UND ORIENT

Sansibar – ein Inselparadies mit Sultanspalästen. Ngorongoro – der größte Krater der Welt. Kilimandscharo – der höchste Berg Afrikas, mit Schnee bedeckt. Die Serengeti – in der Geparden, Gazellen und Gnus grasen. Das alles ist Tansania, ein Meltingpot der Kulturen mit überwältigender Gastfreundlichkeit und Spuren deutscher Geschichte!

Sag Guten Tag zu den Einheimischen: Der Sansibar-Stummelaffe kommt nur hier vor

Ein vielfältiges kulturelles Erbe

Weite Strände und exotische Gewürzfelder liegen auf Sansibar, der paradiesischen Inselgruppe vor Afrikas Ostküste, nur wenige Kilometer auseinander. Erst 1961 wurde das ehemalige Deutsch-Ostafrika von Großbritannien unabhängig, drei Jahre später schlossen sich Tanganyika (so die historische Bezeichnung des Festlands) und die Inselgruppe Sansibar zur Republik Tansania zusammen. Die ein

buntes Mosaik aus Ethnien, Sprachen und Traditionen ist. Dazu zählen eines der letzten Nomadenvölker der Welt, die Massai. Ebenso die Suaheli, deren kulturelles Erbe aus Arabien, Europa und Afrika stammt. Fast 130 Volksgruppen leben im Land und es grenzt fast an ein Wunder, dass diese Vielfalt keine politische Instabilität erzeugt – wie es in den Nachbarländern oft der Fall ist.

Auf den Spuren unser aller Vorfahren

Nationalsprache ist Suaheli – ein Idiom, das aus der Begegnung der Küstenbewohner mit arabischen Seefahrern entstanden ist. Mit Englisch, der Sprache der britischen Kolonialherren, kommst du in Tansania und Sansibar aber meist durch. Dass wir letztlich alle vom afrikanischen Kontinent stammen, erlebst du in der Olduvai-Schlucht im Norden des Landes: Hier wurden einige der ältesten Überreste der Vorfahren des Menschen ausgegraben. Nicht immer ist man mit den Menschen in Tansania so freundlich umgegangen wie heute: In Bagamoyo, einst die Hauptstadt Deutsch-Ostafrikas, wurden Hunderttausende als Sklaven in die ganze Welt verschifft.

Der Lockruf der Großstadt

Mehr als ein Fünftel des heutigen Tansanias steht unter Naturschutz, das Selous-Reservat

Farbenfroher Ausflug an den Strand: Mehr als 95 Prozent der Menschen auf Sansibar sind Muslime

ist das größte Schutzgebiet Afrikas. Das Kontrastprogramm zur Natur wartet in den Städten, vor allem in Tansanias größter Metropole Daressalaam. Sie ist eine der am schnellsten wachsenden Städte der Welt, wo die Menschen im Schnitt weniger als 50 Euro im Monat verdienen. Wer – wie die meisten – keine Arbeit hat, muss erfinderisch sein, vor allem auf dem Land. Mehr als vier Fünftel der 58 Mio. Tansanier sind Kleinbauern, die für ihren Eigenbedarf anbauen und deren Ernte wegen des Klimawandels immer unberechenbarer ist. Trotzdem geht es dem Land heute besser als zu Zeiten des Ujamaa-Sozialismus.

Die Armut sinkt nur langsam

Wie viele andere afrikanische Länder, so erlebt auch Tansania seit einigen Jahren ein rapides Wirtschaftswachstum. Doch das hohe Bevölkerungswachstum – jede Frau in Tansania gebärt im Schnitt fünf Kinder – zehrt den Wachstumsvorteil auf. Die Regierung hofft auf Einnahmen aus Gas- und Uranvorkommen. Und auch

Kleinunternehmer verdienen heute mehr Geld als früher. Fast jeder besitzt heute ein Handy – und bietet seine Produkte oder Dienstleistungen auch im Internet an. Die Armut sinkt aber nur langsam.

Fernes, magisches Sansibar

Die Inselgruppe Sansibar besteht aus der Hauptinsel gleichen Namens und der kleineren Insel Pemba. Rund 1 Mio. Menschen wohnen hier, darunter Afrikaner, Inder, Perser und Araber. Über 95 Prozent der Bevölkerung sind Muslime. Obwohl der auf Sansibar praktizierte Islam als gemäßigt gilt, sollten Touristen sich anpassen. Sayyid Said, der erste Sultan von Sansibar, prägte den Archipel nachhaltig. Der geschäftstüchtige Herrscher führte intensive Handelsbeziehungen mit Europa. Exotische Gewürze der damaligen Zeit waren meist Sansibar-Importe: etwa Vanille, Pfeffer oder Gewürznelken. Vielleicht schmeckt der Name der Insel deshalb bis heute nach weiter, weiter Welt, nach Fernweh und Entdeckerabenteuer?

2 TAGE AUF SANSIBAR

Die Gewürzinsel pur

Strecke & Dauer

- vom Fischmarkt in Stone Town zum Kendwa Rocks Beach Hotel bei Kiwengwa
- etwa 130 km mit dem Auto
- reine Fahrzeit 5 Stunden

Beste Zeit

- Auf Sansibar herrscht ganzjährig tropisches Klima mit hohen Temperaturen.
- Im April, Mai und Juni regnet es heftig, viele Hotels haben dann geschlossen.
- Klimatisch am angenehmsten sind die Monate Juli bis September.

Gut zu wissen

- Sansibars winzigen Flughafen fliegt Condor direkt an, daneben auch Ethiopian Airlines, Emirates und KLM. Oman Air fliegt günstig über Muscat nach Sansibar, Turkish Airlines über Istanbul und Qatar Airways über Doha.
- Wer von Daressalaam nach Sansibar reist, nimmt am besten einen Katamaran (azamma-rines.com): Die Überfahrt ist günstig, dauert nicht länger als 90 Minuten und übers Meer nach Stone Town zu gleiten ist einfach göttlich. Die Tickets müssen am Vortag am Hafen abgeholt werden.
- Buch auf Sansibar keine Touren oder Ausflüge auf der Straße, sondern wende dich an seriöse Anbieter oder an die Hotelrezeption.

Tag 1

❶ **Fischmarkt**

500 m

❷ **Kholle House**

Im Gassengewirr das Flair der Altstadt aufsaugen

Auf zur Erkundung von Sansibar! Östlich des Hafens von Sansibar-Stadt liegt im Malindi-Viertel der Fischmarkt. Lass dich hier am frühen Morgen ein wenig treiben und geh dann weiter durch die Mizingani Road zur Old Dispensary, einer liebevoll restaurierten Klinik und Apotheke. Auf deren Rückseite liegt das Kholle House, in dem du übernachtest. Nach dem Check-in hast du Zeit, die Stone Town mit

Ebenso verwirrendes wie abenteuerliches Labyrinth voller Geheimnisse und Eindrücke: die Gassen von Stone Town

ihrem Gewürzmarkt und Kunsthandwerk- und Designläden zu erkunden. In den verwinkelten Gassen kann man sich leicht verirren, nimm dir deshalb am besten einen Führer. Das Haus des Sklavenhändlers Tippu Tip, das Beit al-Ajaib, das nur noch von außen zu bestaunende „Haus der Wunder", und das Palastmuseum solltest du auf keinen Fall verpassen. Halte auch Ausschau nach den berühmten Sansibar-Türen! Stärk dich bei einem späten Mittagessen z. B. im La Taverna (Creek Road, latavernazanzibar.info), etwas versteckt am Rande der Altstadt, bevor du 20 Minuten mit dem Boot vom Hafen nach Changuu Island fährst. Einst wurden hier Menschen gefangen gehalten, bevor sie in Stone Town als Sklaven verkauft wurden. Heute ist die Insel bekannt für ihre Aldabra-Riesenschildkröten, deren Aufzuchtstation du besuchst. Zurück in der Stadt isst du auf der Terrasse des 6 Degrees South (Shangani Waterfront, 6degreessouth.co.tz) zu

② **Kholle House**

1,5 km

③ **Haus des Sklaven-händlers Tippu Tip**

500 m

④ **Beit al-Ajaib**

200 m

⑤ **Palastmuseum**

800 m

⑥ **La Taverna**

6 km

⑦ **Changuu Island**

7 km

⑧ **6 Degrees South**

Auf Changuu Island leben Riesenschild-kröten in einer Aufzuchtstation

2 TAGE AUF SANSIBAR

Gewürzinsel Sansibar: Die Früchte des Annattostrauchs werden auch als natürlicher Farbstoff verwendet

Abend. Das stylishe Restaurant ist bekannt für gute Burger, Cocktails, Steaks und seinen tollen Ozeanblick.

Speis & Trank: Wenn die Sonne im Indischen Ozean untergeht, verwandelt sich Forodhani Gardens, der Park gegenüber des Beit al-Ajaib, in ein Labyrinth aus Marktständen, an denen alle Arten von Fleischspießchen, Meeresfrüchten, Pfannkuchen und anderen frisch zubereiteten Leckereien zu kleinen Preisen verkauft werden.

Übernachten: Herrlich atmosphärisch ist das Kholle House (khollehouse.com) mitten im Herzen von Stone Town. Von der Dachterrasse des Hauses von 1860 hast du einen schönen Blick über die Altstadt.

Tag 2

 ⑩ **Shooting Star Lodge**

Plantagen, Gewürze und ein Spaziergang am Strand

Am zweiten Tag begibst du dich auf eine Gewürztour (z. B.: Eco+Culture Sansibar oder Mitu Tours) zu verschiedenen Plantagen – ein ganz besonderes Erlebnis für alle Sinne! Dann ist endlich Zeit für den Strand. An der Nordostküste lockt nach etwa einer Stunde Taxifahrt die noch wenig bekannte Bucht von Pongwe. Nach dem Badestopp

Noch ist der Strand von Pongwe ein unentdecktes Juwel – und punktet mit dem tollen Restaurant The Island Pongwe

238 Im Reich der Gewürze

Nur segeln und schwimmen? Sansibar zur Abwechslung mit dem Fahrrad entdecken macht ebenso viel Spaß

checkst du bei Kiwengwa in die Shooting Star Lodge ein und spazierst vor dem Dinner noch am Strand entlang.

Speis & Trank: Auf der Insel direkt vor dem Fischerstrand von Pongwe befindet sich das exklusivste Restaurant der Nordostküste: Nirgendwo auf der Insel speist du so romantisch wie im The Island Pongwe (theislandpongwe.com).

Übernachten: Inmitten italienischer All-Inclusive-Hotels hat sich die Shooting Star Lodge (shootingstarlodge.com) ihren Charme bewahrt. Vom Pool des First-Class-Hauses aus hast du einen atemberaubenden Blick über die Küste.

Auf dem Rad durch den Inselalltag

Weiter geht es mit dem Taxi zur Nordspitze der Insel, nach Nungwi. Nach rund 45 Minuten hast du das Mnarani Natural Aquarium mit seinen Meeresschildkröten erreicht. Vor dem Aquarium leihst du dir ein Fahrrad bei Zanzibar Cycling Adventures (zanzibarcyclingadventures. com) und lässt dir vom Führer Dörfer, Bootsbauer, Fischer, portugiesische Ruinen und Höhlen zeigen. Hervorragend essen kannst du danach im einfachen Mocco Beach Restaurant in Kendwa. Zur Übernachtung empfiehlt sich das Kendwa Rocks Beach Hotel.

Speis & Trank/Übernachten: Im hippen Kendwa Rocks Beach Hotel (kendwarocks.com) kannst du dir eine Schnorchelausrüstung leihen und (nicht nur) beim Sonnenuntergang herrlich frischen Fisch im Restaurant genießen.

10 Shooting Star Lodge

42 km

11 Mnarani Natural Aquarium

100 m

12 Zanzibar Cycling Adventures

6 km

13 Mocco Beach Restaurant

1 km

14 Kendwa Rocks Beach Hotel

AM WEGESRAND: STONE TOWN, GEWÜRZE UND DIE LUST NACH MEER

Sansibar-Stadt

In der Hauptstadt Sansibars (200 000 Ew.), dem Dreh- und Angelpunkt der Insel, konzentrieren sich nahezu alle Sehenswürdigkeiten und Hotels auf die historische Altstadt, die Stone Town. Jenseits der Creek Road (und der Jamhuri Gardens) steht das neue Sansibar, das Touristen nur selten besuchen: Hier wohnen die meisten Menschen, u. a. in realsozialistischen Wohnblocks. Im Norden von Sansibar-Stadt liegt der Hafen, von dem aus die Fähren u. a. nach Daressalaam und nach Pemba verkehren.

Stone Town

Wenn Sansibar-Stadt das Herz des Inselreichs ist, dann ist die Stone Town seine Seele. Ein Spaziergang durch die Steinstadt ist wie eine Zeitreise zurück in die Welt der Sultane und Kalifen. Einer der Söhne von Sayyid Said, dem ersten Sultan von Sansibar, ließ einen Großteil der Stone Town bauen. Das Reich der Sultane von Sansibar ist aber natürlich längst Vergangenheit, den letzten stürzte man 1964 in einer blutigen Revolte. Die Stone Town selbst ist ein einzigartiges Architekturdenkmal, das zum Weltkulturerbe zählt. Lass dich beim Besuch ziellos treiben: Mehr als 2000 fast durchgehend weiß gekalkte Steingebäude säumen die Gassen der Altstadt. Achte auf die mit schweren Metallbeschlägen versehenen Haustüren oder Portale, die oft mit Gravuren verziert sind. Traditionell wurden beim Hausbau die Türen als Erstes errichtet: Je größer und je reicher verziert, desto reicher und wichtiger war der Eigentümer. Zitate aus dem Koran und die Symbolik geben weitere Einblicke in das Leben des Erbauers: Eine Dattelpalme etwa steht für Überfluss.

Gewürztouren

Nelken, Muskatnuss, Pfeffer, Vanille und andere exotische Gewürze machten Sansibar einst

Und dann bleibt auf einmal die Zeit stehen: Sansibars Strände sind Tagtraumparadiese

reich. Die Ernten wurden in alle Welt verschifft – und die Plantagen existieren bis heute. Eine Gewürztour, bei der du die einzelnen Pflanzen (auch Heil- und andere Nutzpflanzen) kennenlernst, ist ein besonderes Naturerlebnis. Nebenbei erfährst du Wissenswertes über den Alltag der Bevölkerung. Die Tour dauert einen halben Tag, Obstbuffet und ein Mittagessen im Suaheli-Stil sind im Preis inbegriffen. Wer mehr Zeit hat, kann auf dem Rückweg die Sklavenhöhle in Mangapwani besuchen, die nach Verbot des Sklavenhandels als Versteck genutzt wurde. Zu den besten Anbietern einer Gewürztour gehören Eco+Culture Sansibar (ecoculture-zanzibar.com) und Mitu Spice Tours (Malawi Road, neben dem ehemaligen Ciné Afrique).

Kiwengwa

Der südlich von Pwani Mchangani gelegene Strand ist in der Hand italienischer Pauschaltouristen in ihren Resorts. Die Küste macht das nicht weniger atemberaubend, und außerhalb der Anlagen geht das Leben seinen normalen Gang. Wenn du eines der Hotels hier für deinen Sansibar-Urlaub wählst, unternimm einen ausgedehnten Strandspaziergang bei Ebbe und besuch eines der Dörfer im Hinterland.

Pongwe

Entlang einer sanft geschwungenen Bucht (gut 10 km südlich von Kiwenga) liegt der Strand dieses kleinen Fischerdorfs, in dem Touristen noch eine Nebenrolle spielen. Auf der Insel direkt vor dem Fischerstrand findest du das Top-Restaurant der Nordostküste: The Island Pongwe (theislandpongwe.com). Auf den Tisch kommt, was im Dorf gefangen und geerntet wurde. Die Bärenkrebse, eine Art Mini-Hummer, schmecken nussig-zart.

Nungwi

Das Fischerdorf an der Nordspitze Sansibars verdankt seine Beliebtheit dem atemberaubenden, aber meist überfüllten Strand. Hier wird laut und ausgelassen gefeiert.

Einmal Vanille, bitte! Eine Gewürztour durch Sansibars besonderen Reichtum ist ein touristisches Highlight

Einfache Strandbars, günstige Hostels, zig Souvenirläden und Reggae beherrschen die Atmosphäre am westlich des Dorfs gelegenen West Beach und dem sich südlich anschließenden South Beach. Tagsüber bieten Frauen an dem schmalen, aber dennoch traumhaft weißen Strand Hennamalereien, Zopfflechten und Massagen an. Anders als an der Ostküste hält sich der Tidenhub hier in Grenzen: Man kann zu jeder Tageszeit vom Ufer aus losschwimmen. Für Schnorchler, Taucher und Hochseeangler ist Nungwi eine beliebte Basis.

Lange bevor die Touristen kamen, war der Ort hauptsächlich als Zentrum der Dhow-Fertigung bekannt. Gebaut wird heute immer noch: Am Dorfstrand kannst du den Bootsbauern bei der Arbeit zusehen und die traditionellen Schiffe in ihren unterschiedlichen Stadien bewundern.

BYE-BYE!

Gruseliger Name,
Himmel auf Erden:
Deadman's Bay auf
Peter Island

Schatzinseln für Freizeitpiraten

Sail the British Virgin Islands

HELLO
IN EINEM WASCHECHTEN KARIBIKTRAUM

„Down the way where the nights are gay / and the sun shines daily on the mountain-top …" – zwei Zeilen, die die Karibik und damit auch die Kleinen Antillen treffend beschreiben. Der große Harry Belafonte verstand es, die Sehnsucht nach Palmen, Sonne, Karneval und entspanntem Leben mit seinen Songs zu wecken.

Alles geht!

Fast immer scheint die Sonne auf den Kleinen Antillen, weht eine angenehme Brise aus Nordost, und wenn's regnet, handelt es sich meist um kurze oder nächtliche Schauer. Einladend sind auch die durchschnittlich um 27 Grad liegenden Wassertemperaturen. Schnorchelnd oder tauchend kannst du Korallenriffe erkunden, die meisten Hotels verleihen Surfbretter, Kajaks und Wasserskier, Charterfirmen vermieten Segelboote mit oder ohne Skipper.

Anker werfen, zurücklehnen: Traumbucht von Marina Cay

Ein wahres (Wander-)Paradies sind die Regenwälder, wie sie sich z. B. auf Dominica, St. Lucia und Saba auf erloschenen Vulkanen gebildet haben. Und wenn der perfekte Urlaub für dich einfach nur Sonnenbaden am Strand bedeutet, oder wenn du Nightlife erwartest – das alles bekommst du auf Barbados, Antigua oder Sint Maarten.

Lass dich auf das Leben auf den Inseln ein

Wie die Mitglieder einer großen Familie besitzen alle Inseln der Kleinen Antillen ihren ganz eigenen Charakter und ihre besonderen Attraktionen. Das spürst du schon, wenn du während einer Karibik-Kreuzfahrt von Hafen zu Hafen schipperst. Willst du aber das Leben auf den Inseln kennenlernen, Fischern beim Fischfang am Strand und Bootsbauern bei der Arbeit zusehen oder bei einer Familie wohnen, dann brauchst du natürlich mehr Zeit. Dafür wirst du dann aber auch mit unvergesslichen Erlebnissen belohnt.

Grüne (Wander-)Paradiese und Traumstrände

Jede Insel ist anders. Die eine gebirgig, die andere flach, die eine kapriziös und elegant, die andere wie aus der Zeit gefallen, wie Carriacou, oder wie ein Blick in die Zukunft, wie der Schmelztiegel Trinidad. Die Virgin Islands,

Glasklar, übers Schnor-
cheln geht im The Baths,
wie der Nationalpark an
der Südwestspitze von
Virgin Gorda heißt, nichts

Anguilla, St. Barths und die Grenadinen pro-
filierten sich als Adressen für Yachties und
Urlauber, bei denen Geld keine Rolle spielt.
Saba, Sint Eustatius, Guadeloupe, Dominica,
St. Lucia und Grenada als grüne Paradiese mit
traumhaften Wandermöglichkeiten – und z. T.
auch als tolle Tauchdestinationen. Barbados,
das unentwegt englisch war, bis die Queen
es in die Unabhängigkeit entließ, lockt mit
britischer Gelassenheit und alten Traditionen.
Tobago machte sich einen Namen als Kolibri-
paradies und Trinidad als Wiege des Calypso.
Traumstrände findest du fast überall. Und wo
nicht, da gibt's anderes wie z. B. im Ökopara-
dies Dominica.

Ein Traum für Segler:
die British Virgin Islands

Wenn du mit einem der kleinen „Inselhüpfer"
die British Virgin Islands anfliegst, bietet sich
dir ein traumhafter Anblick: So weit das Auge
reicht, siehst du kleine, größere und winzige
Inseln in einem von weißen Federstrichen
durchzogenen Meer – den Kielwasserlinien
der Yachten. Ihre schönen Ankerplätze fanden schon vor Jahrhunderten die englischen
Piraten klasse, heute machen perfekt ausge-
stattete Marinas die seit 1672 zu Großbritan-

nien gehörenden Jungferninseln zu einem der
besten Segelreviere der Welt. Auf den Inseln,
die zu den Kleinen Antillen gehören, geht es
gelassen zu: „Go Limin'". Ganz entspannt – einfach nichts tun.

Selbstbewusst, stolz und
modern

Allgegenwärtig sind allerdings selbst auf
den kleineren Inseln die Reste der früher so
dominanten Plantagenwirtschaft, entweder
als Ruinen oder märchenhaft herausgeputzte
und unglaublich teure Luxushotels. Übrigens:
Abgeschafft wurde die Sklaverei in der Karibik
erst vor gut 150 Jahren. Heute sind die Kleinen
Antillen so modern wie der Rest der Welt.
Auch politisch hat sich die Region stabilisiert,
Unterschiede aber blieben. Die französischen
Inseln haben als Teil der Grande Nation (und
mit deren finanzieller Hilfe) einen relativ hohen
Lebensstandard. Auch den US Virgin Islands
geht es mit dem Dollar als Landeswährung
eher gut, während Inseln wie z. B. St. Vincent
mit weniger Tourismus und hohen Arbeits-
losenquoten zu kämpfen haben. Wichtigste
Einnahmequelle ist heute der Tourismus. Die
Inseln tun deshalb für ihre internationalen
Gäste, was nur möglich ist.

5 TAGE IN DEN BRITISH VIRGIN ISLANDS

Karibiktraum unter Segeln

Strecke & Dauer

- von Road Town und zurück
- etwa 150 km mit dem Segelboot
- reine Segelzeit ca. 12 Stunden

Beste Zeit

- Schön warm (um die 30 Grad) ist es das ganze Jahr über.
- Urlaub gänzlich ohne Regen hast du nur in den Wintermonaten, der teuren Hauptsaison. Ab März gehen dann fast täglich, jedoch meist nachts, kurze Schauer nieder.
- Ab Juni/Juli ziehen Hurrikane Richtung Karibik. Von August bis September ist die Luftfeuchtigkeit am höchsten.

Gut zu wissen

- Leihmöglichkeiten von Segelbooten (z. B. moorings.de oder sunsail.de), mit oder ohne Skipper (z. B. mit aventoura.de), findest du fast überall. Du kannst Segelkurse buchen und dich dann in die Gemeinde der Segler einreihen, indem du die angesagten Seglerhäfen und ihre legendären Bars anläufst.
- Die Passatwinde lassen so gut wie keine Flaute aufkommen, und die flachen Gewässer um die Inseln herum machen eine navigation by eyeball, eine Navigation „über den Daumen" gepeilt, möglich.
- Auch mit Fähren kannst du Inselhüpfen machen: zwischen Inseln der Virgin Islands, zwischen St. Martin, Anguilla und St. Barths, Antigua und Montserrat, St. Lucia, Guadeloupe und Dominica, St. Vincent und den Grenadinen, Grenada und Carriacou, Trinidad und Tobago.

Abtauchen in Höhlen und zwischen bunten Fischschwärmen

Was gibt es Besseres, als einen Teil der British Virgin Islands auf dem Segelboot zu erkunden? Nichts als das Rauschen des Wassers und das Singen des Windes, dazu das Meer, die Strände und die entspannten Marinas, in denen du den Karibiktraum leben kannst. Char-

ter dir ein Boot oder geh irgendwo mit an Bord und – Leinen los! Von Road Town auf Tortola Richtung Süden querst du zunächst den Francis Drake Channel, dessen Wassertiefe von 10 bis 50 m variiert. Erste Anlaufstelle ist das sieben Meilen entfernte Norman Island, wo du in der Bight Bay ankerst. Hier kannst du die Höhlen südöstlich von Treasure Point wunderbar schnorchelnd oder per Dinghi (Bei-boot) erkunden. Nur einen Katzensprung entfernt ragen die Felsen The Indians aus dem Wasser, mit ihren Korallen und ihrer Fischvielfalt einer der beliebtesten Schnorchelplätze der Virgin Islands. Mit Glück kannst du hier Hawksbill-Wasserschildkröten beobachten. Weiter geht es nach Soper's Hole, Tortolas West End, das du nach ca. 90 Minuten erreichst (Einsteuerung zwischen Little Thatch Island und Frenchman's Cay). Die Hurrikane Maria und Irma hatten hier schwere Schäden angerichtet, aber die Marina, das Restaurant Pusser's Land-ing und Omar's Café sind inzwischen wieder geöffnet (facebook: soper's hole wharf & marina, west end, tortola, british virgin islands).

Buchtenbummeln mit Bar und Barde

Nur eine Segelstunde weiter, in Great Harbour auf Jost van Dyke, hat sich dagegen kaum etwas verändert. An der verschlafenen Bay liegen kleine Boutiquen, Strandrestaurants, eine Bäckerei und das Foxy's (foxysbar.com): Der Betreiber, ein charismatischer Calypso-Barde, widmet dir vielleicht ein musikalisch untermaltes, satirisches Gedicht, wenn du dich in seine Bar setzt. Eine Bucht weiter nach Westen, in der White Bay, kannst du über Nacht ankern.

Speis & Trank: Beim Candlelight-Dinner in der Soggy Dollar Bar (soggydollar.com) in der White Bay schmeckt das Coq au Vin (Hühnchen in Rotwein) hervorragend. In einer unter Palmen schwin-genden Hängematte kannst du dich von der Spezialität des Hauses, dem „Painkiller", erholen.

Tag 1

❶ **Road Town auf Tortola**

14 km

❷ **Norman Island**

16 km

❸ **Soper's Hole**

10 km

❹ **Jost van Dyke**

Geht's eigentlich noch entspannter? Rushhour an der Waterfront Street von Great Harbour auf Jost Van Dyke

Tag 2

④ **Jost van Dyke**

18,5 km

⑤ **Cane Garden Bay**

15 km

⑥ **Guana Island**

5,5 km

⑦ **Marina Cay**

Alter Rum, Unterwasserkino und eine einsame Insel

Morgens geht es mit eingeholten Segeln wieder nach Tortola zur Cane Garden Bay. Nach den dortigen Verwüstungen durch Irma und Maria hatten Beachbars, Restaurants und Anbieter von Wassersport bald wieder geöffnet. Außerdem kannst du die 300 Jahre alte Callwood Rum Distillery besichtigen, die immer noch produziert. Entlang der grünen Nordküste segelst du weiter Richtung Guana Island. Der Trip dauert 2 bis 3 Stunden. Im Riff am Monkey Point lässt es sich ausgezeichnet schnorcheln! Langsam solltest du an einen Übernachtungshafen denken: Dazu bietet sich das Inselchen Marina Cay südöstlich von Great Camanoe an. Allerdings wurde das von Hurrikan Irma zerstörte Pusser's Restaurant nicht wieder aufgebaut, außer einer Tankstelle gibt's auf der Insel nichts mehr. Also Proviant mitnehmen!

Speis & Trank: Lunch gibt's im Quito's Gazebo Restaurant (quitos-bvi.com) in Cane Garden Bay; versuch mal die Conch Fritters!

Tag 3

⑦ **Marina Cay**

18,5 km

⑧ **North Sound auf Virgin Gorda**

Genieß allerfeinsten Karibik-Flair im legendären Yacht Club

Weiter geht es am nächsten Morgen – vorbei an Scrub Island, den Dog Islands und dem Leverick Bay Resort – nach North Sound auf Virgin Gorda, wo Irma und Maria besonders heftig gewütet hatten. Der völlig zerstörte Seglertreff Bitter End Yacht Club bietet jetzt wieder wunderschöne Einkehr- und Ankermöglichkeiten mit klassischem Karibik-Flair.

Speis & Trank/Übernachten: Der zerstörte Seglertreff Bitter End Yacht Club (beyc.com, facebook: Bitter End Yacht Club) wurde (in völlig neuem Design) wieder aufgebaut. Wer mag, kann die Bootskabine mit einem der Marina Lofts tauschen: Bungalows aus ökologischen, nachhaltigen Materialien, die auf Stelzen über dem Wasser schweben.

Die Piraten der Karibik lassen grüßen: vorbei an „des toten Mannes Kiste"

Downwind segelst du morgens wieder zurück um Virgin Gorda herum – vorbei an der Hauptstadt Spanish Town Richtung Südwesten zu den berühmten The Baths. Die riesigen Granitfelsen mit ihren Höhlen und Pools lassen sich zu Fuß und schnorchelnd erkunden. Eine knappe Stunde Fahrt führt zum hügeligen Cooper Island mit Restaurant und Bar am Palmenstrand. Am südlichen Ende von Manchioneel Bay kannst du hervorragend schnorcheln. Weiter geht's dann, vorbei an Salt Island und Dead Chest Island („des toten Mannes Kiste"), nach Peter Island. Im südöstlichen Teil der Bucht Deadman's Bay kannst du für die Nacht vor Anker gehen. Hier erwartet dich ein schöner Strand.

Speis & Trank: Unter den großen Sonnensegeln des Oceans 7 Yacht Club Restaurant (facebook.com/oceans7yachtclub) werden auf Peter Island direkt am Wasser karibische Köstlichkeiten zum Lunch und zum Dinner serviert.

Tag 4

8 North Sound auf Virgin Gorda

26,5 km

9 The Baths

8 km

10 Cooper Island

8 km

11 Peter Island

Segel einholen und an Land weitergenießen

Am nächsten Morgen solltest du frühzeitig nach Road Town auf Tortola aufbrechen. Hier hast du den Startpunkt des Segeltörns wieder erreicht und kannst jetzt noch ein wenig das karibische Paradies genießen. Wer schon zurück muss: Der Flughafen Beef Island ist 30 Minuten (Taxifahrt) von Road Town entfernt.

Speis & Trank: Deftig, unprätentiös und gut: Im The Pub (Waterfront Drive) in Road Town werden Burger, Steaks, gegrillter Fisch, conches etc. serviert. Man speist auf der Holzveranda mit schönem Blick auf die Marina und den Hafen von Road Town.

Übernachten: Im kleinen Sugar Mill Hotel (Apple Bay, sugarmill-hotel.com) scharen sich die kleinen Häuschen mit insgesamt 24 Zimmern um eine 400 Jahre alte Mühle. Das Restaurant bietet abends ein fantastisches Menü zum Festpreis an, das nicht gerade superbillig, dafür aber wirklich superlecker ist!

Tag 5

11 Peter Island

10 km

12 Road Town auf Tortola

Auch wenn es unzählige Strände in der Karibik gibt, an denen von Peter Island sollte man definitiv nicht vorbeisegeln

AM WEGESRAND: AUF DEN VIRGIN ISLANDS UND DRUMHERUM

Tortola

Die Hauptinsel (24 000 Ew.) der British Virgin Islands wurde von den Spaniern wegen der vielen Turteltauben Tortola genannt. Sie liegt am Nordrand des Francis Drake Channel. Der größte Teil der 54 km² großen Insel ist von Buschwerk bewachsen, da der Regenwald abgeholzt wurde, um Platz für Zuckerrohr zu schaffen. Nur am Mount Sage im Westen der Insel findest du noch Spuren der einstigen Vegetation.

Road Town

Die kleine Hauptstadt von Tortola ist Verwaltungssitz der British Virgin Islands. Hübsch umgeben von Hügeln liegt sie an einer Bucht der Südküste. Von ihrem Hafen fahren Fähren zu den anderen Inseln, auch zu den US Virgin Islands St. John und St. Thomas. Eine grüne Oase mit Orchideenhaus, Bambushain und Teichen erwartet dich in den J. R. O'Neal Botanic Gardens (Station Ave., bvinpt.org). Zum Einkaufsbummel bieten sich Tortola Cruise Pier und Main Street an. Im Pusser's Company Store &

Pub gibt's modische Strandkleidung und bei der Sunny Caribbee Herb and Spice Company karibische Gewürze, Kaffee und Tee. Ein tolles Souvenir sind die duftenden Seifen von Tropical Skin Care (Wickhams Cay 2, ecsoapco.com).

Mount Sage National Park

Mount Sage ist der höchste „Berg" (543 m) auf Tortola (Ridge Road, Zufahrt über Joe's Hill Road, bvinpt.org). An seinen Hängen liegt der gleichnamige Nationalpark, in dem du Mahagonibäume sehen kannst. Wanderwege führen durchs Gelände, z. B. der Rainforest Trail.

Cane Garden Bay

Herrlicher Strand an der Nordwestküste von Tortola. Hier findest du auch den Treffpunkt der Insel – zum Abhängen, Essen, Sunset-Genießen, Tanzen: den Beach des Myett's Restaurant und Hotel (myetts.com). Ob Gesichtspflege oder Massage – im Spa von Myett's ist der Sound des Meeres immer dabei. Außerdem findest du hier die Callwood Distillery. Der Rum der bereits 1600 gegründeten Destillerie schmeckt gut, und die Betreiber sind aufgeschlossen und auskunftsfreudig.

Jost van Dyke

Der Inselname erinnert an einen holländischen Piraten. Hauptort ist das in einer geschützten Bucht gelegene Great Harbour. Dort locken Restaurants und Beachbars, die vor allem bei Seglern populär sind. Als Geburtsstätte des legendären Drinks Painkiller gilt die Soggy Dollar Bar an der White Bay. Der Painkiller (Schmerzstiller) enthält dunklen Rum, Orangen- und Ananassaft, gesüßte Coconut Cream und eine Prise Muskat. Tolle Atmosphäre

Ein bisschen Farbe schadet nie: Road Town auf Tortola treibt es karibisch bunt

![Nicht nur Restaurants und Beachbars bietet Jost van Dyke, sondern auch jede Menge Natur: Mangroven wachsen an der Inselküste]

Nicht nur Restaurants und Beachbars bietet Jost van Dyke, sondern auch jede Menge Natur: Mangroven wachsen an der Inselküste

herrscht im Foxy's (foxysbvi.com); neben westindischer Küche und Partys gibt's auch noch eine Boutique für Souvenirs.

Virgin Gorda

Die nur ca. 20 km² große Insel (3000 Ew.) östlich von Tortola wurde weltberühmt durch ihre fotogene Granitformation The Baths. Landschaftlich ist sie eher trocken-tropisch, aber schöne Strände säumen die Küste. Ruinen erinnern an eine wenig ertragreiche Kupfermine.

Spanish Town

Im verschlafenen Inselzentrum (auch The Valley genannt) von Virgin Gorda gibt's einen Yachthafen und ein paar Restaurants. In der Valley Trunk Bay im Süden findest du das schicke Cocomaya (cocomayarestaurant.com), ein Bar-Restaurant; serviert wird asiatisch und lateinamerikanisch angehauchte Küche. Die Tauchschule Dive BVI (divebvi.com) in Yacht Harbour organisiert u. a. Ausflüge zum Wrack der „Rhone", eines Postschiffs, das 1867 vor Salt Island sank.

The Baths

Der Nationalpark liegt an der Südwestspitze von Virgin Gorda. Zwischen den Granitbrocken gibt's kleine Bassins, Höhlen und offene oder „überdachte" Kanäle zum Schwimmen und Schnorcheln. Es gibt mehrere Zugänge, vom Shuttleparkplatz sind es 15 bis 20 Minuten zu Fuß zum Strand. Du kannst durch die Felsformationen bis zur herrlichen Devil's Bay hindurchlaufen.

Leverick Bay

In dieser Bucht ist die Jumbies Beach Bar & The Cove (Leverick Bay Resort & Marina, leverickbayvg.com/jumbies-beach-bar-the-cove) die Attraktion. Komm am Freitagabend, dann erwartet dich das volle Programm: All-you-can-eat-Buffet, Moko Jumbies (Stelzenläufer) und Livemusik.

BYE-BYE!

Quizfrage: Wo aalt sich
dieser Seestern?
Überraschung! Auf der
Mittelmeerinsel Korsika

Titelbild: Seychellen, Praslin, Anze Lazio (Shutterstock: fokke baarssen)

Fotos: DuMont Bildarchiv: Christina Anzenberger-Fink/Toni Anzenberger (106, 107, 112), Elan Fleisher (96), Franz Marc Frei (64), Frank Heuer (84, 85, 87, 88, 90, 91, 93), Peter Hirth (27, 33), Georg Knoll (152, 153, 155, 158, 159), Olaf Lumma (144), Martin Sasse (176, 177, 179 u., 184, 185, 212, 213, 216); huber-images: Massimo Borchi (117), Luca Da Ros (104/105), Davide Erbetta (119, 126/127, 222/223), Günter Gräfenhain (68/69), Giuseppe Greco (114/115, 122, 125), Sabine Lubenow (143), Rainer Mirau (94/95), Roberto Moiola (150/151), Maurizio Rellini (12/13, 24/25), Reinhard Schmid (8, 34/35, 44/45, 128, 138/139, 181, 195, 227), Richard Taylor (186/187); laif: Frank Heuer (82/83, 210/211); laif/Cavan Images: Sergio Villaba (242/243, 255); laif/hemis.fr: Michel Cavalier (4/5, 100, 252/253), Jean-Pierre Degas (229), Bertrand Gardel (215), Franck Guiziou (171, 217), Andrea Pistolesi (109); laif/robertharding: Frank Fell (129); mauritius images: Walter Bibikow (248), Andrea Haase (244), Klaus Siepmann (134); mauritius images/Alamy: Tomáš Florián (111), Gerold Grotelueschen (165 o.), Pierrick Lemaret (193), J. Pie (174/175); picture-alliance/Photononstop (56/57); Shutterstock: Peter Adams Photography (182), Mehmet Akdemir (235), Alagz (47), Alberto (156), alexilena (141, 146, 157), alionabirukova (180), Azman AlKurauwi (218), Allard One (53, 55, 58), Elizabeth Anisclo (21 o.), Fokke baarssen (231), b-hide the scene (19), Brian Blades (32), Blue Planet Studio (15), BlueOrange Studio (245), Nicolas Boivin (188), Atolye Boss (194), Stephen Bridger (26), Mikael Broms (61 u.), Ugo Burlini (137), Chiaycat (166), Ciro Orabona Creative (124), Copula (73), Jurian Cuypers (29), Daboost (61 o.), DaLiu (165 u.), Danita Delimont (219), Esin Deniz (70), Scot Diales Ditch The Map (221), Marius Dobilas (234, 240), Mikhail Dudarev (204), ecstk22 (78), MDV Edwards (207), elxeneize (17 o.), EWY Media (18), extradeda (183), Sergii Figurnyi (191, 192), Low Flite (251), Gagliardi Photography (21 u.), GagliardiPhotography (59), Karel Gallas (121), Rebecca Gerster (237 u.), gg-foto (170), Milan Gonda (71), Liz Grogan (241), Loredana Habermann (160/161), Hivaka (162), IgorZh (120), Constantinos Iliopoulos (81), Z. Jacobs (208), Jarnskor (42), jax10289 (46), Marcin Kadziolka (30), katatonia82 (168), Andrius Kaziliunas (132), Pawel Kazmierczak (75, 76, 133), Sergey Kelin (247), Loes Kieboom (206), Kiev.Victor (50), Marcin Krzyzak (80), Pawel Kusek (145), Puripat Lertpunyaroj (14), LianeM (92), Soloviova Liudmyla (239), Xavier Campuzano Lopez (205), Lucamato (123), lunamarina (131), Olivier Malard (97, 99), Emel Malms (102), Benny Marty (110), Milosz Maslanka (36, 39), Mat-Y6 (209), Andrew Mayovskyy (89), Robert McGillivray (201), Daniela Mihaylova (238 o.), Frederick Millett (228), Denis Moskvinov (220), MrPat (40), nevodka (196), Oligo22 (49), Irina Opachevsky (169), Aleksey Ostrovskiy (249), otorongo (200), Magdalena Paluchowska (238 u.), George Papapostolou (77), Rich T. Photo (232/233), Igor Plotnikov (65), Valerija Polakovska (163, 167), prosign (225), Andre Quinou (62, 63), Raban (74), Ruben M. Ramos (52), rweisswald (203), Serenity-H (103, 113), silky (20), Mariya Siyanko (116), Solarisys (250), Marc Stephan (2, 197), Jenny Sturm (224), Sun_Shine (237 o.), Swapan Photography (41, 43), Vitaly Titov (189, 198/199), Aleksandra Tokarz (230), tobalaguer.com (135), travelview (149), TRphotos (179 o.), UllrichG (37), vallefrias (79), Erik van de Leur (101), VicPhotoria (17 u.), Tatyana Vyc (140), Colin Ward (31), weniliou (23), Joanna Zaleska (147)

Texte: Sabine Barth (12–23), Martin Müller (24–33), Thomas Eckert, Christoph Schumann, Carina Tietz (34–43), Martin Müller (44–54), Stefanie Bisping, Hans-Peter Reiser (56–65), Klaus Bötig (68–79), Daniela Schetar, Veronika Wengert (80–91), Gabriele Kalmbach, Hilke Maunder (92–103), Max Fleschhut (104–113), Bettina Dürr, Stefanie Sonnentag (114–125), Jörg Dörpinghaus, Izabella Gawin (126–137), Izabella Gawin, Sven Weniger (138–149), Rita Henss, Sara Lier (150–159), Sara Lier (160–171), Martin H. Petrich (174–185), Wilfried Hahn, Mathias Peer (186–197), Roland Dusik, Hilja Müller (198–209), Moritz Jacobi, Christina Schott (210–221), Dr. Heike Mallad (222–231), Julia Amberger, Marc Engelhardt (232–241), Michael Auwers, Gesine Froese, Irmeli Tonollo (242–253).

1. Auflage 2024
© 2024 MAIRDUMONT GmbH & Co. KG, Ostfildern

Konzept & Projektleitung: Monique Sorban
Redaktion: Jens Bey
Bildredaktion: Anja Schlatterer
Kartografie: © KOMPASS-Karten GmbH, Karl-Kapferer-Straße 5, A-6020 Innsbruck unter Verwendung von Kartendaten: © MairDumont, D-73751 Ostfildern (1–21)
Als touristischer Verlag stellen wir bei den Karten nur den De-facto-Stand dar. Dieser kann von der völkerrechtlichen Lage abweichen und ist völlig wertungsfrei.
Bildbearbeitung: typopoint GbR, Ostfildern
Gestaltung, Umschlag & Layout: Sofarobotnik, Augsburg & München
Satz: red.sign, Stuttgart

Printed in Slovenia

Lob oder Kritik? Wir freuen uns auf deine Nachricht!
Trotz gründlicher Recherche schleichen sich manchmal Fehler ein.
Wir hoffen, du hast Verständnis, dass der Verlag dafür keine Haftung übernehmen kann.
**MARCO POLO Redaktion, MAIRDUMONT, Postfach 3151,
73751 Ostfildern, info@marcopolo.de**

MARCO POLO
DIGITALE EXTRAS

TOUREN-APP

Einfach den QR-Code scannen und alle Karten und Infos zu den Touren auch unterwegs parat haben!
go.marcopolo.de/app/wori

PLAYLIST ZUM INSELTRIP

Den Soundtrack für deinen Urlaub gibt's auf Spotify unter MARCO POLO Inseltrips

Code mit Spotify-App scannen